NÃO PRECISA ACENDER A LUZ

NÃO PRECISA ACENDER A LUZ

MAURO VENTURA em diálogo com EURICO CUNHA

TINTA NEGRA

Editor: Sérgio França
Editora assistente: Nicole Cardoso
Editora assistente (arte): Juliana Pegas
Criação da capa: Verônica Valle
Design da capa: Aline Martins
Design de miolo e diagramação: Juliana Pegas
Revisão: Marcia Glenadel e Amanda do Valle

Dados Internacionais de Catalogação na Publicação (CIP) de acordo com ISBD

V469n Ventura, Mauro
Não precisa acender a luz / Mauro Ventura, Eurico Cunha. – Rio de Janeiro : Tinta Negra, 2025.
420 p. ; 15,3cm x 22,5cm.

ISBN: 978-65-87370-19-4

1. Literatura brasileira. I. Cunha, Eurico. II. Título.

2025-1140 CDD 869.8992
CDU 821.134.3(81)

Índice para catálogo sistemático:
1. Literatura brasileira 869.8992
2. Literatura brasileira 821.134.3(81)

Elaborado por Vagner Rodolfo da Silva - CRB-8/9410

Tinta Negra Edições [marca do Grupo Editorial Zit]
Av. Pastor Martin Luther King Jr., 126 | Bloco 1000 | Sala 204
Nova América Offices | Del Castilho | 20765-000 | Rio de Janeiro | RJ
T. 21 2564-8986 | grupoeditorialzit.com.br
facebook.com/grupoeditorialzit
instagram.com/grupoeditorialzit.com.br

Impresso no Brasil/*Printed in Brazil*

SUMÁRIO

PREFÁCIO

UM SER ILUMINADO

O meu primeiro contato com crianças cegas se deu em 1954, ainda com 13 anos, quando fiz minha estreia como pianista profissional. Antes, já havia realizado vários recitais privados em escolas e conservatórios.

Uma semana depois desta estreia oficial, fui com meu pai receber meu primeiro cachê. Depois de nos dirigirmos ao banco, pedi para pararmos em casa a fim de escrever uma carta com os seguintes dizeres: "No meu primeiro recital oficial, pelo primeiro ganho como artista do teclado, ofereço a Deus pelos dons que recebi de Deus, dando um pouco de luz espiritual àqueles que foram privados de luz material — as criancinhas do Instituto Padre Chico[1]. São Paulo, 20/05/1954".

Ao ler este fantástico diálogo entre Mauro Ventura e meu amigo Eurico Cunha, deparei-me com uma escrita magistral por parte do primeiro, que conseguiu adentrar na alma, no coração e no cérebro do segundo.

Sem dúvida, Mauro tem esse dom de captar um personagem, e quando este personagem é Eurico

Cunha certamente as narrativas ganham tantos adjetivos e substantivos que deixam este "velho maestro" emocionado. Resiliência, espiritualidade, empreendedorismo, humanismo, solidariedade, paz, amor, visão de mundo etc., etc., etc. Eurico significa tudo isso e muito mais.

No meu vocabulário, eu mesmo portador de uma doença rara — a distonia focal do músico —, não existe a palavra deficiência. E este livro mostra a inteligência e a compreensão, desde a infância, de um personagem que somente conhece a palavra eficiência, servindo de exemplo a qualquer pessoa que tenha tido a oportunidade de conhecê-lo ou venha a conhecê-lo através desta obra magistral.

O que mais me impressionou neste relato foi a forma como Mauro Ventura e Eurico se aprofundaram nas pesquisas sobre a cegueira em geral. Por outro lado, pessoalmente me identifiquei com Eurico no que diz respeito à relação pai e filho. Ao mesmo tempo, fiquei impressionado de ver como uma frustração pode se perder no tempo e na memória e como uma esperança pode ganhar espaço no futuro e na trajetória de uma pessoa que conhece a importância da palavra legado.

Certamente este livro é um legado, é um incentivo não só para pessoas cegas, como também para qualquer pessoa que, por obra do destino, seja vítima de algum problema físico ou emocional, afinal todos nós temos nossos problemas, sejam eles aparentes ou não.

O mais importante na nossa amizade é a paz interna que sinto toda vez que nos encontramos, até quando tivemos que correr na madrugada de Nova York para fugir de uma nevasca.

João Carlos Martins
Pianista e maestro

ESCURIDÃO

Tudo começou com uma bola escura, como um pingo de tinta preta se espalhando pela parede branca do quarto. Lentamente, a mancha cresceu, engolindo as cores, os objetos e, finalmente, toda a luz. Em questão de minutos, Eurico estava cercado pela escuridão absoluta.

Pouco antes, ele estava sentado na cama, com um caderno entre as mãos, quando surgiu o pingo preto na folha em que desenhava. Ficou confuso, achou que era uma ilusão. Levantou os olhos do papel e viu o círculo negro, agora na parede, crescendo de forma intensa e assustadora, apagando os limites do quarto, fazendo desaparecer todo o espaço que lhe era tão familiar, deixando-o completamente sozinho no meio do nada.

Apavorado, seu coração disparou. "Mamãe! Mamãe!". Não sabia se tinha voz. Não sabia se ela ouvira. Não sabia se ela estava chegando. Não sabia se ela iria lhe devolver a luz.

Da cozinha, Bela percebeu o desespero na voz do filho e notou que era sério. Correu para o quarto, carregou o menino entre os braços, tentou acalmá-lo, perguntou o que tinha acontecido. Eurico, sentindo-se perdido e amedrontado, disse que não estava vendo nada. A resposta deixou Bela aterrorizada. Afinal, era dia, a claridade enchia de luz o aposento. Ela apertava o filho no colo, dizia que ia ficar tudo bem, mas só sentia pânico. Não queria acreditar que seu filho, de repente, pudesse ter ficado completamente cego.

— Está tudo escuro — voltou a repetir o menino de seis anos.

Eurico não se lembra de mais nada daquele dia. Não se recorda de como o pai reagiu, de como os irmãos souberam do acontecido, para onde foi levado, a que exames o submeteram, quem lhe explicou a cegueira, nada. Tem lembranças marcantes, mas de momentos anteriores e dos dias seguintes àquele apagão.

Dois dias antes, Eurico divertia-se à tarde com os amigos da vizinhança, após a escola. O pequeno movimento de carros na Barão de Itaipu, na Tijuca, Zona Norte do Rio de Janeiro, fazia com que a rua fosse uma espécie de playground da garotada, uma extensão segura de suas casas. Naquele dia, brincavam de mocinho e bandido. Em meio ao pega-pega e à correria, Eurico levou uma pancada na cabeça. Na luta de faz de conta, um colega acertou-o com o cabo de uma espingarda metálica de brinquedo. O que não foi motivo para cessar a brincadeira ou preocupar alguém. Doeu, deve ter feito um galo, nada que um pouco de gelo não resolvesse mais tarde.

O dia seguinte também teria sido comum se não fosse por outro pequeno incidente. Em meio a uma partida de futebol, mais uma vez com os amigos da rua, alguém deu um chute mais forte e a bola atingiu a cabeça de Eurico. Foi um susto, ficou dolorido, mas nada de tão grave a ponto de interromper a pelada. Um lance normal de jogo, que foi minimizado por todos.

Só que, vinte e quatro horas depois, ficaria tudo escuro para sempre, alterando, de forma permanente, a vida da família Cunha.

Naquela altura, nem os pais nem Eurico poderiam supor o tamanho das mudanças que estavam por vir. Mas uma coisa era certa: Cunha e Bela não iriam aceitar, passivamente, uma sentença que condenasse o filho de apenas seis anos à cegueira total e definitiva.

Em nenhuma hipótese os pais conseguem se conformar com a condenação de um filho à cegueira. Porém, no caso de Cunha e Bela, essa sentença talvez tenha sido ainda mais cruel porque quem sabe eles se lamentassem por não terem percebido mais cedo os sinais de uma tragédia anunciada.

Dois anos antes de ficar tudo escuro para sempre, houve o primeiro indício de que algo não ia bem na saúde ocular de Eurico. O que não foi suficiente para fazer soar um sinal de alerta que alterasse a rotina da família.

Foi apenas uma briga entre irmãos: Eurico de quatro anos, e o mais velho, Eduardo, de seis, disputavam quem conseguiria atender primeiro ao pedido do avô para que lhe levassem um travesseiro até a sala. Os dois correram para o quarto do avô e pularam na cama. Cada um segurou em uma ponta do travesseiro. Eurico puxava de um lado, Eduardo fazia força de outro. Em desvantagem física e etária, Eurico se esforçava para sustentar o cabo de guerra. A certa altura, o irmão mais velho largou o travesseiro, fazendo com que o menor fosse projetado a distância e batesse com a testa na ponta da cama. O ferimento foi feio. Contudo, seu pai, que era clínico geral, pragmático e durão, botou o menino em cima da mesa da sala de jantar e suturou a ferida, estancando o sangramento ali mesmo, sem anestesia, com agulha e linha de costura da mãe. Apesar do impacto, Cunha e Bela não deram maior importância ao incidente. Dias depois, Eurico perdeu completamente a visão do olho direito.

Muitos podem ter sido os motivos para que nada tenha sido modificado na rotina familiar mesmo após esse evento tão grave. A família parece não ter percebido indícios de que pudesse haver alguma doença estrutural na visão do filho. Tudo levava a crer que tinha sido uma fatalidade, que não se repetiria. Parecem ter concluído que o mais importante, então, seria garantir que o menino tivesse uma infância feliz, sem privações, e que pudesse se desenvolver plena e normalmente. Talvez tentassem levar o assunto naturalmente para que Eurico não se sentisse deficiente e para que todos convivessem com ele sem qualquer tipo de discriminação. Pode ser que Cunha e Bela estivessem fazendo um inconsciente "jogo do contente", um autoengano para espantar o sofrimento, tentando convencer a si mesmos que, com o outro olho intacto, Eurico teria plenas condições de ter uma vida normal e feliz, que a tormenta ficaria para trás.

Mas não ficou. No intervalo de dois anos, acidentes domésticos aparentemente leves levaram Eurico a perder a visão nos dois olhos. O que mais poderia acontecer? Cunha ainda não sabia, mas viria a ser colocado diante da decisão de autorizar ou não a realização de uma cirurgia que obrigaria o filho a ficar amarrado na cama, com os olhos vendados e a cabeça imobilizada por três meses, na esperança de uma cura incerta. E se ela não viesse? Faria sentido, seria justo submeter um menino tão pequeno a tamanho suplício? Mas teria ele, como pai e como médico, o direito de recusar que Eurico sequer tivesse uma oportunidade? E Bela, espírita convicta, deveria manter a fé e a busca por uma cura espiritual?

Não podiam nem supor que existissem tantas barreiras e preconceitos que pudessem impedir uma criança cega de estudar em uma escola regular. Nem que viveriam o dilema de decidir se manteriam o filho pequeno em casa, protegido do mundo, ou o mandariam para longe, para um internato só de crianças cegas, onde ele poderia ser alfabetizado e completar os estudos.

Não conseguiam antever que futuro aguardaria Eurico. Que profissão poderia exercer? Teria condições de fazer vestibular? Ficaria dependente financeiramente dos pais, sem condições de se sustentar sozinho?

As preocupações iam muito além da vida acadêmica e da trajetória profissional. Como Eurico conseguiria interagir com as pessoas? Faria amigos? Seria convidado para festas? Conseguiria amar e ser amado? Teria filhos? Um cego poderia ser uma pessoa realizada e feliz?

Eles não tinham respostas para as milhares de perguntas que os atormentavam. Apenas compartilhavam uma imensa angústia: como seria a vida de Eurico se a visão não fosse recuperada pelo menos parcialmente? Como seria a vida do filho quando eles não estivessem mais por perto?

Eram muitas as incógnitas, as incertezas. Mas Bela e Cunha fizeram um pacto silencioso de não permitir que Eurico entrasse em desespero. Ele não poderia ter medo de enfrentar o mundo, mesmo que fosse vivido, para sempre, no escuro.

A FUGA

Em 17 de janeiro de 1944, começou na Itália um dos mais sangrentos combates da Segunda Guerra Mundial. A vitória dos soldados ingleses, americanos, poloneses e das demais tropas aliadas na Batalha de Monte Cassino, após 123 dias de luta, abriu caminho para a conquista de Roma, prenunciando a derrota da Alemanha e das forças do Eixo.

Entretanto, o evento mais importante daquele mês — e, por que não dizer, daquele ano — para a família Cunha estava longe do front. Embora morassem na Europa — mais especificamente em uma pequena aldeia na fronteira de Portugal com a Espanha, São Pedro da Torre —, as atenções estavam voltadas para um assunto doméstico. No dia 31, nascia Eurico, segundo filho do casal Assyrio José da Cunha, o Cunha, e Maria Isabel Pereira de Carvalho da Cunha, a Bela. O bebê foi batizado assim pela mãe em homenagem a um pianista famoso na época, Eurico Thomaz de Lima. A essa altura, o casal já tinha Eduardo, de dois anos — mais tarde, ela daria à luz a um terceiro menino, Carlos.

— Minha mãe tinha o temperamento forte e as emoções contidas de quem teve de lutar para sobreviver desde criança — diz Eurico. — Ela precisou ser uma guerreira, já aos cinco anos, quando perdeu a mãe para um câncer. Nunca a vi referir-se à sua infância com saudades ou com alegria. Muito ao contrário. Pouco falava sobre ter ficado órfã e, quando o fazia, não se referia a si mesma; só se permitia demonstrar compaixão pelo pai, que descrevia como um homem calado e severo cujas referências à morte da esposa eram, em geral, para lembrar a ela e à sua irmã, Selma, um pouco mais velha, que, sem a mãe, as duas tinham de "saber se portar". Nunca ouvi Bela fazer qualquer menção aos poucos anos de convivência que teve com a mãe. Nem ao convívio com a irmã. Deve ter apagado tudo.

Não faltavam a Bela razões para esquecer esse período da sua vida. Além da perda da mãe, outra tragédia a atingiu. Nessa mesma época, o norte de Portugal, particularmente a cidade do Porto, onde Bela morava, foi atingido por uma epidemia de febre tifoide que elevou o histórico número de óbitos, da ordem de cem casos por ano, para a casa dos milhares. Bela e a irmã contraíram a doença. Ficaram entre a vida e a morte. O pai, já viúvo, chegou a perder a esperança de que conseguiriam sobreviver. Após muitos meses de luta, elas venceram a doença. Lucio acreditou ter superado as mais difíceis provações na vida familiar e se preparava para dar continuidade à rotina com as filhas. Foi quando um novo golpe os atingiu. No que seria um passeio de fim de semana, Selma morreu afogada. Restaram Bela e o pai. Ele, ainda mais calado e severo. Ela, ainda mais desafiada pela vida. Seria impossível continuarem sozinhos.

Surgiu, então, a oportunidade de um novo casamento para o português Lucio Ferreira Pinto de Carvalho. A escolhida foi Tereza Lapa, mulher de educação muito rígida. A união foi acertada em função dos laços de amizade e de vizinhança entre as duas famílias. Seu pretendente tinha as desvantagens de ser viúvo e já ter uma filha, mas nem por isso Tereza estava insatisfeita com a escolha. É que Lucio, como se dizia na época em Portugal, era "giro", "caparro" e "porreiro", ou seja, um homem bonito, alto e forte, qualidades a que se somavam outras duas: tinha uma vida estabilizada e era educado e gentil no trato com as pessoas.

Lucio também se afeiçoara à ideia de se casar novamente e se sentia feliz de reconstruir o lar e ter uma mãe para cuidar da filha, mas não planejava mudar seu estilo de vida. No rígido padrão familiar de Portugal daqueles tempos, o marido era o senhor absoluto da família e ditava todas as regras, restando à mulher obedecê-las. A ela, estava reservado o papel de dona de casa, com a autoridade e o costume de subjugar os filhos — que dirá os enteados, como era o caso de Bela, situados em um degrau ainda mais baixo da hierarquia familiar. Na rua, ele tinha por obrigação buscar o sustento da casa, mas era livre para confraternizar com os amigos e se divertir com outras mulheres.

— O casamento deles nunca me pareceu feliz. Com relação à mulher, vovô Lucio era o típico patriarca luso, e vovó Tereza a mulher subserviente, que aceitava as ordens e desordens do marido e enxergava o disciplinamento da enteada como o seu maior espaço de valor na família. Acho que a vida de minha mãe ficou ainda mais difícil após o casamento. Bela demonstrava muito respeito pela madrasta, cuidou dela dedicadamente após os muitos anos que ela sobreviveu à morte de Lucio, mas as duas nunca tiveram um relacionamento afetuoso.

Criada por uma madrasta severa e um pai ainda mais rigoroso, Bela acabou tendo no casamento com Cunha a oportunidade de encontrar, finalmente, algum espaço para viver a própria vida com mais liberdade. Cunha, nove anos mais velho, nascera em Manaus, em 1912, em pleno ciclo da borracha, em um período de grande desenvolvimento na região Amazônica. Seu pai, o português Antônio, dono de uma alfaiataria, tinha um bom padrão de vida, a ponto de ter decidido enviar o filho para estudar no exterior, quando ele tinha apenas nove anos. Escolheu Portugal. Não apenas porque era o país onde havia nascido, mas também porque lá o nível de ensino era muito superior ao do Brasil, possibilitando melhores chances de desenvolvimento. Antônio acreditava, em sua mais absoluta falta de percepção dos desafios emocionais, que, sem a barreira do idioma, o menino não teria grandes dificuldades de adaptação. A cidade escolhida foi Coimbra, por sua grande tradição na área de educação.

Sem parentes ou sequer amigos do seu pai na cidade, os primeiros anos de Cunha em Portugal foram de muitas provações. O menino vivia só: até as férias ele passava na própria escola. Mesmo quando o irmão caçula foi também enviado pelo pai para morar em Coimbra, o contato entre eles era escasso. Não havia um ambiente familiar que os aproximasse. E como estavam em estágios diferentes de formação acadêmica e havia disparidade de idades entre eles, eram poucas as oportunidades de convivência. A falta de companhia e de orientação familiar acabariam determinando para sempre a personalidade introspectiva de Cunha e seu jeito reservado, de pouco diálogo, no convívio com a família.

— O isolamento a que Cunha foi submetido desde a infância criou nele a necessidade de lutar e de vencer sozinho. Esses traços se refletiram definitivamente na educação e na forma de convivência que estabeleceu comigo — diz Eurico. — Só agora, ao rever a minha própria história, percebo a dimensão do impacto que aquela decisão do meu avô teve sobre Cunha e entendo a visão dele acerca da grande missão de um pai:

preparar o filho para vencer na vida. E, se a missão era esta, ele a seguiu à risca.

À medida que os anos se passaram, Cunha acabou decidindo estudar Medicina no Porto. Não foi nenhuma influência familiar que motivou o jovem a seguir a profissão, e sim a qualidade do curso, já que a cidade abrigava um dos mais prestigiados centros de ensino do país, a Faculdade de Medicina da Universidade do Porto, instituída em 1825 por D. João VI, ainda com o nome de Régia Escola de Cirurgia do Porto.

Foi durante os estudos que ele começou a namorar Bela. Outro encontro importante para Cunha se deu na mesma época em que conheceu a futura mulher. Nos anos de faculdade, entre 1935 e 1939, ele fez amizade com Ângelo, um estudante de Farmácia nascido em São Pedro da Torre. Os dois jovens tinham muito em comum, como o idealismo e as preocupações sociais.

Em 1940, já formado como clínico geral, Cunha, de 28 anos, e Bela, de 19, se casaram. Poderiam ter permanecido no Porto, mas acabaram se mudando para o pequeno vilarejo onde mais tarde nasceriam os três filhos. A decisão ocorreu muito por influência de Ângelo, que havia retornado à sua cidade natal para assumir a farmácia da família.

Para Cunha, a opção era atraente. No Porto, não teria recursos para montar seu consultório. Já em São Pedro da Torre, teria mais facilidade de trabalhar como clínico geral por conta própria, como era seu sonho, pois seria o único médico na região.

O casal se estabeleceu em uma casa com um pequeno jardim na entrada, grades e um grande portão de ferro, que ficava abaixo do nível do imóvel. Havia uma salgadeira — aposento com caixas de madeira onde eram guardadas carnes salgadas. Uma escadinha com cerca de doze degraus dava acesso à porta de entrada principal. Era uma residência simples, com um hall, sala de estar e jantar, e dois quartos. Em um dos quartos, ficavam Cunha e Bela. O outro era dividido por Eurico, Eduardo e a avó paterna dos meninos, Maria. Ela tinha morado no Brasil e havia decidido voltar a Portugal após a morte do marido, Antônio, para viver em São Pedro da Torre com o filho, a nora e os netos.

Cunha atendia nas casas dos pacientes e na farmácia do amigo Ângelo, trabalhando incessantemente para dar conta da alta demanda. Como único médico das redondezas, fazia de tudo e estava sempre disponível. Saía de casa muitas vezes de madrugada para fazer partos, e, na manhã seguinte, já estava tratando dos doentes. Fiel a seus princípios, com frequência oferecia atendimento gratuito aos moradores da região, que, além da pobreza, sofriam os efeitos da guerra civil na vizinha Espanha, encerrada em 1939. Era comum chegar em casa carregando galinhas, porcos e peças de bacalhau e de cordeiro — retribuições pelas consultas. Ângelo ajudava fornecendo remédios gratuitos sempre que necessário.

A vida seguia seu curso sem maiores sobressaltos. A família aumentou com a chegada do terceiro filho, Carlos. Bela, enfim, estabelecia raízes. O cotidiano estável e tranquilo era um alívio para ela, que perdera a mãe e a irmã ainda pequena, fora criada por um pai e uma madrasta rigorosos, casara-se cedo e se mudara de sua cidade natal para aquela pequena aldeia.

A rotina profissional e familiar atribulada de Cunha era interrompida uma vez por semana, quando ele, Ângelo e alguns amigos mais liberais da região se reuniam em frente da farmácia para debater dois temas urgentes e complementares: criar melhores condições de vida para as pessoas de baixa renda da região e defender a democracia.

Na época, Portugal era governado por António de Oliveira Salazar, que havia subido ao poder após um golpe de Estado conservador ter derrubado, em 1926, o presidente António Maria da Silva. Desde 1933, com a nova Constituição de cunho fascista, o país vivia debaixo do Estado Novo, um sistema político autoritário, antiliberal, nacionalista e anticomunista, que dava poderes ditatoriais a Salazar.

O que Cunha e Ângelo não sabiam era que seus encontros estavam sendo monitorados pela PVDE, a Polícia de Vigilância e Defesa do Estado de Salazar, renomeada em 1945 como Polícia Internacional e de

Defesa do Estado (PIDE). A PVDE, antes, e a PIDE, depois, tinham a função de vigiar, perseguir, prender e interrogar qualquer pessoa que fosse identificada como inimiga. Os opositores do regime eram levados para prisões em Portugal ou no arquipélago de Cabo Verde, onde eram vítimas de torturas e submetidos a tratamento degradante, como isolamento e más condições alimentares, sanitárias e higiênicas. Muitos prisioneiros morriam devido aos maus-tratos.

A Universidade do Porto, onde estudaram Cunha e Ângelo, era visada pela ditadura, que chegou a fechar cursos, censurar currículos e perseguir estudantes. Como ex-alunos, os dois eram alvos em potencial da polícia política de Salazar, que usava civis como delatores para apontar supostos adversários. E, a bem da verdade, Cunha não escondia de ninguém que era um crítico feroz do governo tirânico do presidente português. Alguns amigos já o tinham alertado para os perigos que corria.

Em uma noite de 1946, Cunha recebeu informações alarmantes: Ângelo estava sob investigação da PIDE. Seus amigos em Lisboa avisaram que ele, Cunha, estava sendo investigado também. "Você é muito conhecido aí e está correndo riscos. Soubemos que você vai ser chamado a uma delegacia para prestar testemunho sobre o que está acontecendo", advertiram-no.

Diante da iminência de ser preso, Cunha entendeu que era preciso tomar uma atitude drástica. Na mesma noite, conversou com Bela, e os dois decidiram que deviam sair do país. Resolveram escrever uma carta para Lucio, pai de Bela, que estava morando no Rio de Janeiro havia cinco anos. Ele tinha se mudado em 1941 com a mulher, Tereza, após ter recebido convite para trabalhar em uma empresa sediada na então capital federal.

Na carta, Cunha relatou a situação de forma enigmática — havia censura à correspondência — e disse que precisavam ir para o Brasil. Apesar do texto cifrado, seu sogro entendeu a urgência do pedido e se pôs à disposição do genro para recebê-los de imediato em sua casa no Rio. É que Cunha e Bela precisariam gastar suas poucas reservas para a compra das passagens de navio e não teriam fonte de renda no Brasil para se instalar e viver por conta própria.

E, assim, pouco tempo depois, embarcavam os cinco integrantes da família: Cunha, de 33 anos, Bela, de 25, Eduardo, de quatro, Eurico, de dois, e Carlos, de apenas nove meses. Eles estavam entre os 497 passageiros do navio Serpa Pinto. Viajaram praticamente com a roupa do corpo. Deixaram a casa toda mobiliada para simular que haviam saído de férias e não despertar suspeitas na polícia salazarista. Maria, mãe de Cunha, nascida em Portugal, preferiu ficar no país, na casa de parentes. Chegaram ao Rio em 4 de setembro de 1946, um dia ensolarado. Lucio aguardava a família no porto, junto com Armindo, casado com Ana, tia de Bela, e o amigo César. Apesar do sol forte, os três usavam ternos de casimira, um tecido de fibra de lã que pretendia traduzir formalidade e elegância no vestir.

Lucio e Tereza moravam em um apartamento simples na rua Campos Sales, 55, na Tijuca, na Zona

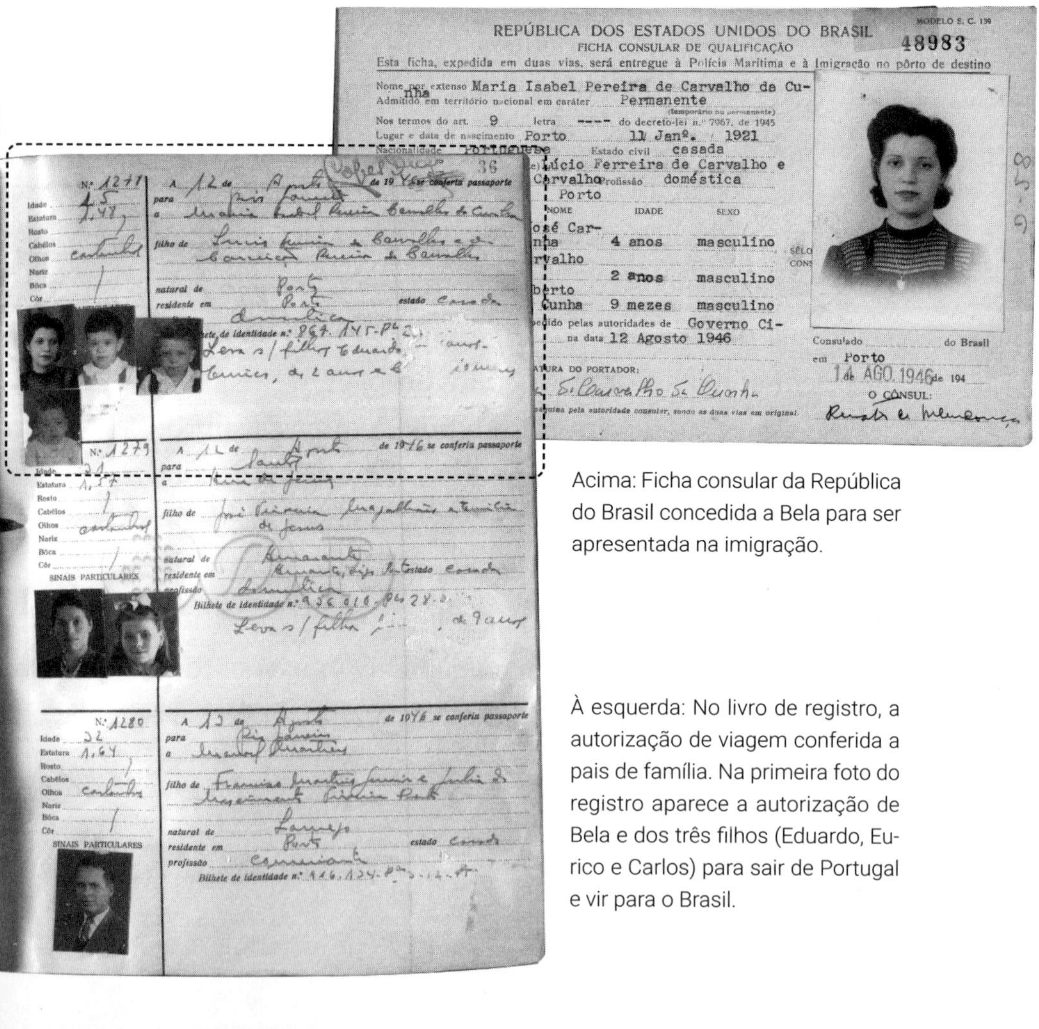
REPÚBLICA DOS ESTADOS UNIDOS DO BRASIL

MODELO S. C. 139

48983

FICHA CONSULAR DE QUALIFICAÇÃO

Esta ficha, expedida em duas vias, será entregue à Polícia Marítima e à Imigração no pôrto de destino

Nome por extenso Maria Isabel Pereira de Carvalho da Cunha

Admitido em território nacional em caráter Permanente

Nos termos do art. 9 letra ---- do decreto-lei n.º 7067, de 1945

Lugar e data de nascimento Porto 11 Jan°. 1921

Estado civil casada

Lúcio Ferreira de Carvalho e ... Carvalho

Profissão doméstica

Porto

NOME	IDADE	SEXO
...osé Car-...nha	4 anos	masculino
...rvalho	2 anos	masculino
...berto ...Cunha	9 mezes	masculino

...pelas autoridades de Governo Ci-... na data 12 Agosto 1946

Consulado do Brasil em Porto 14 AGO 1946

O CÔNSUL:

Acima: Ficha consular da República do Brasil concedida a Bela para ser apresentada na imigração.

À esquerda: No livro de registro, a autorização de viagem conferida a pais de família. Na primeira foto do registro aparece a autorização de Bela e dos três filhos (Eduardo, Eurico e Carlos) para sair de Portugal e vir para o Brasil.

Norte do Rio, com sala de estar, sala de jantar, uma pequena varanda e apenas um quarto grande. Além de Lucio e Tereza, o imóvel já abrigava César e sua mulher, Áurea, que ocupavam o único quarto do imóvel. Até a chegada da família Cunha, Lucio e Tereza montavam e desmontavam o seu local de dormir: um sofá-cama na sala de estar, espaço que a família recém-chegada passou a ocupar. Os adultos e o bebê

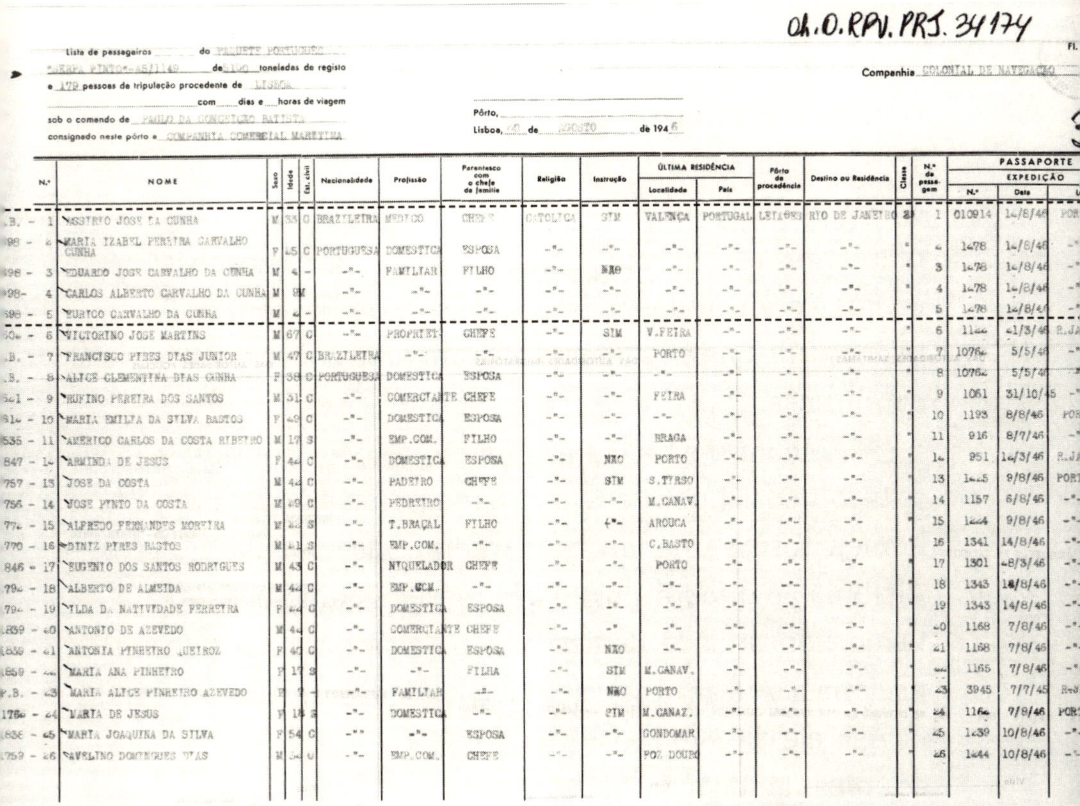

01.0.RPV.PRJ.34174

Fl.

Lista de passageiros do PAQUETE PORTUGUÊS "SERPA PINTO"-45/1140 de 5100 toneladas de registo e 179 pessoas de tripulação procedente de LISBOA com ___ dias e ___ horas de viagem sob o comando de PAULO DA CONCEIÇÃO BATISTA consignado neste pôrto a COMPANHIA COMERCIAL MARÍTIMA

Companhia COLONIAL DE NAVEGAÇÃO

Pôrto, ___

Lisboa, 20 de AGOSTO de 1946

	N.º	NOME	Sexo	Idade	Est. civil	Nacionalidade	Profissão	Parentesco com o chefe da família	Religião	Instrução	Última residência: Localidade	Última residência: País	Pôrto de procedência	Destino ou Residência	Classe	N.º de passagem	Passaporte – Expedição: N.º	Data	L
.B. -	1	ESSIRIO JOSE DA CUNHA	M	33	C	BRAZILEIRA	MEDICO	CHEFE	CATOLICA	SIM	VALENÇA	PORTUGAL	LEIXÕES	RIO DE JANEIRO	2	1	010914	12/8/46	POR
98 -	2	MARIA IZABEL PEREIRA CARVALHO CUNHA	F	25	C	PORTUGUESA	DOMESTICA	ESPOSA	-"-	-"-	-"-	-"-	-"-	-"-	"	2	1278	12/8/46	-"
98 -	3	EDUARDO JOSE CARVALHO DA CUNHA	M	4	-	-"-	FAMILIAR	FILHO	-"-	NÃO	-"-	-"-	-"-	-"-	"	3	1278	12/8/46	-"
98-	4	CARLOS ALBERTO CARVALHO DA CUNHA	M	8M		-"-	-"-	-"-	-"-	-"-	-"-	-"-	-"-	-"-	"	4	1278	12/8/46	-"
98 -	5	EURICO CARVALHO DA CUNHA	M	2	-	-"-	-"-	-"-	-"-	-"-	-"-	-"-	-"-	-"-	"	5	1278	12/8/46	-"
02 -	6	VICTORINO JOSE MARTINS	M	67	C	-"-	PROPRIET.	CHEFE	-"-	SIM	V.FEIRA	-"-	-"-	-"-	"	6	1122	21/3/46	R.JA
.B. -	7	FRANCISCO PIRES DIAS JUNIOR	M	47	C	BRAZILEIRA	-"-	-"-	-"-	-"-	PORTO	-"-	-"-	-"-	"	7	10762	5/5/46	-"
.B. -	8	ALICE CLEMENTINA DIAS CUNHA	F	38	C	PORTUGUESA	DOMESTICA	ESPOSA	-"-	-"-	-"-	-"-	-"-	-"-	"	8	10762	5/5/46	"
21 -	9	RUFINO PEREIRA DOS SANTOS	M	31	C	-"-	COMERCIANTE	CHEFE	-"-	-"-	FEIRA	-"-	-"-	-"-	"	9	1061	31/10/45	-"
12 -	10	MARIA EMILIA DA SILVA BASTOS	F	29	C	-"-	DOMESTICA	ESPOSA	-"-	-"-	-"-	-"-	-"-	-"-	"	10	1193	8/8/46	POR
535 -	11	AMERICO CARLOS DA COSTA RIBEIRO	M	17	S	-"-	EMP.COM.	FILHO	-"-	-"-	BRAGA	-"-	-"-	-"-	"	11	916	8/7/46	-"
847 -	12	ARMINDA DE JESUS	F	42	C	-"-	DOMESTICA	ESPOSA	-"-	NÃO	PORTO	-"-	-"-	-"-	"	12	951	12/3/46	R.JA
757 -	13	JOSE DA COSTA	M	42	C	-"-	PADEIRO	CHEFE	-"-	SIM	S.TIRSO	-"-	-"-	-"-	"	13	1225	9/8/46	PORT
756 -	14	JOSE PINTO DA COSTA	M	29	C	-"-	PEDREIRO	-"-	-"-	-"-	M.CANAV.	-"-	-"-	-"-	"	14	1157	6/8/46	-"-
772 -	15	ALFREDO FERNANDES MOREIRA	M	22	S	-"-	T.BRAÇAL	FILHO	-"-	-"-	AROUCA	-"-	-"-	-"-	"	15	1224	9/8/46	-"-
770 -	16	DINIZ PIRES BASTOS	M	21	S	-"-	EMP.COM.	-"-	-"-	-"-	C.BASTO	-"-	-"-	-"-	"	16	1341	14/8/46	-"-
846 -	17	EUGENIO DOS SANTOS RODRIGUES	M	43	C	-"-	NIQUELADOR	CHEFE	-"-	-"-	PORTO	-"-	-"-	-"-	"	17	1301	28/3/46	-"-
792 -	18	ALBERTO DE ALMEIDA	M	42	C	-"-	EMP.COM.	-"-	-"-	-"-	-"-	-"-	-"-	-"-	"	18	1343	14/8/46	-"-
792 -	19	ILDA DA NATIVIDADE FERREIRA	F	22	C	-"-	DOMESTICA	ESPOSA	-"-	-"-	-"-	-"-	-"-	-"-	"	19	1343	14/8/46	-"-
839 -	20	ANTONIO DE AZEVEDO	M	42	C	-"-	COMERCIANTE	CHEFE	-"-	-"	-"-	-"-	-"-	-"-	"	20	1168	7/8/46	-"-
839 -	21	ANTONIA PINHEIRO QUEIROZ	F	40	C	-"-	DOMESTICA	ESPOSA	-"-	NÃO	-"-	-"-	-"-	-"-	"	21	1168	7/8/46	-"-
859 -	22	MARIA ANA PINHEIRO	F	17	S	-"-	-"-	FILHA	-"-	SIM	M.CANAV.	-"-	-"-	-"-	"	22	1165	7/8/46	-"
P.B. -	23	MARIA ALICE PINHEIRO AZEVEDO	F	?	-	-"-	FAMILIAR	-"-	-"-	NÃO	PORTO	-"-	-"-	-"-	"	23	3945	7/7/45	R.J.
176 -	24	MARIA DE JESUS	F	18	S	-"-	DOMESTICA	-"-	-"-	SIM	M.CANAZ.	-"-	-"-	-"-	"	24	1162	7/8/46	POR
838 -	25	MARIA JOAQUINA DA SILVA	F	54	C	-"-	-"-	ESPOSA	-"-	-"-	GONDOMAR	-"-	-"-	-"-	"	25	1239	10/8/46	-"-
759 -	26	AVELINO DOMINGUES DIAS	M	32	C	-"-	EMP.COM.	CHEFE	-"-	-"-	FOZ DOURO	-"-	-"-	-"-	"	26	1244	10/8/46	-"-

Lista de passageiros do navio Serpa Pinto, que trouxe a família de Portugal para o Brasil, aparecendo os nomes de Cunha, Bela, Eurico, Eduardo e Carlos.

ficavam no sofá-cama e os dois meninos em colchonetes. Lucio e Tereza improvisaram um quarto na antiga sala de jantar.

O casal amigo deixara Portugal por conta da crise econômica provocada pela Segunda Guerra Mundial e havia sido acolhido provisoriamente por Lucio até que os dois conseguissem se instalar no Rio. Com a chegada da família Cunha, eram agora nove pessoas dividindo o mesmo, e pequeno, teto. O desconforto acelerou a saída de César e Áurea para sua primeira morada no Rio. Ainda assim, o espaço exíguo e improvisado continuava muito incômodo para as duas famílias.

Mesmo em um contexto de tanto desconforto e sobretudo considerando as personalidades tão marcantes e diferentes de Lucio e Cunha, com seus estilos e crenças diversos, Eurico se recorda, com admiração, de que eles jamais tiveram uma convivência conflituosa.

— Meu avô e meu pai tinham posições políticas antagônicas. Lucio era um nacionalista ferrenho, homem formal, monarquista e admirador de Salazar. Atribuía ao ditador português méritos como patriotismo, honestidade, dedicação e salvação das finanças nacionais. Até a preservação das colônias na África e na Ásia ele via como positivas, orgulhando-se de serem as únicas ainda mantidas por uma nação europeia. Já meu pai era republicano, horrorizado com o legado autoritário, de opressão e conservadorismo deixados por Salazar, aos quais atribuía o atraso do país. Mas as conversas entre eles sobre a situação política de Portugal ou qualquer outro assunto que pudesse ser polêmico não tinham nenhum traço de intolerância e de agressividade. Eram pessoas diferenciadas. Eram outros tempos!

A família Cunha permaneceu na casa de Lucio por cerca de dois anos. Apesar do acolhimento, foram tempos difíceis. Foi nessa casa que Eurico sofreu o acidente que o deixou cego do olho direito. Foi ali que Bela, outra vez, viveu a rotina de comando de Tereza. A resiliência deles não parava de ser posta à prova. Não foi sem pagar altos preços pessoais que eles ultrapassaram esse período.

Eurico lembra-se do pai como alguém extremamente reservado, que só demonstrava grandes emoções nos campeonatos de futebol, seja nos jogos do seu time, o América, seja na Copa do Mundo, quando torcia pelo Brasil, e não por Portugal. Era natural que Cunha fosse circunspecto: havia abandonado seus sonhos, seus amigos, seus pacientes e o país que o havia acolhido desde os nove anos de idade. De volta ao Brasil, penou com a burocracia, sem conseguir revalidar seu diploma português. Nos primeiros tempos, para sobreviver, fazia bicos em hospitais e casas de saúde, graças a pedidos de Lucio e de conhecidos dele. A situação só melhorou quando conseguiu um trabalho fixo como propagandista do laboratório Roche. O clínico geral passava os dias visitando consultórios — não para atender doentes, mas sim para oferecer aos médicos os novos lançamentos de remédios.

O emprego, embora aquém de suas capacidades, trouxe melhora na situação financeira da família, permitindo-a finalmente deixar a residência de Lucio e Tereza e se mudar para uma casa na rua Barão de Itaipu, 147, no Andaraí, bairro vizinho à Tijuca. Era uma casa amarela com portas verdes, dois quartos, sala de jantar, cozinha e quintal. Pequena e modesta, mas, afinal, um lugar em que Bela voltava a ser a dona da casa.

No dia 16 de julho de 1950, Cunha estava sentado sozinho na salinha da nova residência, na expectativa de uma das maiores alegrias da sua vida, que tinha por certo receber, antes do próximo par de horas. Bela andava para lá e para cá, em eternos afazeres. As crianças estavam de férias e, como de hábito, jogavam pelada na rua com os amigos da vizinhança, mas logo deveriam entrar. Todos, como Cunha, queriam acompanhar pelo rádio a transmissão da vitória certa que o Brasil conquistaria contra o Uruguai na final da Copa de 50. Cunha, sempre discreto, nessa circunstância mal se continha, guardando o grito de campeão que estava pronto para soltar. Mas o impossível aconteceu. Aos 34 minutos do segundo tempo, de forma imprevisível, Ghiggia fez o gol da virada que derrotou a Seleção Brasileira e deu o título de campeão do mundo ao Uruguai. Cunha não conseguiu gritar. O Maracanã inteiro fez silêncio. Eurico não tem certeza, mas acha que, pela primeira vez, viu lágrimas nos olhos do pai.

Naquele mesmo mês, ele talvez tenha chorado outra vez. Eurico não viu. E nunca mais veria. É que a vida de Cunha seria atingida por uma tragédia infinitas vezes mais impensada e inaceitável do que o *Maracanazo*. Ao trauma coletivo sobreveio um trauma individual. E ele seria obrigado a calar um grito de dor muitas vezes maior e mais permanente. Foi em outro jogo de futebol, pouco depois da Copa — ninguém consegue mais lembrar a data exata. Porém, foi nesse dia e no dia seguinte que Eurico sofreu as duas pancadas na cabeça, que foram seguidas pela mais completa escuridão.

Dessa vez, tudo seria diferente para a família. O acidente não podia mais ser encarado com "ingênuo otimismo", como de certa forma tinha sido tratado o primeiro episódio de perda de visão do menino. Os pais ainda tentavam evitar demonstrações de aflição na frente de Eurico e dos irmãos, mas estavam desesperados. Cunha teria gostado de reduzir sua luta pela melhoria no trabalho para se dedicar mais intensamente à busca da cura para o filho, que passaria a ser a sua maior prioridade, mas continuou lutando e progredindo no emprego. Conquistou um cargo de supervisão e, mais tarde, de direção na área de marketing da Roche, e conseguiu se mudar com a família para endereços melhores. Primeiro, na rua Barão de

Vassouras, 19, onde ocupavam o primeiro andar de um imóvel cujos proprietários residiam no térreo. Depois, na rua Conde de Bonfim, 494, em um apartamento mais confortável, que terminou sendo um espaço fundamental para a vida de Eurico na adolescência e no início da juventude.

Bela também teria gostado de não precisar se dividir entre os afazeres domésticos e os cuidados com o marido e os filhos saudáveis, para se dedicar inteiramente a suprir as necessidades de Eurico, mas soube se multiplicar. E sua determinação inabalável seria essencial na formação do caráter de Eurico. Ela percebia o medo, a dor e a paralisia do filho que, tão pequeno, tinha perdido seus pontos de referência e não conseguia mais interagir da mesma forma com o mundo ao redor. Ela procurava não deixar Eurico sozinho, perdido na escuridão. Ela mesma também tinha medo por não conseguir vislumbrar como a vida do filho iria continuar, mas não se deixou imobilizar. Começou intuitivamente, quase que de imediato, a buscar desenvolver com Eurico estratégias de sobrevivência para se adaptar ao novo e incerto jeito de viver.

O primeiro passo foi explorar com ele os vários ambientes da casa, começando pelo quarto, seguindo pelo banheiro e embrenhando-se, gradativamente, pelos demais cômodos. Também afastou os móveis em que ele pudesse esbarrar e se machucar e usou outras mobílias para ajudá-lo a balizar os caminhos em um mapa mental da casa que ele aprenderia a percorrer. Também o ensinou a reconhecer os locais e os objetos pelo tato, a localizar suas roupas e a se vestir sozinho. Chamou sua atenção para os sons, de forma que ele pudesse perceber, por exemplo, onde era a rua. Fez com que se concentrasse nos cheiros, de maneira que soubesse onde ficava a cozinha. Foi Bela quem, desde os primeiros instantes, começou a prepará-lo para confiar mais em seus outros sentidos. Eles criariam referências para uma criança que, com apenas seis anos, tinha ficado só consigo mesma, confusa, perdida em um ambiente agora desconhecido. Foi também Bela quem o estimulou a jamais se assustar e se recolher. Muito pelo contrário: fez com que descobrisse os próprios meios de interagir com as pessoas e usufruir de todas as oportunidades que a vida ainda iria lhe proporcionar.

TUDO OU NADA

Desde o primeiro dia que Eurico perdeu a visão, Cunha embarcou em uma jornada interminável em busca, primeiro, de opções para que o filho voltasse a enxergar e, depois, de meios para tornar mais fácil a vida do menino enquanto não chegasse a cura que ele sempre teve a esperança de que viria. Foi o pai quem decidiu que Eurico devia ser operado de imediato e iniciou uma romaria por médicos e hospitais, à procura das melhores soluções. Passava otimismo e convicção ao filho:

— Estamos fazendo de tudo. O possível e o impossível.

Conversou com os médicos mais famosos do Brasil à época, nomes reverenciados até hoje, como Hilton Rocha, de Minas Gerais, e Moacyr E. Álvaro, cujo instituto oftalmológico criado em meados dos anos 1940 ainda hoje é referência. Até que chegou a um dos maiores cirurgiões de retina do país, Nelson Moura Brasil, neto mais velho do patriarca José Cardoso de Moura Brasil (1846-1928), da família tradicional de médicos especializados em oftalmologia.

Na primeira consulta, após um exame minucioso, Nelson avisou que Eurico tinha uma fragilidade ocular grande — só isso para justificar ter sofrido dois descolamentos de retina em sequência. Ele recomendou operar simultaneamente as duas vistas. Justificou dizendo que o pós-operatório seria um suplício pelo qual uma criança de seis anos não teria condições de passar duas vezes. Mas explicou que a intervenção bilateral trazia o imenso risco de lesionar simultaneamente o nervo ótico nas duas vistas. Se isso ocorresse, não haveria uma segunda chance.

Era tudo ou nada. Nelson chegou a visitar a família para ver as condições da casa, já que o pós-operatório teria de ser cercado de segurança. A cirurgia seria um investimento alto, do ponto de vista financeiro, físico e emocional. Todos precisavam que desse certo, em especial Cunha, que carregava o peso da decisão e a esperança de sucesso.

A cirurgia foi feita na clínica de Nelson, na rua México, 98, no Centro do Rio, inaugurada pouco antes, em 1950. Correu tudo bem, dentro dos limites que eram possíveis até então[2].

A recomendação após a cirurgia era repouso absoluto, para ver se a retina colava. As instruções teriam de ser seguidas à risca. O menino de seis anos, acostumado à agitação típica da idade, deveria passar três meses deitado, sem se levantar em nenhum momento, com uma bandagem cobrindo os olhos, a cabeça imobilizada e a barriga amarrada à cama para evitar, ao máximo, que se movimentasse.

Eurico tem recordações amargas do período de convalescência. Nesse tempo em que passou acamado, a todo instante alguém lhe chamava a atenção, acrescentando ainda mais sofrimento a uma experiência por si só dolorosa. "Você não pode se mexer!", advertiam. "Você tem que se cuidar, se você se mexer corre o risco de não ver nunca mais", alertavam. "Cuidado, é perigoso!", avisavam. Ele ainda se emociona e se inquieta quando relembra o terror que sentia.

— Eles queriam que eu não me mexesse. Eu podia ter ficado mais quieto, me arrependi muitas vezes de não ter conseguido, mas não aguentava mais ficar na cama, preso, sem poder brincar, sem nada. Quando estava acordado, eu tentava não me mexer, mas o corpo doía ou eu me distraía com os meus irmãos, meus pais ou os tios que me visitavam e, então, me mexia. Eles me repreendiam e eu ficava apavorado, porque podia estragar tudo. Mas todos procuravam me animar. Prometiam muitas coisas para eu me acalmar: "Logo você vai poder andar". Eu não queria esperar para me mexer depois. Queria na hora. Mas o que eu mais queria é que desse certo. No fundo, eu temia que pudesse dar tudo errado. Suspeitava que eles também pudessem ter esse medo e estivessem me enganando quando falavam que tudo ia dar certo se eu não me mexesse. Eu tentava me acalmar por mim mesmo, pensando em coisas boas como meus desenhos, meus cadernos.

Três meses é tempo demais para qualquer adulto permanecer imobilizado, esperando um resultado incerto. É mais devastador ainda para uma criança. Eurico escutava os passos de pessoas entrando e saindo do quarto, sem falar com ele. Conversavam baixinho entre si, sem que ele conseguisse ouvir o que diziam. Provavelmente, não queriam perturbar o seu descanso, mas isso o angustiava. O que estariam falando? Por que ele não podia ouvir? Às vezes, nem conseguia saber quem eram eles. Quem estava invadindo o seu quarto? Até hoje, Eurico tem pesadelos com pessoas que invadem seu quarto. Ele não pode ver quem são. Elas cochicham. Ele não entende o que dizem. E, muitas vezes, acorda assustado.

Entretanto, sempre gostava de receber visitas de parentes e amigos da família, que se revezavam lendo obras de autores clássicos, como Júlio Verne e Monteiro Lobato. O gosto pela leitura iria acompanhar Eurico vida afora. Também ganhou um rádio, que o ajudava a enfrentar a imobilidade ao som de música e jogos de futebol. A paixão pelo esporte igualmente lhe faria companhia para sempre, a ponto de o vascaíno Eurico estar sempre atualizado com as notícias de seu clube.

Após três meses de espera, finalmente chegou o momento de tirar a venda.

— Eu estava apavorado. Queria e não queria que o curativo fosse retirado. Eu sabia que a cirurgia não era uma garantia de cura. Era uma esperança. Sabia que muita coisa podia dar errado e eu podia não voltar a ver. Depois de tanto sofrimento durante a espera, tinha medo do desfecho. Medo de que o resultado pudesse ser ainda pior do que a espera. Não sei dizer quem estava lá, quem tirou a venda, sequer se foi um olho de cada vez ou os dois juntos. Só me lembro de um horror. Que nem me lembro se senti na hora ou se fui sentindo aos poucos. Mas sei que, na hora, percebi que havia algo muito errado. Nenhuma alegria em ninguém. Eu não via nada. Não via ninguém. Nada tinha mudado. Tinha sido um sacrifício inútil. Eu não conseguia acreditar. Demorou meses para eu aceitar. Para assumir que seria definitivo[3].

Um sofrimento tão prologado, uma frustração tão grande poderiam ter feito de Eurico uma pessoa amargurada. Tê-lo transformado em uma criança angustiada, revoltada ou apática. Diante de um trauma assim, é normal a pessoa se considerar vítima de uma grande injustiça. Eurico certamente se perguntou: "Por que eu? Não mereço isso". Como todo mundo, ele deve ter se rebelado, sentido raiva e medo. No entanto, foi em frente.

Ao mesmo tempo que tomava consciência de que não voltaria a enxergar, decidiu que a cegueira não iria paralisá-lo e que daria um jeito de levar uma vida normal. Apesar de ter sentido a maior dor que sentira até então, Eurico resolveu, nem ele sabe explicar como, porque era uma criança de seis anos, que não aceitaria agir, viver e ser tratado como um deficiente. Nem tinha ainda toda a noção da dimensão dos desafios da cegueira e isso, junto com os estímulos que recebia do pai e da mãe sobre sua capacidade de usar seus "outros poderes", fizeram-no acreditar que seria capaz de continuar a viver sem limites, como vivia antes.

— O fracasso da cirurgia fez com que eu parasse de acreditar na cura da cegueira. Cedo, percebi que era um fim de linha. Aquele jogo eu não ia mais virar. Não sei exatamente com que idade assumi essa posição de forma plenamente consciente, mas sei que foi muito cedo. E essa foi provavelmente a tomada de consciência mais acertada da minha vida. Foi duríssimo, mas decidi que nunca mais ia ficar esperando por uma solução. Parti da premissa de que tinha ficado definitivamente cego e que isso não teria o poder de tirar de mim a felicidade. Fui à luta em busca de vitórias. Entendi que as vitórias curam a dor. Muitos cegos ficam tão focados em voltar a ver que perdem as chances de viver bem com a cegueira. No momento que aceitei que seria definitivamente cego, soube que dali para frente ia precisar lutar sempre e sempre tentar vencer. Não podia ser paralisado pelo medo.

Agora, sabia que sempre tem uma saída. Eu saí e fui crescendo com a vida me provando isso.

Hoje, Eurico se pergunta se a perda da visão no segundo olho poderia ter sido evitada ou talvez postergada, mas conclui que, caso tivesse ocorrido mais tarde, teria sido pior. Acredita que perder a visão ainda criança talvez seja melhor do que perdê-la já adulto, porque você se prepara com antecedência para enfrentar os desafios. Diz que o aprendizado do braille[4], por exemplo, é muito mais fácil quando ocorre mais cedo. Explica que poucos adultos conseguem aprender a ler e a escrever em braille com velocidade. Mas o principal, ele acredita, é que crescendo cego você vai, gradativamente, aprendendo a conviver com a cegueira. Parece mais natural, menos desesperador para uma criança do que para um adulto que fica cego repentinamente. Aprender a conviver com a cegueira é, dentro do possível, esquecer, na maioria das vezes, que ela existe. Eurico acredita que faz a toda diferença ter tido visão e ter idade para ter suficiente consciência do que viu e do valor da visão.

— Eu me esforcei para memorizar: o mar, o céu, o sol, a lua, as estrelas. Tenho certeza de que, mesmo passados tantos anos, ainda me lembro deles, sei exatamente como são. Também memorizei as cores. Sei que, se voltasse a ver, reconheceria todas elas. A minha cor preferida é o azul. A minha memória me liga com o mundo. Mesmo sendo tão criança, assim que percebi que tinha ficado cego eu já ficava tentando me lembrar do que não podia esquecer. Não queria esquecer os rostos das pessoas. Mas rostos eram mais difíceis de lembrar. Não eram iguais. Não eram fixos. Quando fiz a cirurgia, o que mais queria na vida era voltar a ver como era o rosto dos meus pais, de meus irmãos, de todos. Que desespero ter a sensação de que não ia mais ver o rosto deles. Do que eu mais sentia falta tinha desaparecido. Como eram? Como são as pessoas? Queria levar a imagem dos rostos para o resto da vida, mas não consigo me lembrar de nenhum. Nem do meu próprio rosto.

Se Eurico logo tomou a cegueira como um dado da realidade, seus pais precisaram de mais tempo para aceitar que era para sempre. Cunha, na verdade, passaria a vida toda procurando uma solução, embora tenha sido desde o começo sincero com o filho. Ele nutria a esperança de que um dia Eurico pudesse voltar a enxergar, mas, desde o fracasso da cirurgia, admitia que as chances eram remotas. Falava: "A medicina progride muito, a evolução é enorme, daqui a alguns anos pode ter uma solução para o seu problema". Seu pai aferrava-se a essa possibilidade, a ponto de ter se tornado obcecado pelo assunto. Evitava compartilhar com ele tudo o que descobria, para não levantar falsas expectativas após a experiência frustrada, mas nunca desistiu.

Cunha tratava de levar o filho a vários especialistas. E assim, ao longo dos anos, lá iam os dois se consultar com um oftalmologista francês que estava visitando o Brasil. Ou iam ao consultório de um brasileiro que tinha feito cursos no exterior. "É inútil", Eurico dizia. "Não, quem sabe...", retrucava Cunha. Eurico seguia mais para dar uma satisfação ao pai do que por acreditar que iam de fato lhe devolver a visão. Quando Eurico já tinha 18 anos, Cunha o levou para se consultar com um médico americano que participava de um congresso no Brasil. Entretanto, as buscas seguiam infrutíferas, e tanto empenho não redundou em nada. Os diagnósticos eram sempre implacáveis: não havia como recuperar o nervo óptico. Até o fim da vida[5], Cunha mantinha-se a par dos avanços da medicina: pesquisava em livros, procurava os lançamentos mais recentes, lia revistas técnicas que pudessem oferecer alguma alternativa. O próprio Eurico, já adulto, chegou a fazer uma derradeira tentativa. Aproveitou uma viagem para Barcelona e se consultou com um conceituado oftalmologista espanhol, apenas para escutar novamente que seu quadro era irreversível, como já previa[6].

Enquanto o pai procurava ajuda na ciência e na medicina, Bela recorria ao plano espiritual. A mãe e os avós de Eurico peregrinavam por cerimônias religiosas em diferentes pontos do Rio para bênçãos com poderes de cura. Em determinado momento, resolveram ir atrás do padre Donizetti, que arrastava multidões de fiéis até seu centro em Tambaú, no interior de São Paulo, na Região Metropolitana de Ribeirão Preto[7].

Seguiram de carro, Eurico e Bela, com Lucio ao volante, em uma viagem longa e cansativa. O local parecia imenso ao menino, com uma multidão sem fim, à espera das bênçãos do sacerdote. Os três aguardaram na fila interminável, em meio a cânticos e orações entoados pela massa de pessoas esperançosas em encontrar um alívio para seu sofrimento. De vez em quando, havia uma comoção. O público chorava, gritava e dava graças a Nossa Senhora de Aparecida porque alguém havia acabado de ser curado. "Milagre, milagre!", ouvia-se. Em determinado ponto, a poucos metros do palco central, um assistente do padre deteve-se em Eurico, retirou-o da fila e o conduziu, sozinho, até Donizetti. Ele não estava confortável sendo afastado da mãe e levado sem ver para onde ia, por uma pessoa que não conhecia. Quando chegou junto ao padre, ele tocou suavemente na cabeça do menino.

— Senti um calor, como se houvesse uma energia no meu cabelo. Era uma sensação envolvente e apaziguadora. Escutei a voz tranquila de um homem, que achei que era o padre. Não entendi o que falou, mas me senti bem.

Pouco depois, o assistente tocou em seu braço para voltarem. Caminhou tranquilamente de volta com ele. Levou-o até sua família e, em vez de garantir a cura, disse: "Olha, esse menino pode não voltar a ver, mas ele é um ser privilegiado e vai ser muito feliz".

— Em vez de nos desanimar, aquelas palavras, sabe-se lá por quê, nos trouxeram conforto. Minha mãe me abraçou. Pareceu chorar, mas de alguma forma pareceu feliz. E eu também fiquei. Não entendo muito bem como, mas não saímos de lá frustrados. Saímos com um sentimento bom, muito diferente da dor que sentimos com o resultado da cirurgia.

Ainda assim, Bela continuou buscando na religião alguma solução para o problema. Esperava por um milagre que nunca veio. Diferentemente de Eurico, que não tinha grandes expectativas quando fez a viagem até o padre Donizetti, tampouco quando foi às outras cerimônias a que a mãe o levou. Acompanhava Bela por respeito a ela e porque aqueles momentos lhe faziam bem; no entanto, manteve uma abordagem pragmática, focado em levar a vida da melhor forma possível.

O IMPASSE

Quando ficou cego, Eurico estava na pré-escola[8] em um colégio público da Tijuca. Logo após a perda da visão e durante todo o processo inicial de busca por uma cura, escola era um tema que não fazia parte das preocupações da família. Contudo, agora, passados seis meses, aproximava-se o início do novo ano letivo, e essa questão devia ser considerada. Obviamente, o menino precisava voltar a estudar, mas o assunto se transformaria em um drama que, para a absoluta indignação de Eurico, ainda hoje aflige a vida de muitas pessoas cegas.

A primeira providência da família foi procurar a escola em que Eurico estudava antes do acidente, a fim de saber como poderiam proceder para o retorno dele. A direção foi taxativa: não tinha a menor condição de acolher um aluno com deficiência. Cunha e Bela não chegaram a se surpreender. Era mesmo pouco provável que uma escola pública naqueles tempos pudesse ter os recursos e a necessária flexibilidade para permitir a inclusão de uma criança cega. A solução natural lhes pareceu ser procurar um colégio particular, o Marista São José, no mesmo bairro, onde já estudava outro filho, Eduardo. Era uma escola grande, teoricamente com recursos para atendê-los, religiosa, certamente sensível às necessidades humanas e que já conhecia a família, onde a própria presença de Eduardo poderia ser de grande ajuda para a integração inicial do irmão.

Todavia, não houve a menor receptividade. Pelo contrário. Naquele Brasil do início dos anos 1950, seus pais ouviram apenas justificativas para a negativa: a escola não estava preparada para aceitar um aluno que não enxergava, não havia professores especializados, tampouco material adequado, e nunca tinham tido um "caso assim". Trataram, inclusive, de desanimar os pais, aconselhando-os a manter o menino em casa, com aulas sobre as matérias tradicionais e atividades extracurriculares. Bela e Cunha ficaram indignados. Cada vez mais sentiam na pele o preconceito. E não seria a única, mas não iriam se deixar abater. Estiveram em outros estabelecimentos de ensino, porém esbarravam sempre nas mesmas desculpas: de que nem a direção, nem os professores, tampouco os outros alunos estavam preparados para lidar com aquela situação. Esse era um desafio que não tinham previsto quando depararam com a fatalidade que se abatera sobre o filho.

Os irmãos tinham reiniciado as aulas. E Eurico não podia compreender nem aceitar a diferença de tratamento. Por que ele também não voltava para a escola? Vez por outra, ouvia os pais conversando sobre o assunto, mas, quando pedia detalhes, recebia informações vagas. "Olha, estamos procurando escola para você, tenha calma, seja paciente", disfarçavam. Eles evitavam contar a razão das recusas e não ofereciam explicações plausíveis para o filho. Para uma criança até então ativa, que dividia seu tempo entre as aulas, o futebol e as brincadeiras de rua, passar o dia confinada em casa era doloroso demais. Logo ele, que sempre gostou de estudar.

O confinamento forçado durante o horário escolar fez Eurico se tornar mais introspectivo e capaz de desenvolver e se divertir com universos imaginados. Ele podia, por exemplo, passar horas deitado na cama com uma caixa de madeira em cada lado do corpo. A da esquerda estava cheia de soldadinhos de chumbo. A da direita estava vazia. Eurico pegava um dos bonecos, apalpava-o com cuidado, analisando cada parte, percorrendo cada reentrância, e, quando tinha certeza de que já era capaz de identificar o objeto pelo tato, colocava-o do lado oposto. Aos poucos, passou a reconhecer as características do uniforme de cada um e a perceber a que forças armadas pertenciam. Criava exércitos inimigos, imaginava-os guerreando, concebia batalhas épicas.

O que atenuava um pouco o isolamento era a cumplicidade entre os irmãos. Quando voltavam da aula,

Eduardo e Carlos incluíam Eurico nas brincadeiras, sem limitações. Eles transformavam o quintal da casa em um acampamento faroeste, espalhando cadeiras e estendendo cobertores por cima delas. Cubos de madeira viravam armas, arremessados uns contra os outros, cada qual tentando se esconder, para evitar ser atingido.

— Mesmo sem ver, eu participava da "guerra de cabanas" com meus irmãos. Acho que conseguia ouvir os movimentos deles e me defender e atacar nas mesmas condições.

Não importava a idade de Carlos ou a cegueira de Eurico. Entre os irmãos, não tinha desconto para ninguém. Por vezes, os três fechavam a porta do quarto para Bela não perceber a travessura e pulavam a janela da casa, que dava para a rua, indo se encontrar com crianças vizinhas na calçada. Eduardo e Eurico também brincavam de luta ou brigavam de verdade, de igual para igual. Bela fazia questão de encará-los como um trio, o máximo possível com os mesmos direitos e deveres.

Em uma ocasião, Eduardo e Eurico brigaram de se engalfinhar. Em meio aos socos e empurrões, os dois caíram de cabeça na cristaleira, quebrando o imenso móvel antigo da sala. Bela ficou possessa. Veio com uma escova de madeira e distribuiu as palmadas irmãmente. Métodos pedagógicos à parte, essa postura igualitária, naturalmente incorporada ao cotidiano da família, certamente contribuiu para Eurico se perceber igualmente potente, responsável e integrado aos grupos sociais dos quais viria a participar ao longo da vida.

Mas o impasse da educação continuava. Eurico terminou por perder um ano letivo completo porque Bela e Cunha não conseguiram encontrar um colégio que aceitasse o filho. Continuaram lutando pela inclusão no ano seguinte, e mais um ano se passou. Cunha, em especial, não podia aceitar a condenação do filho a mais essa limitação de acesso ao mundo: a privação da educação. Resolveu sugerir a Bela a única hipótese que tinha identificado como viável: "Quem sabe não seria melhor matricular Eurico em um colégio específico para deficientes visuais?". Ele havia pesquisado o Instituto Benjamin Constant, o IBC. Fundada pelo imperador D. Pedro II, a instituição, chamada inicialmente de Imperial Instituto dos Meninos Cegos, foi inaugurada em 17 de setembro de 1854. Em 1891, teve o nome mudado em homenagem a seu terceiro diretor, o professor, engenheiro, militar e político Benjamin Constant, um dos principais articuladores da Proclamação da República, dois anos antes. O instituto virou um centro pioneiro e de referência nacional na educação e na capacitação profissional de pessoas cegas, com baixa visão, surdocegas ou com outras deficiências associadas à deficiência visual.

Cunha estava convicto da seriedade da instituição e das oportunidades que ela poderia abrir para o futuro de Eurico.

No entanto, sua sugestão assustou Bela, que de pronto recusou a ideia. O lado sentimental pesou na decisão. Sabia que, se o filho fosse para lá, teria de ficar internado. A família Cunha morava na Zona Norte, enquanto o instituto estava sediado na Urca, um bairro isolado na Zona Sul. Pela distância e por suas condições de vida, a família não poderia levar e buscar o menino na escola todos os dias. Talvez Bela pensasse que Eurico teria mais condições de ser feliz junto da família. Ficar em casa garantiria ao menino

Praia da Saudade em 1891, prédio do IBC. Hoje em dia o mesmo endereço é denominado Av. Pasteur, 350, Urca – RJ.

um bem-estar maior e um futuro melhor do que ele poderia obter confinado em um internato. É possível especular também que, para ela, a matrícula do filho em uma instituição voltada para pessoas com deficiência visual seria uma forma de renunciar às suas esperanças de um milagre e aceitar que o problema do filho não tinha volta.

Criou-se um impasse. Os dois lados mantinham-se inflexíveis. As discussões entre Bela e Cunha tornaram-se frequentes. Eles não conseguiam terminar uma conversa em que concordassem. Bela se fechava. Cunha era duro.

— Eu captava o conflito por alto. Achava que Bela me defendia, que me queria perto dela, mas me assustava quando percebia fragmentos de um futuro horrível que Cunha previa se eu fosse impedido de ir para a escola. Ele esperava muito de mim.

Não havia terceiras opiniões para mediá-los. Ninguém se metia, ninguém mais opinava.

— Não sei se vovô e vovó de fato não tinham opinião a respeito. Ou se achavam que era assunto exclusivo dos pais ou se não se davam conta da gravidade da situação. De alguma forma, captava que eles não tinham grandes expectativas a meu respeito. Aceitavam com certa naturalidade que eu ficasse em casa.

Cunha não desistia. Argumentava, de forma pragmática, com Bela que era a única alternativa após os seguidos "nãos" que o casal havia escutado. Eurico aprenderia braille, estudaria as matérias tradicionais e teria as ferramentas para tocar a vida. Bela, que passara a ser crescentemente religiosa, buscava explicações no espiritismo para aceitar o que tinha acontecido com o filho e empenhava-se mais na proteção do que na independência dele. Achava que deviam esperar, que surgiria uma luz. E, com isso, continuava a recusar a ideia do internato.

Cunha a criticava por estar impedindo o filho de desenvolver o potencial. Mas qual seria esse potencial? Bela não se sentia segura. Não seria cruel alimentar grandes expectativas em relação a uma criança cega? Eurico não poderia ser feliz, por exemplo, seguindo o que seu avô imaginava ser uma opção viável para ele: se tornar um pianista? Era um sonho alcançável, uma aspiração que ele poderia concretizar recebendo aulas em casa[9].

Sim, era um sonho possível, mas Cunha não queria saber de limitações. Acreditava no potencial, na inteligência e na determinação do filho; tinha certeza de que ele teria uma vida plena e poderia conquistar o que desejasse, tanto ou mais do que Eduardo e Carlos. Ninguém tinha o direito de limitá-lo. Não poderiam perder mais um ano nesses debates. E, não tendo mais opção, Bela se deu por vencida. Acabou concordando que o IBC era a melhor escolha para o filho — ou a menos pior.

MAIS DE MIL E UMA NOITES

Na segunda-feira, dia 17 de março de 1952, o Rio de Janeiro lidava com um "monstruoso e bárbaro" crime cometido dias antes: a morte de um vigia e o estupro da mulher dele na Barra da Tijuca. Outros temas ocupavam as páginas dos jornais: o aumento das passagens dos bondes na cidade; a vitória do Vasco sobre o Santos por 3 a 1 no Maracanã; a colisão entre um ônibus e um caminhão na rodovia Presidente Dutra que deixara sete mortos e seis pessoas gravemente feridas; a promessa do ministro do Trabalho do governo Getúlio Vargas de que haveria uma sensível baixa no custo de vida até o fim do ano; e a batalha pela legalização do divórcio travada pelo senador Nelson Carneiro, chamado pelos críticos de "coveiro da família" e "profeta das ruínas"[10].

Porém, o que angustiava mesmo a família Cunha era outro assunto: o primeiro dia de Eurico na nova escola. A família estava de tal maneira assustada que não tinha noção de qualquer outra coisa que não o drama pessoal que vivia. A ida para o colégio foi antecedida de muito sofrimento. Se para Bela o afastamento do filho causava insegurança, para Eurico era ainda mais dramático. Quase tão difícil quanto perder a visão era ter de se despedir do ambiente seguro e acolhedor de sua casa, onde ficava o tempo todo havia dois anos, e enfrentar mais uma vez o desconhecido. A noite da véspera e o amanhecer daquele dia estavam cercados de muita tensão.

— Nas semanas anteriores à ida para o Instituto Benjamin Constant, eu oscilava entre sentimentos de alegria e tristeza, esperança e medo. Era uma dualidade terrível. Em alguns momentos, acreditava, sinceramente, que o IBC era a chance de voltar a viver. Ter escola. Ter amigos. Ter futuro. Ter uma vida normal, como já tinha tido. Mas essa esperança não durava muito. Batia o desespero puro. Tinha horror de pensar que ia ficar sozinho, longe da família. Não via razão para ficar lá o dia todo, a semana toda. Achava um absurdo. Se meus irmãos ficam na escola só meio expediente, por que eu tenho de ficar no internato? Por que meus pais não podem me levar e me buscar todo dia? Por que meus irmãos podem ficar com a família e eu não? Eles iam ter mais tempo com os meus pais do que eu. Era revoltante. Eu não merecia isso.

Cunha tentava animar o filho. Em almoços e conversas, costumava prepará-lo para a brusca mudança, consolando-o nas várias vezes que chorava. Conversava, acalmava, procurava convencer Eurico de que aquela era a melhor escolha — e, nessa tentativa, procurava talvez também reafirmar para si mesmo e se justificar, já que fora dele a decisão tão dura e, como se verá depois, tão correta, de levar o filho para o internato. Cunha não varria as dificuldades para debaixo do tapete. Não minimizava as perdas nem fingia que seria fácil, mas mostrava — e geralmente convencia o filho, porque de fato acreditava — que as vantagens compensariam o sofrimento. Enfatizava os ganhos, repetia que, no Benjamin Constant, Eurico aprenderia braille e teria os meios de que precisava para viver uma vida normal e construir o futuro que desejasse. Mostrava que só dependia dele e reafirmava a certeza de que o filho iria superar os desafios e conseguir se sair bem. "Conseguir vencer os desafios". Isso virou uma profecia, um mantra para Eurico.

Eurico apagou da memória a cena do último jantar em família na véspera da ida para o Benjamin Constant. Recorda-se apenas da mãe dando boa-noite na cama e dizendo para ele dormir logo, porque teriam de acordar muito cedo no dia seguinte, e de alguns conselhos de Eduardo para acalmá-lo. Naquele domingo, Eurico fez um único pedido: queria brincar e se despedir de seus soldadinhos de chumbo, com quem compartilhava grandes aventuras todos os dias. Não entendia por que não podia levar seus brinquedos para o instituto. Não podia levar nenhum item pessoal. Sequer seu travesseiro, de que ele tanto gostava. Nem mesmo roupas. Somente a que vestiria ao ir para o IBC e voltar para casa a cada sábado. Apesar do pedido de Bela para que se deitasse logo, Eurico passou a noite em claro, imaginando como seria sua nova vida. Estava com muito medo. Sabia que seria difícil, mas teria de dar um jeito de ser bom. Tentava repetir mentalmente as palavras do pai. Tentava reunir forças para enfrentar o pior, para não chorar, para não pedir para ficar.

De manhã, mal conseguiu tomar o café com leite e comer o pão com manteiga. Estava difícil engolir o choro. Não sabia quanta falta sentiria da comida feita pela mãe, dos cuidados que ela tinha com a roupa dele, sempre separada e fácil de encontrar e de vestir, do quarto seguro e tranquilo, compartilhado com os irmãos.

Havia se preparado para aquele momento, mas sair de casa, descer o elevador e caminhar até o ponto de ônibus foram ações mais aterradoras do que pensava. Queria chorar, voltar correndo. Por várias vezes, seus olhos quase se encheram de lágrimas, mas se controlou. Não queria chorar na presença de Bela nem na de ninguém. Deixou-se conduzir pela mãe. Ambos despedaçados, cumprindo um destino que não queriam trilhar. Bela fez questão de levar o filho, apesar de achar terrível a ideia do internato. Queria entregá-lo em mãos, recomendá-lo pessoalmente, conhecer com ele o alojamento, ver sua cama, ajudá-lo a vestir seu uniforme de interno e a arrumar seus escassos pertences no armário.

No trajeto em direção ao colégio, primeiro a pé, depois de ônibus, Bela não conseguia encontrar motivos de alegria nem sonhos que pudesse genuinamente compartilhar com o filho para tentar tranquilizá-lo. Se chorou, Eurico não percebeu, mas acredita que sim.

Eram 7h da manhã quando chegaram ao majestoso prédio em estilo neoclássico. Os dois percorreram juntos o Benjamin Constant. Eurico não lembra se havia alguém do instituto para apresentar a eles o ambiente imenso e assustador no qual passaria os anos seguintes. Estiveram nas salas de aulas, no segundo andar, e passaram pela cozinha, onde foram cumprimentados pelas cozinheiras. Bela ouviu palavras apaziguadoras: "Fique tranquila". A presença de uma mãe era incomum ali, já que a maioria dos internos vinha de outras cidades e de outros estados, e tinha um valor especial naquele lugar. Os dois foram ao terceiro andar, que abrigava os dormitórios masculino e feminino, separados por uma porta. Em seguida, desceram juntos os dois lances enormes de escadarias que o menino, no dia seguinte, já teria de ser capaz de localizar e descer sozinho. Aprenderia tão bem que, menos de um ano depois, desceria escorregando pelos corrimões, com a cabeça virada para baixo, um perigo que lhe rendia graves repreensões quando era surpreendido pelos fiscais.

Mas, naquele momento, tudo era insegurança e incerteza para Eurico.

— A cegueira é o permanente desconhecido, porque você é cego a cada novo segundo que vive. A cegueira se renova a cada instante, para sempre. Tudo, literalmente tudo, é uma nova realidade a descobrir, dominar e conviver: a cada passo que você dá, a cada nova pessoa que você encontra, a cada momento. Em qualquer tempo. Em todo espaço.

Após a visita, Bela e Eurico se dirigiram para o grande hall de entrada. Ela o beijou, abraçou, disse que o amava, se despediu e prometeu que estariam juntos de novo dali a dois dias, na quarta-feira — desde a primeira semana, ela cumpriria a promessa de levar comida toda quarta. Bela saiu rapidamente, sofrendo com a despedida, impotente de ter de abandonar o filho pela primeira vez. Eurico viu-se subitamente desamparado.

— Eu quis, mais uma vez, chorar, mas engasguei. Quis pedir para ela não me deixar ali sozinho, mas fiquei sem voz. Sabia que não podia fazer nada para evitar a separação. Não queria decepcionar minha mãe. Também não queria ser fraco na frente dos inspetores. Ela desapareceu e eu fiquei parado, sem saber o que fazer, sem saber para onde ir. Ouvia vozes de adultos conversando, mas não apareceu ninguém. Aquele abandono foi apavorante. De repente, foi como se eu não estivesse mais ali, estivesse vendo um filme do que aconteceu na minha vida. Revi minha trajetória desde pequenininho, quando enxergava e brincava com meus irmãos e amigos. Revivi minha convivência com meus avós e meus pais. E, embora eu tivesse só oito anos, tive uma convicção repentina, como se ouvisse uma sentença imutável: "A vida é ganhar ou perder. Não tem outra saída". Não tinha ninguém ali para me ajudar, mas tive um certeza definitiva: eu tinha de ganhar.

Seus pensamentos foram interrompidos pela chegada de um funcionário, Manoel, que percebeu que ele estava perdido e o ajudou a se orientar. Não se recorda de mais nada daquele dia, mas jamais se esquecerá da primeira noite; a noite mais longa de sua vida. Era assustador pensar que ficaria, pela primeira vez, apartado dos pais. Ainda hoje sofre ao se lembrar de como se sentiu naquele dormitório enorme, cheio de pessoas estranhas, tão diferente de seu quarto, onde seus irmãos tinham a felicidade de estar naquela mesma noite em que ele enfrentava o desconhecido.

— Tudo era escuro, como é sempre para o cego, mas aquela escuridão parecia ter sombras e ruídos. Deitado pela primeira vez na cama em que iria dormir pelos próximos seis anos, chorei copiosamente, mas não fiz barulho. Tapei a cabeça com o travesseiro para ninguém conseguir ouvir meus soluços. Não sabia que tinha tanta lágrima e tanto desespero para chorar. Achava que não ia parar nunca. Adormeci soluçando.

Acordei no dia seguinte sem saber onde estava. Tinha um travesseiro meio molhado nos braços. Não entendia bem o que estava acontecendo. É mais difícil se situar quando tudo está sempre escuro. Ouvi soar o segundo sinal de alarme. E ter a consciência de onde estava me alarmou mais do que o som estridente do toque matinal que despertava as crianças.

As noites seguintes também foram de muita angústia. Passou a semana no colégio, tendo de lidar com a sensação de abandono. O menino de oito anos ia para a cama tenso e custava a adormecer. A visita da mãe, na manhã da quarta-feira, encheu-o de consolo. Ela veio carregada de guloseimas. Ao longo dos seis anos de Eurico no instituto, aquele sempre seria um momento de intensa alegria. A necessidade de criar outros dois filhos pequenos e a longa distância entre a Tijuca e a Urca impediam uma assiduidade maior por parte de Bela. Porém, a chegada da mãe, com biscoitos, balas, mariolas, bananadas e toda sorte de doces, confortava-o e aliviava seu cotidiano alimentar. Na escola, Eurico comia basicamente arroz, feijão, pão, café com leite, frutas e verduras. A dieta frugal ocorria por conta da má qualidade da comida. Carnes, em geral, ele evitava, de tão ruins.

— Eu tinha horror só de pensar que, nas primeiras refeições que fiz no IBC, havia mastigado nervos dos bifes e cartilagem dos frangos, e nunca mais experimentei.

Nos sábados pela manhã, seu pai pegava o ônibus e cruzava a cidade para ir buscá-lo. Em meio ao duro cotidiano vivido por Eurico, a chegada do pai era aguardada com muita expectativa. Cunha era pontual, aparecia no horário marcado, por volta das 10h. Entretanto, às 9h o menino já estava sentado na sala de espera, de ouvido ligado em um grande relógio carrilhão que tocava de meia em meia hora, mal contendo a ansiedade. Mais do que rever o pai, significava rever a família. Ter de volta um lar, comida, conforto, afeto. Essa vontade durou todo o tempo em que estudou na escola, mesmo depois que ele já havia se habituado à rotina dentro dos muros da instituição.

Se, para Eurico, que tinha suporte familiar, o dia a dia era penoso, que dirá para os demais alunos, cujo convívio externo era bem mais escasso. A maioria morava fora do Rio e era de origem humilde — não havia nenhuma instituição do mesmo porte no país que oferecesse tantas opções de educação e profissionalização. Devido às distâncias, era natural que não recebessem visitas e fossem se afastando dos parentes. Acabavam tendo de passar os fins de semana no colégio — e até mesmo os quatro meses de férias, em julho, dezembro, janeiro e fevereiro. Com isso, por vezes, professores, funcionários e demais alunos acabavam se tornando para essas crianças uma espécie de família substituta — mas uma família incompleta, por maior que fosse a amizade.

Ter uma família presente fazia de Eurico uma pessoa privilegiada naquele grupo. Ele sentia isso e, mesmo sendo tão criança, de alguma forma intuía os ônus e os bônus dessa situação. Sabia o quão precioso era ter uma casa em que era esperado com amor, em que tinha irmãos para brincar e brinquedos só dele, em que era "dono do seu espaço" e em que recebia atenção exclusiva. No entanto, também percebia que era esperado mais dele em casa (o que a maioria sequer tinha) e na escola. E que ele mesmo se autoexigia e se constrangia por se sentir um privilegiado.

Tudo isso fez de Eurico uma criança muito reflexiva. Diariamente após o almoço, tinha o costume de andar pelo pátio do Benjamin Constant. Nessas caminhadas, costumava pensar sobre a sua vida dentro e fora da escola, as coisas que tinha vivido, o que iria viver. Tinha nove anos quando se encontrou pensando no futuro e fazendo planos. Começou com uma preocupação pouco comum para um menino tão novo: "O que vou fazer da minha vida? Como vou enfrentar os desafios que terei pela frente? Como vou me virar sozinho quando crescer?". Eurico não era um menino comum. Não apenas por ter sido forçado a amadurecer precocemente pela experiência traumática ocorrida três anos antes. É que ele sempre quis andar pelas próprias pernas. Nunca aceitou a hipótese de que poderia se tornar um peso para a família. Nada de despertar compaixão, virar o coitadinho, o pobrezinho, ser alvo de olhares piedosos e atitudes condescendentes. Não pensava em autolimitação. Não cogitava a hipótese de a cegueira servir de desculpa para a imobilidade e o insucesso. Estava determinado a superar os obstáculos e ter uma vida autônoma e plena. Não sabia como, mas sabia que precisava achar um jeito. Pensava no que ia ser ou fazer, nunca no que não ia ser ou fazer. As dúvidas sobre o futuro não diminuíam sua certeza de que iria vencer — ou pelo menos tentar. A cegueira o impediria de ver. E só. Ele iria conseguir mudar as coisas para ele e para os outros.

Eurico tinha noção de que teria de se empenhar ao máximo e se esforçar mais do que as outras crianças. Caminhando, tentava também se concentrar e listar mentalmente "as coisas boas do IBC", as razões de estar ali. As caminhadas no pátio fortaleciam mais seu espírito do que seu corpo. Lembrava do pai falando por que tinha de ser matriculado: "Somente no Benjamin Constant você pode aprender braille. E você vai poder ler os melhores livros do mundo. Dominando o braille e o inglês você vai poder ler coisas que ainda nem foram publicadas no Brasil".

Foi com essas palavras em mente que tomou duas decisões fundamentais. Resolveu que seria o melhor aluno de braille do instituto. E também passou a frequentar diariamente a biblioteca, que virou seu refúgio, seu paraíso. Corria para lá quando as atividades do dia terminavam e só saía quando era expulso pelo funcionário de plantão que tinha de fechar a sala.

— Comecei lendo os infantis, passei para Monteiro Lobato, segui rumo a Jorge Amado, Érico Veríssimo, Guimarães Rosa e Machado de Assis. Descobri um Brasil com tantas diferenças, crenças e paixões como nunca pensei que pudesse existir. Entrei pelos clássicos mundiais. Li coisas eletrizantes, que me fizeram viajar pelo universo e pelo mundo por meio de Júlio Verne, Alexandre Dumas, Ernest Hemingway e Miguel de Cervantes. *Dom Quixote* me emocionou tanto que até hoje, de vez em quando, lembro de uma frase dita por ele a Sancho Pança, quando Sancho lhe pediu para parar de lutar e ele se negou: "A maior loucura que um homem pode fazer nesta vida é deixar-se morrer". Antes dos 12, 13 anos, eu já tinha navegado pelo melhor, mais nobre, mais heroico e belo da alma humana e pela face mais cruel, mais baixa, mais terrível que a humanidade pode apresentar. Estava fascinado e tinha a confirmação oficial da minha intuição: diante dos grandes sofrimentos, ou você se fortalece e vence ou você sucumbe. E eu decidi que queria ser como os grandes, que lutam e vencem, e, ao vencer, mudam o mundo à sua volta.

Eurico mergulhou de cabeça nos estudos de braille. O curso era ministrado por dois anos e começava quando o aluno ingressava no instituto, independentemente da idade ou da série que fosse cursar. Ele aprendeu a ler e a escrever em um ano. O esforço compensou. Todo fim de ano, havia um concurso geral entre todos os estudantes do IBC para premiar o que conseguisse ler e escrever mais correta e rapidamente. Como todo mundo, Eurico se mobilizava pela expectativa de ganhar o concurso. Estavam todos aguardando ansiosos pelo anúncio do resultado. O prêmio era só uma medalha dessas compradas prontas em lojas de *souvenirs*, mas tinha o valor de uma medalha de ouro para eles.

Poucos dias antes da divulgação do resultado, a direção do IBC convocou alunos e professores para uma reunião no auditório nobre, no térreo, que, disseram, só era usado em momentos solenes, nas grandes comemorações. Quando o auditório ficou lotado (o que para Eurico era fácil de perceber pelo som e por uma espécie de vibração que se propaga no ar, em ambientes com muita gente), alguém da direção abriu a reunião e contou que iriam receber uma visita muito importante.

— Era uma mulher realmente com superpoderes, eu pensei após ouvi-los. Ela era cega, como nós, mas também tinha ficado totalmente surda. Eu não podia imaginar como alguém podia ser assim. Eu já estava acostumado a ser cego e a conviver com muitas pessoas cegas... mas como alguém podia viver sem escutar música nem ouvir noticiários? E como podia alguém viver sem falar, por não ter audição? Ela tinha virado uma heroína que defendia as pessoas cegas, surdas e mudas no mundo todo. Ela era notícia em todo lugar que chegava e era recebida até pelos presidentes dos países aonde ia. Para mim, se ela era real, ela era a prova de que realmente tudo é possível. Que não há limitações que não possam ser superadas. Que não existem limites que determinem até onde a gente pode chegar.

No grande dia, foram todos para o auditório aplaudir a chegada da conferencista americana. No meio da cerimônia, a direção do Benjamin Constant informou que iriam aproveitar a ilustre presença para anunciar o vencedor do concurso de braille, e que neste ano ela seria a convidada de honra para a entrega da medalha ao campeão do concurso. Escutou-se o anúncio pelos alto-falantes do salão: "Eurico Carvalho da Cunha". Ele não sabia o que fazer. Foi uma felicidade e um susto imensos. Ficou paralisado. Lembra que alguém o levou por uma escadinha até o palco.

Helen Keller em visita ao IBC em 1953, quando proferiu palestra e entregou condecoração ao Eurico.

— Helen Keller, em carne e osso, colocou a medalha no meu pescoço e me deu um beijo no rosto. Algumas vezes, minha mãe comentava que aquele tinha sido um dos dias mais importantes da nossa família. E lamentava que a gente não tivesse fotos do evento. Eu nunca me importei com fotos, claro, mas, ainda criança, pensava que, com certeza, para quem vê deve ser mais difícil e não deve ter tanto valor guardar as boas lembranças apenas na memória como nós, os cegos, guardamos. Hoje em dia, então, com as mídias sociais, guardar coisas na memória vale muito pouco: as fotos parecem ter ficado mais importantes até do que os fatos.

Além do empenho na aprendizagem do braille, Eurico havia decidido se dedicar a acompanhar atentamente todas as aulas para não perder uma única palavra do que os professores diziam. Eles percebiam o interesse do menino, que se dava bem com todos, exceto com um deles, o de matemática. Eurico detestava o professor por uma razão mais do que justa: era rígido e arbitrário. Ensinava, como é de praxe, as fórmulas para a resolução das equações, mas não admitia que o aluno chegasse à solução dos problemas usando um raciocínio matemático próprio, independentemente dos padrões estabelecidos. Nem Eurico sabe explicar hoje qual era o raciocínio que seguia. Sabe apenas que, invariavelmente, chegava aos resultados corretos sem seguir os passos preconizados pelo professor, que ficava revoltado, em vez de valorizar a criatividade e a autonomia do aluno. Assim, a cada resposta certa dada sem a demonstração do desenvolvimento esperado, Eurico tomava zero, correndo o risco não só de ser reprovado como o de sofrer gravíssimas punições. O professor o recriminava:

— Você tem de fazer como eu ensino. O resultado não é o principal; o importante é que você siga os passos que eu recomendo que sejam seguidos.

Talvez Eurico até conseguisse seguir as fórmulas, mas queria fazer do jeito dele. E a imposição ainda vinha acompanhada da ameaça de cortar o que o menino tinha de mais precioso e prazeroso: a ida para casa com a família.

— Se você continuar teimando, vai ficar de castigo o fim de semana todo.

A rigor, ele não poderia fazer isso, mas usava a intimidação como forma de pressão. A dificuldade com o professor de matemática, porém, foi um caso isolado. Do ponto de vista pedagógico e cognitivo, o IBC e todo o seu time de professores foi significativo para Eurico e abriu horizontes, como bem previu o pai.

Já do ponto de vista de suporte socioemocional e comportamental, o IBC tinha lacunas graves. Não existia amparo psicológico e terapêutico para as crianças. Elas não eram preparadas para desenvolver suas competências emocionais e para interagir entre si e muito menos com o mundo exterior. Não recebiam conselhos e ensinamentos sobre o que os aguardava lá fora. Nas regras do dia a dia no instituto, não se tinha preocupação com a aparência física das crianças, já que elas "não viam mesmo". Não havia orientações nem referências em que pudessem se espelhar com o objetivo de uma posterior integração à sociedade. Cada um teria de aprender por conta própria. Teriam de se virar, por exemplo, para se tornarem pessoas organizadas, disciplinadas e metódicas, atributos indispensáveis para serem capazes de enfrentar a complexidade do mundo externo.

Outra dificuldade séria, do ponto de vista comportamental, era a grande heterogeneidade das turmas, que terminavam sendo tratadas de forma homogênea. Crianças inteiramente cegas conviviam com outras que enxergavam parcialmente e que podiam se locomover sozinhas e reconhecer rostos. Algumas que nasceram cegas estudavam juntas com aquelas que perderam a visão na infância ou outras que só ficaram cegas já adolescentes. Misturavam-se alunos com níveis de aprendizagem muito diferentes ou de variadas faixas etárias. Até porque vários deles haviam passado anos em casa sem estudar. Se Eurico, que morava no Rio, só conseguiu entrar no colégio dois anos após a cegueira, o que dizer das dificuldades de uma criança do interior do Nordeste? Entre descobrir o IBC e arrumar meios para a vinda para o Rio poderia ter se passado um longo tempo. Tanto que, no primário,

Eurico era um dos mais novos da turma — aos oito anos, convivia na mesma sala com colegas de 14.

Além disso, havia diferenças socioeconômicas profundas entre os internos, o que tornava ainda mais complexas as relações interpessoais entre os alunos e entre eles e os professores, que também não eram preparados emocional e psicologicamente para lidar com tantas discrepâncias.

Eurico relembra ainda hoje, chocado, a falta de tato de um professor ao lidar com um colega que levou um lanche para a sala de aula e que, sem querer, deixou a comida cair no chão. Recebeu uma descompostura do professor, que fez questão de evidenciar na frente de todos sua repulsa ao comportamento do garoto:

— Não abre aqui, não, porque você é cego e vai derramar tudo. Esquece isso e não traz mais comida nenhuma para a aula.

As constantes reprimendas, as seguidas restrições e as repetidas negativas levavam as crianças a se autolimitarem e a não terem grandes ambições. À deficiência real, somavam-se as deficiências imaginárias, algo que sempre incomodou Eurico e contra as quais ele prometeu lutar por toda a vida.

Esse espírito idealista e questionador também o levava a permanentemente buscar melhorar as condições de vida no IBC, não apenas para si, mas para todo o grupo. Certa vez, foi um dos líderes de uma rebelião em protesto contra a qualidade da comida que era servida. O movimento teve um sucesso temporário, mas, meses depois, a alimentação voltaria a piorar. Não parecia haver motivação da escola para, de fato, mudar esse tipo de coisa que, provavelmente, não era vista como essencial. Para muitos alunos, ter comida regular e farta já era um grande benefício.

No entanto, Eurico não parava. Nos primeiros tempos de IBC, sentia-se isolado. Sentia falta de colegas com quem pudesse conversar. Suas preocupações pareceriam fúteis diante da quantidade de problemas que os outros alunos tinham, como o escasso apoio familiar. Assim, os papos eram esporádicos e se restringiam às amenidades. As inquietações mais íntimas e profundas ficavam guardadas. Eurico entendeu que precisava achar outros pontos de encontro com os colegas.

Foi quando formou um pequeno grupo para inventar brincadeiras e combater o marasmo, já que não havia iniciativas formais por parte do instituto para integrá-los e entretê-los fora dos afazeres acadêmicos. Esse grupo criou, por exemplo, um conjunto de atividades esportivas que simulavam provas de atletismo. No salto em distância, cada um dos competidores pulava, dava um grito — "estou aqui!" — e todos corriam para medir o espaço percorrido por ele, a fim de identificar qual havia chegado mais longe da marca inicial. O arremesso de peso era um perigo. Os garotos se distribuíam pelos cantos do pátio e pediam para ninguém se aproximar. E passavam a arremessar pedaços de madeira, pedras, os objetos mais pesados que encontrassem, sem ter ideia de para onde eles estavam sendo jogados. Em seguida, tentavam localizar as peças para ver quem tinha lançado mais longe e sido o campeão. As olimpíadas internas eram feitas sem qualquer supervisão e apoio. O grupo se reunia e ia elaborando as distrações. Acrescentaram às atividades físicas maratonas culturais, com jogos de conhecimentos gerais, como listar as capitais do Brasil e do mundo ou os rios de determinado país.

Se, por um lado, o isolamento afastava Eurico do conforto familiar, por outro, dava-lhe liberdade e autonomia para arriscar. Sem os pais por perto para monitorar seus passos, resolveu voltar a jogar futebol, o que não fazia desde que ficara cego. Em uma ocasião, ele e os colegas decidiram praticar o esporte com uma latinha assumindo o papel de bola. Fazia sentido, já que era fácil acompanhar o som da lata "correndo" sobre o piso cimentado do pátio e tentar acertá-la. O vascaíno Eurico se autodenominou Ademir, em homenagem a Ademir de Menezes, um dos maiores ídolos da história do clube. Durante as partidas, as contusões eram inevitáveis. Certa vez, Eurico foi empurrado por um colega quando estava prestes a fazer um gol. Bateu com a testa em uma pilastra e foi encaminhado à enfermaria para levar uns pontos. Em outra ocasião, estava com a lata sob o pé quando um menino, sem querer, pisou nele. A força da pisada fez com que o Eurico esmagasse a lata, que se abriu e se enterrou na sola do pé, sangrando abundantemente. Nada que o desanimasse. Mais tarde, quando a atividade física já tinha passado a fazer parte da programação da escola, a lata foi trocada por uma bola de guizo. Era certamente mais seguro, mas menos animado, porque era mais complicado manter o controle da pelota.

Um aspecto surpreendente do IBC, que se reflete na forma como os alunos usufruíam do tempo livre, é sua visão de inclusão. Desde que foi criado, o instituto abrigava meninos e meninas. Na época em que Eurico estudou lá, as turmas do primário ainda eram divididas por sexo, mas eles se encontravam no recreio — uma parte do horário era separada, após o almoço, e outra parte era mista, depois do jantar. Nesse curto intervalo de tempo, os alunos aproveitavam para namorar. Andavam de braços dados, sentavam-se nos bancos do pátio, beijavam-se. É uma das boas lembranças que Eurico guarda do período.

O IBC, que havia sido o maior pesadelo de Eurico após a tragédia da "escuridão", passou a ser o seu território de conforto. Ele, de fato, encontrou lá o que Cunha preconizava. E correspondeu ao que ele desejava. Tirava ótimas notas, aumentando a confiança e a admiração do pai. Cada boa nota servia de estímulo para que se dedicasse ainda mais. Completou os dois primeiros anos do primário em um. O bom desempenho o impulsionava adiante, em um círculo virtuoso. Conhecia tudo e todos. Tinha uma rotina que ele mesmo criara, cheia de atividades de que gostava e em que se saía muito bem. Conquistara sucesso, respeito e reconhecimento por parte dos outros meninos e dos professores. Após dois anos naquela nova realidade, estava inteiramente adaptado e não queria mais sair.

Na manhã do dia 24 de agosto de 1954, Eurico e os colegas não prestavam muita atenção às transmissões de rádio veiculadas pelos alto-falantes espalhados pelos quatro cantos do pátio[11]. De repente, as conversas foram interrompidas quando se ouviu a inconfundível música de alerta dos plantões do Repórter Esso, da Rádio Nacional, trazendo consigo a sensação assustadora que antecede a divulgação de uma catástrofe. A voz grave do locutor Heron Domingues silenciou o instituto com um anúncio fúnebre: "Amigo ouvinte, aqui fala o Repórter Esso, testemunha ocular da história. E atenção, acaba de suicidar-se, em seus aposentos no Palácio do Catete, o presidente Getúlio Vargas".

Eurico não escutou mais nada em meio aos gritos vindos de toda parte do IBC: "O presidente morreu, o presidente morreu!". Os inspetores berravam, revoltados: "Mataram o presidente!". As funcionárias da cantina choravam como se um parente tivesse morrido. Era possível, também, escutar o barulho que vinha da rua.

— Fiquei parado, calado, chocado, enquanto meus colegas corriam de um lado para o outro, sem direção, como que para se proteger de algum perigo que não sabiam de onde vinha. O clima entre os adultos era de espanto, medo, revolta, desespero. De repente, alguém falou que o instituto podia ser invadido e mandou fechar todos os portões. Achei que era a coisa mais perigosa que já tinha acontecido nos meus dez anos de vida. Não sabia se afetaria meus pais e meus irmãos em casa, sem mim. Não sabia o que aquilo significava. Só sabia que eu precisava entender o que estava acontecendo. Pelo que me pareceu uma eternidade, a gente não recebeu nenhuma explicação, nenhuma orientação. Sei que, em algum momento, todo mundo foi retirado do pátio, e as aulas do dia foram suspensas. Não sei mais o que aconteceu. Eu apaguei o que fizemos no resto daquele dia e daquela noite.

No dia seguinte, Eurico tinha aula de história. Pediu ao professor Edson que deixasse de lado a matéria curricular e falasse a eles sobre Getúlio e o impacto de sua morte. Foi a primeira vez que ouviu falar do "pai dos pobres", da carestia, do aumento de 100% do salário-mínimo e de Carlos Lacerda. Eurico, assim como os colegas, saiu da aula convencido de que Getúlio era um herói, e Lacerda, um vilão. Na parte da tarde, após as classes, já no pátio, Eurico dispensou as brincadeiras e as conversas com os demais alunos. Queria se concentrar no noticiário. Nunca havia prestado tanta atenção ao que era transmitido pelos alto-falantes. Mas isso era pouco para sua curiosidade. Em certo momento, encontrou o professor de história, que tinha um radinho de pilha sintonizado na rádio Globo, e pediu para se sentar junto com ele. Ouviu falar de expressões como "mar de lama" e "risco democrático". Achou que política era a coisa mais importante, mais complicada e mais interessante do mundo. E decidiu que ia ser político quando crescesse. Fez planos ambiciosos: queria ser Presidente da República. Queria fazer as coisas certas para ajudar todas as pessoas, mas principalmente as pessoas cegas e pobres, como a maioria dos meninos do Benjamin Constant. Preocupação que iria amadurecer e crescer com Eurico, como se verá mais adiante.

O CONSELHO DO MESTRE

Eurico já estava havia seis anos no IBC quando seu caminho se cruzou com o do professor de inglês do instituto: José Espínola Veiga, que ficou cego após contrair varíola com apenas 20 meses de idade. Embora trabalhando no IBC e reconhecendo os méritos da instituição, Veiga era um ardoroso defensor da educação de crianças cegas em escolas regulares, destinadas a alunos com visão normal[12].

Ele não dava aulas para Eurico — o inglês só era ministrado a partir do terceiro ano ginasial —, mas nas reuniões de mestres ouvia excelentes referências ao menino, que destacavam sua destreza no braille, suas ótimas notas e seu interesse pelos estudos em geral, e por história e literatura em particular. Os elogios mais entusiasmados vinham, naturalmente, do professor de história e da professora de português. Na opinião de Veiga, Eurico era um candidato ideal para passar do estudo em uma instituição fechada como o IBC para uma escola aberta a estudantes em geral. Ele estava seguro de que essa seria uma transição muito positiva e sem maiores riscos. Assim, em 1957, Veiga procurou os pais de Eurico e disse:

— Esse menino tem potencial e uma família que o apoia. Ele pode enfrentar uma escola comum em condições quase iguais aos dos outros alunos. É melhor ele estudar fora do que ficar aqui.

Entretanto, ao mesmo tempo que estimulava a saída de Eurico, Veiga não relativizava as dificuldades.

— Ele não vai ter quem o oriente na nova escola, mas tem grande capacidade de se desenvolver.

Cunha e Bela estavam naturalmente reticentes. Tiveram outras duas conversas com Veiga, dessa vez acompanhados de Eurico. O professor insistia:

— Ou ele vai enfrentar a vida lá fora ou vai ficar em uma condição bem difícil, porque há pouquíssimas possibilidades de ser bem-sucedido passando a vida no instituto.

Os pais acabaram concordando com os argumentos de Veiga. Porém, não bastava convencê-los; era preciso convencer Eurico. Ele não queria sair do IBC, onde conhecia todo mundo e era conhecido por todos: alunos, professores e funcionários. Lá, dominava todas as regras e, mais que isso, os códigos informais de conduta, vários dos quais ele mesmo havia ajudado a moldar. Tinha sucesso nas aulas e liderança fora delas. Finalmente se sentia seguro e usufruía de uma tranquilidade conquistada a duras penas.

— Eu tinha só 13 anos e já tinha vivido dramas demais. Eu podia, e merecia, concluir o meu curso ginasial no IBC em paz. Mas as palavras de Veiga ficaram martelando na minha cabeça as férias inteiras: "Ou ele vai enfrentar a vida lá fora ou terá pouquíssimas possibilidades de ser bem-sucedido". Ainda muito pequeno, eu havia decidido que não permitiria que a cegueira servisse de desculpa para me imobilizar. Estava determinado a superar os obstáculos e ter uma vida autônoma e plena. Lembrava da convicção repentina que tinha sentido no meu primeiro dia de Benjamin Constant, e que nunca é demais repetir: "A vida é ganhar ou perder. Não tem outra saída". E da certeza que tive naquele dia: eu teria que ganhar. Mudar para o Lafayette seria recomeçar do zero e encarar um ambiente onde eu estaria só e em condição de total inferioridade. Eu tinha medo do que ia enfrentar. Mas tinha pavor de abrir mão de um futuro melhor sem sequer tentar. Passei as férias remoendo essas dúvidas. E decidi pela luta. Era a minha única chance de vencer.

Após Cunha, Bela e Eurico terem decidido juntos sobre a saída do IBC, Veiga indicou três colégios onde ele poderia estudar. O primeiro a ser procurado foi o já conhecido Marista São José, de amargas lembranças. A resposta da direção foi outra vez negativa, como da primeira vez em que tentaram matricular o filho após a perda da visão. A segunda instituição em que estiveram foi o Mallet Soares, em Copacabana. Havia boas chances de que Eurico fosse aceito. Na época, o IBC só ia até o curso ginasial. Assim que concluíam o último ano do ginásio, os alunos eram obrigados a deixar o instituto. O Mallet era uma dessas escolas que aceitavam esses jovens cegos para cursar o colegial[13]. Todavia, os pais de Eurico ouviram nova negativa, com a explicação de que o colégio não teria estrutura para acolher um adolescente tão novo — é bom lembrar que, àquela altura, ainda faltava a Eurico fazer os três últimos anos do ginasial.

Restava somente a última das três opções sugeridas por Veiga: o tradicional Instituto Lafayette, que ocupava um palacete imenso na rua Haddock Lobo, a poucas quadras de onde morava a família Cunha. Naquele endereço, estudavam somente meninos, em regime de externato, semi-internato e internato — as meninas tinham aulas em outro prédio do bairro, na rua Conde de Bonfim.

Os pais de Eurico procuraram o diretor-geral, o professor Salvador, e explicaram a situação, como já haviam feito outras vezes sem sucesso. Perguntaram se ele aceitaria acolher o filho por um período de experiência. Salvador hesitou. Estava naturalmente reticente e preocupado frente àquela situação inédita. Bela e Cunha insistiram. Salvador propôs, então, uma solução conciliatória: sugeriu que Eurico começasse como ouvinte. Embora não fosse o ideal — até porque, caso não desse certo, o menino teria que sair da escola —, Bela e Cunha tiveram de ceder. Não havia outro caminho. Já tinham exposto o filho a seguidas recusas. E eles mesmos estavam cansados daquela peregrinação infrutífera.

Assim, Eurico se tornava, aos 14 anos, um dos primeiros estudantes do Benjamin Constant a fazer a transição em direção a uma escola comum antes de concluir o curso ginasial[14]. Seria mais uma experiência desafiadora e angustiante a ser somada à dor da cegueira e à ida para o internato no IBC. Para todo jovem, a troca de colégio já provoca ansiedade. No caso de Eurico, os riscos eram ainda maiores. Em primeiro lugar, porque a cegueira já faria com que ele fosse um corpo estranho em meio a uma classe que provavelmente jamais tivera contato com um aluno cego. E, para completar, ele iria cursar o segundo ginasial, ou seja, estaria ingressando em uma turma em que todos já se conheciam desde o ano anterior.

Naquela manhã do início do calendário escolar de 1958, Bela pegou o bonde 66 e seguiu para o Lafayette com Eurico e Eduardo[15]. Eurico estava inquieto. Mergulhava mais uma vez no desconhecido. Apesar dos temores, tinha esperança de que a adaptação seria mais fácil, sobretudo depois do que já tinha passado no IBC. As ilusões foram desfeitas logo no primeiro dia, quando tocou a campainha para o recreio. Como de costume, a professora e os alunos saíram em debandada da sala, alvoroçados, excitados pela aguardada pausa, deixando para trás o novo colega. Eurico escutou o arrastar das cadeiras, os passos apressados, os meninos dizendo uns aos outros "me espera!", a algazarra que costuma acompanhar o momento em que os alunos, sem as amarras das condutas disciplinares que regem as aulas, seguem para o pátio e extravasam a energia acumulada. Aproveitam o tempo livre para brincar, jogar, lanchar, ir ao banheiro. Eurico ouviu os sons alegres, seguidos pelo silêncio. Sem saber o que fazer, ficou onde estava.

No Benjamin Constant, todos estavam na mesma condição. Agora, naquele ambiente estranho, ninguém lhe dirigiu a palavra, ajudou-o ou lhe deu indicação do que fazer. Mesmo que quisesse, não tinha a quem pedir ajuda.

— Aquele foi o intervalo mais longo do mundo. Eu não tinha ideia de quando ou como ia acabar. Eu não sabia nada. Não tinha nenhuma referência. Só tinha certeza de que não era parte daquele lugar. Estava perdido, e o intervalo não acabava nunca. Se tivesse sede, vontade de ir ao banheiro, alguma dúvida que fosse, tinha de esperar. Sentia desespero, desalento, emoções muito duras, muito difíceis de viver. No Benjamin Constant, mesmo nos primeiros dias, eu, pelo menos, era igual a todos. Ali no Lafayette, somente eu não via. Um abismo me isolava. Eram muitos sentimentos juntos: de ser inferior, de raiva, de revolta, de medo. Tinha medo de, dessa vez, não conseguir.

Tinha vontade de chorar e, ao mesmo tempo, pavor de chorar, vontade de sair dali e não voltar nunca mais. Foi desesperador. Uma porrada! Cheguei desarmado, e esse primeiro dia foi de abandono geral. Eu era invisível aos olhos de todos.

Restou ao calouro permanecer sentado até que todos voltassem. Após algum tempo que pareceu interminável, escutou, calado, os corredores se enchendo de gente e os colegas retornando para suas cadeiras.

Se o adolescente Eurico não estava preparado para tamanha mudança, da mesma forma o Lafayette não estava pronto, em 1958, para receber seu primeiro estudante com deficiência visual. Nem em termos educacionais nem psicológicos. Alunos, professores e demais funcionários, nenhum deles sabia lidar com

Instituto Lafayette — sede masculina na década de 1920 —, escola onde Eurico estudou em 1958, após sair do IBC.

o recém-chegado. O ajuste mútuo teria de vir aos poucos — mais por esforço e insistência de Eurico do que de uma determinação oficial do colégio, já que ninguém fora orientado ou preparado para recebê-lo. Não havia a percepção de quais seriam as necessidades e os desafios de um cego. Ninguém o ajudou a se ambientar nos espaços da escola, tampouco se preocupou em viabilizar sua aprendizagem. Eurico sentia como se tivesse caído de paraquedas ali. Até porque a ideia é que ele passasse apenas um tempo como ouvinte. Talvez nem houvesse, por parte da direção, uma expectativa de que ele fosse superar as adversidades, se matricular e se tornar aluno permanente.

— Meu cotidiano virou de cabeça para baixo. A mudança de escola foi como se eu tivesse sido teletransportado de um planeta onde eu era conhecido e onde conhecia e dominava tudo para um universo alienígena. Tudo era diferente no Lafayette. A começar por mim. Pela primeira vez, eu era **o cego**. O único cego da turma. O único da escola. Aliás, o único cego do Rio a frequentar o ensino ginasial em uma escola de jovens "normais". Os outros eram do clássico ou científico. Foi como se eu tivesse ficado cego outra vez.

Não ia ser fácil — como, de fato, não foi. No entanto, como aconteceu antes e como aconteceria depois, Eurico acabaria adotando uma visão positiva e se convencendo de que ia dar certo. Disse, e muitas vezes repetiu a si mesmo, que sabia que as mudanças, por mais difíceis que fossem, viriam para melhor. E iria aproveitá-las ao máximo.

Sabia que, no novo colégio, teria de se virar sozinho. Seriam múltiplos os desafios que iria enfrentar para aprender a transitar física e socialmente naquele espaço que lhe era estranho. No Benjamin Constant, havia regras coletivas e rígidas que, bem ou mal, faziam parte do cotidiano de um internato. No início, o aluno sofre para aceitá-las, mas é obrigado a segui-las e termina sendo protegido por elas, que criam um espaço mais seguro ao delimitar formas padronizadas de agir e viver, com menos imprevistos e menos riscos. No Lafayette, as normas de conduta eram menos estritas e voltadas para pessoas que enxergavam. Ele não conhecia os regulamentos, e ninguém se deu ao trabalho de explicá-los.

Teria de aprender tudo de novo. A experiência de ter sido largado durante o intervalo intensificou nele a certeza de que teria de deixar de lado, mais uma vez, a timidez e a insegurança e tomar a iniciativa de se dirigir aos colegas. Ele já conhecia as regras desse jogo e sabia que teria de achar um caminho para se enturmar por iniciativa própria.

No dia seguinte, ao ouvir o sinal, levantou-se, pediu ajuda e seguiu com todos rumo ao pátio. Dali em diante, passou a recorrer aos outros alunos sempre que necessário. Não foi uma decisão fácil para quem sempre havia se mostrado autônomo e independente.

A atitude trazia altas doses de incerteza. Eurico tinha de virar para o lado e tomar a iniciativa de se dirigir aos colegas, mesmo sem saber se estavam olhando para ele, se iam escutá-lo ou se ele ia ficar falando para o vazio, como tantas vezes acontece com as pessoas cegas. Era muito duro. Como não se sentir inseguro? Como não ficar constrangido de falar e não ter qualquer resposta? Como não se retrair?

Se quisesse, Eurico poderia recorrer ao irmão mais velho, que também estudava lá, mas Eduardo diz que isso nunca aconteceu. Ele nunca pediu ajuda, e Eduardo nunca teve de interceder por ele. Eduardo diz que o irmão não era vítima de bullying, não recebia apelidos, não ficava à margem. Eurico confirma que os dois realmente tinham pouco contato no colégio. E entende isso como natural. Era comum que irmãos mais velhos, quando estavam com suas turmas, deixassem de lado os mais novos. Não pegaria bem para eles ter de tomar conta de "pirralhos", ainda mais quando o irmão dois anos mais novo era tão diferente de todo mundo.

Além disso, a postura da família, em especial do pai, era a de não superprotegê-lo. Não se davam conta de que, por trás daquele super-herói independente, também havia um adolescente às voltas com todas as inseguranças da idade, além das outras trazidas pela cegueira. Talvez tenham pensado que, por ser ouvinte, bastava ele ficar ali parado, escutando os professores.

Ou talvez não soubessem como lidar com a situação de ter um filho cego em uma escola de alunos sem deficiência. O fato é que, outra vez, Eurico, por opção ou por falta dela, teria de se virar sozinho.

Aos poucos, passou a se integrar ao grupo. Em menos de um mês, já se sentia mais à vontade.

Nessa época, seus pais foram chamados para matriculá-lo. Eurico deixava de ser apenas ouvinte e se tornava um aluno como todos os outros. Estava tão entrosado que, com o tempo, começou uma disputa para ver quem ia com ele para o recreio e quem se sentava próximo dele.

Mas nada era simples. Tão desafiador quanto se adaptar à turma foi lidar com a parte educacional. Naquele segundo ano ginasial, Eurico tinha aulas de português, história, geografia, matemática, desenho, inglês e francês, mas não havia recursos pedagógicos para transmitir nenhuma dessas disciplinas a uma pessoa cega. E o corpo docente também não estava consciente e preparado para adaptar as lições para o novo aluno. Tampouco existiam livros didáticos ou apostilas para cegos. Eurico era um caso desafiador e complexo. Algumas matérias apresentavam dificuldades adicionais, como desenho. E, principalmente, matemática. A professora anotava no quadro-negro os problemas e as soluções que Eurico, obviamente, era incapaz de ler ou de copiar.

Ele teve de criar suas próprias técnicas de aprendizagem. Levava para as aulas uma máquina reglete, que permite a escrita em braille, mas de uma forma extremamente lenta[16]. Por mais veloz que digitasse, não dava tempo de anotar o que era transmitido nas aulas. O jeito foi passar a memorizá-las. Ao chegar em casa, antes mesmo de comer qualquer coisa, corria para registrar com calma tudo de que se lembrava. Depois, sim, é que iria lanchar, relaxar ou se divertir. Também se treinou a fazer cálculos matemáticos mentalmente, já que não podia armar as operações em folhas de papel. Estavam sendo valiosas, agora, as brigas com o professor de matemática do IBC. E muito lhe valeriam, para o resto da vida, a memória e a velocidade de raciocínio que a falta de recursos didáticos no Lafayette lhe obrigava a desenvolver.

Entretanto, mesmo a memorização e o apoio eventual dos colegas foram insuficientes para acompanhar matemática. Até então, a professora tinha sido indiferente às necessidades de Eurico. No máximo, pedia a algum outro adolescente: "Dá uma ajuda aí para ele". Eurico percebeu que seria preciso sensibilizá-la para que compartilhasse com ele a responsabilidade pelo ensino e pela aprendizagem. Ela não poderia simplesmente ignorá-lo. Também cabia a ela buscar meios de transmitir os ensinamentos a alguém que não podia ver o que estava escrito no quadro-negro. Chamou-a para uma conversa franca, em que explicou suas dificuldades. O apelo funcionou. A professora tornou-se mais atenta. Quando havia uma equação mais complexa, sentava-se alguns minutos com ele e passava a explicação.

Os pais também tiveram um papel importante, ao contratar um professor de matemática, Rui, que passou de três a quatro meses com Eurico, até ele encontrar seus próprios meios de estudar e se sair bem nas provas. Aos poucos, com o esforço adicional para compensar a deficiência, Eurico começou a tirar boas notas em todas as disciplinas. Cada conquista servia de estímulo para seguir em frente, transformando problemas em lições, fiel a um dos princípios que carrega vida afora: "O verdadeiro heroísmo não está em ganhar uma grande guerra, mas em vencer repetidamente as pequenas batalhas de cada dia".

Curiosamente, o bom desempenho acabaria por lhe trazer problemas. Em seu segundo ano no Lafayette, quando cursava o terceiro ginasial, os professores começaram a usá-lo como exemplo para quem ia mal nas matérias. Pompilho da Hora, professor de latim, chegava a dizer: "Estão vendo, olha as notas do Eurico, até de olho fechado ele é melhor do que vocês". Os alunos não gostaram de ser cobrados por estar com um rendimento abaixo ao de um cego. Os elogios em voz alta e as comparações começaram a incomodar Eurico, que detestava o duvidoso privilégio de ser rotulado como o certinho, o CDF, o caxias. Só queria ser igual a todo mundo.

E não seria diferente agora. Eurico, que se sentava na primeira fila, passou a ir para o fundo da sala e interagir com os alunos mais bagunceiros. Mais importante do que ser uma referência para os professores era continuar enturmado. O plano deu certo, ele retomou o clima de cumplicidade e voltou a ser visto com outros olhos; os mesmos de antes de ter virado, a contragosto, o aluno modelo. O coleguismo foi confirmado em uma aula de uma de suas disciplinas favoritas, geografia. Eurico tinha muito senso crítico, uma grande exigência intelectual e se exasperava com a falta de conhecimento da professora. Qualquer pergunta feita pelos alunos era desconsiderada por ela, com a desculpa de que depois daria a resposta.

Impaciente, Eurico, certo dia, desabafou com um colega: "Essa professora de geografia não sabe nada sobre a matéria. É uma *ignorantaça*!". O que ele não desconfiava é que ela estava ao lado dele naquele momento e havia escutado a crítica. E resolveu dar o troco. Em uma forma de intimidá-lo perante a turma, foi para a frente da sala e, sem que Eurico esperasse ou sequer soubesse que ela tinha ouvido seu comentário, disse: "Eurico, repita o que você falou com o seu colega". Surpreendido pela atitude da professora, Eurico ficou calado. Até porque não queria criticá-la em público, mas ela interpretou o silêncio de forma equivocada, achando que tinha conseguido intimidá-lo. E cometeu o erro de insistir, ordenando: "Eurico, repita o que você disse ao seu colega". Ele ainda perguntou se ela queria mesmo que ele fizesse isso. Diante do sim, não restou a ele senão falar novamente, dessa vez em voz alta, o quanto ela era despreparada: "Eu disse que a senhora não sabe nada de geografia".

Ela não esperava que Eurico tivesse a coragem de repetir tal ousadia. Mais surpresa ainda ficou com o que veio a seguir. Antes que tivesse tempo de reagir ao comentário, viu os demais alunos levantarem-se em peso, solidários, apoiando o colega com palavras de incentivo e gritos como "É isso mesmo!", "Ele tem razão", "Ele tá certo", "A senhora não sabe nada mesmo". Assustada, a mulher saiu da sala aos prantos, o que só provocou mais entusiasmo nos alunos, que não paravam de repetir as críticas. Avisado, Salvador, o diretor, entrou na sala e repreendeu a turma. Como resultado da insubordinação, disse que todos estavam suspensos por uma semana. E informou que os pais seriam comunicados da decisão. Em seguida, mandou todos para o pátio e disse que aguardassem a hora de voltar para casa. Só que a punição, em vez de amedrontar os alunos, despertou neles uma impressão de vitória.

Na semana seguinte, as aulas foram reiniciadas — com um novo e mais bem preparado professor de geografia, no lugar da antiga, que foi demitida porque, de fato, não sabia nada da matéria.

Foi a glória. Eurico experimentou a sensação inesperada de ser líder de uma rebelião. Não havia planejado nem imaginado nada daquilo. Mas o episódio serviu para reforçar os vínculos com a "galera" e fortalecer a imagem de "cara papo firme" que ele queria ter. Desde que passou a se sentar no fundo da sala, suas notas haviam piorado, mas o que importava mais era a reputação de rebelde disposto a se arriscar para defender a turma, ainda que à custa de peitar uma professora. O mau desempenho escolar, porém, durou pouco, apenas o tempo para que deixasse de ser citado como referência. Logo voltou a tirar dez, não só porque gostava de estudar como porque queria estar à altura de sua autocrítica e corresponder às altas expectativas de Cunha, que continuava confiante no potencial do filho.

Eurico integrava-se ao grupo até mesmo nas brincadeiras do recreio e nas aulas de educação física, que incluíam ginástica e exercícios como levantar pesos. A certa altura, um dos rapazes o provocou:

— Você é forte, pode participar de uma competição de briga com a gente.

Ele topou o desafio, mas estabeleceu uma exigência que ajudaria a igualar a disputa e lhe daria condições de ganhar: que fosse uma briga no chão, ou seja, que não envolvesse correria e trocas de socos, que exigem do lutador que veja o adversário para poder acertá-lo. Eurico contava com a força que tinha nas pernas por conta das partidas de futebol com latinhas que costumava jogar no IBC e das longas caminhadas no pátio. Sua condição foi aceita, e ele passou a participar dos combates, chegando a organizar um pequeno campeonato interno. Costumava aplicar um golpe que batizou de "chave de rim". Funcionava tão bem que, por vezes, os colegas que assistiam paravam a luta, preocupados de que ele machucasse o oponente.

Era uma postura que ele adotaria para a vida toda: trazer o jogo para o seu campo. Se preparar antes de começar a jogar.

— Tentei jamais entrar numa luta na qual eu achasse que não tinha condições de vencer. Acho que enfrentar batalhas sem estar preparado para ganhá-las não é coragem, é imprudência. É não ter equilíbrio para identificar e reconhecer nossos limites. E reconhecer limitações não significa necessariamente aceitá-las como definitivas. A gente sempre pode se preparar para superá-las. O combate não é opcional para quem decidiu ser vencedor. Mas a hora e a forma de combater são.

Havia muitas diferenças entre o Benjamin Constant e o Lafayette. No IBC, a maioria dos alunos vivia isolada do resto do mundo. Praticamente, não havia referências a pai ou mãe. O pavor dos poucos que tinham parentes próximos era que seus *pais não fossem à escola* buscá-los para passar o fim de semana em casa. Essa era a ameaça assustadora que alguns professores e inspetores faziam contra os alunos que lhes desobedecessem. No Lafayette, todo mundo tinha família, e a ameaça era oposta: que os *pais fossem à escola*, por terem recebido notificações dos professores ou da coordenação sobre bagunça ou mau desempenho.

Não era o caso de Eurico. No início, Bela costumava ir ao colégio para conversar com os professores e saber como estava o filho. Era uma preocupação natural. No entanto, só escutava elogios e, aliviada, começou a relaxar.

Ainda assim, os percalços eram cotidianos. Aos 15 anos, Eurico passou por outro momento difícil. Notou que o grupo começou a dar festas e deixá-lo de fora da lista de convidados. Talvez pensassem que, apesar de já estar integrado, ele ficaria deslocado em meio a um ambiente ruidoso e agitado. Os colegas receavam que não tivesse condições de dançar e acabasse isolado. Eurico sentiu-se marginalizado, mas, em vez de se lamentar, tomou de novo a iniciativa de se inserir. Daí, surgiu uma frase que o acompanha desde então: "Não espere o convite, organize a festa". Com base nisso, procurou os pais e disse: "Quero promover um festão aqui em casa".

Teria de ser um evento inesquecível. Eurico caprichou, com todo o apoio dos pais. Era a primeira vez que a casa sediaria uma festa, já que nem Eduardo nem Carlos tinham o hábito de receber convidados.

Eurico levou quase um mês na preparação. Jogou todas as suas cartadas para que a comida, a música e o ambiente fossem os melhores possíveis. Ainda que sem dinheiro sobrando, seus pais bancaram toda a iniciativa, chegando a contratar uma professora de dança para que o filho não desse vexame na pista e mostrasse aos colegas que estavam equivocados ao achar que não era capaz. Após algumas aulas, Eurico sentiu-se confiante o suficiente para continuar pelas próprias pernas. Durante todo o tempo em que organizava os preparativos, anunciou aos colegas que não iriam se arrepender. Eles confiaram na propaganda e compareceram em peso. Eurico criou até uma premiação para os melhores dançarinos da noite. Foi um sucesso a tal ponto que, a partir dali, começou a ser convidado para todos os encontros e os festejos.

Aquele jovem que havia sido esquecido na sala no primeiro dia de aula adaptou-se de tal modo à turma que, três anos depois, foi escolhido o orador oficial na formatura do ginasial. Ao longo dos seis anos que estudou no Lafayette — três do ginásio e três do colegial —, Eurico manteve contato com José Espínola Veiga, responsável por sua saída do Benjamin Constant. O professor de inglês do IBC acompanhava o desempenho do rapaz para ver se a aposta que fizera dera resultado. Ficou orgulhoso de constatar o que Eurico conseguira fazer. A experiência funcionara ainda melhor do que Veiga imaginara — e o que imaginara não era pouco.

O ULTIMATO

A preocupação precoce de Eurico com o futuro, despertada aos nove anos, no pátio do Instituto Benjamin Constant, acompanhou-o pela adolescência. Aos 12 anos, ainda no IBC, resolveu que iria aprender inglês para ter acesso ao mundo, conviver com estrangeiros e acompanhar o noticiário de outros países. Os muros do instituto eram restritos demais para ele. Queria se manter informado sobre o que estava acontecendo do lado de fora.

Com o empenho habitual, lançou-se à tarefa de dominar o idioma. Adotou algumas rotinas que iriam facilitar a empreitada. Ele havia recebido dos pais um radinho de pilha. Pelo menos meia hora por dia, antes de dormir, escutava a BBC de Londres e a Voz da América, serviço de radiodifusão do governo americano. No começo, conseguia captar apenas o tema abordado ou o sentido geral do que falavam os repórteres, mas insistiu até ser capaz de entender todo o noticiário. Como amava música — em especial o jazz (Ella Fitzgerald, Louis Armstrong, Miles Davis, Oscar Peterson, Sammy Davis Jr. e Modern Jazz Quartet) e os clássicos interpretados por Ray Charles, Nat King Cole, Frank Sinatra e Tony Bennett —, resolveu transformar a paixão em aulas de inglês. Ouvia com prazer canções no rádio ou nos LPs, repetidas vezes, até ser capaz de anotar em braille toda a letra. Cunha ajudava-o, procurando no dicionário cada palavra que Eurico desconhecia. Juntos, traduziam a música até chegarem à versão completa para o português. O pai tornou-se um grande estimulador e aliado de Eurico no estudo do idioma. Passavam tardes inteiras de sábado dedicados a essa tarefa.

O apoio paterno era decisivo. Cunha, que vivia pesquisando meios para o filho ter uma vida menos afetada pela cegueira, descobriu, certa vez, o Linguaphone, surgido anos antes. Era uma espécie de sistema de ensino caseiro que usava como material didático livros, discos de vinil e fitas fonográficas, e que prometia um aprendizado rápido por meio de aulas gravadas. Um anúncio do método publicado na *Revista do Globo*, de 24 de janeiro de 1948, alardeava: "Trata-se de um sistema extremamente simples e eficiente: vossa senhoria ouve a dicção de experimentados professores... pacientemente eles dirão cada palavra com voz compassada, quantas vezes for preciso". Eurico se empolgou com a ideia. Seu pai comprou a aparelhagem e ajudou o filho a aprender a manuseá-la e a adaptar para o braille todo o material didático e os cadernos de exercícios. Uma trabalheira imensa que ocupava os fins de semana dos dois. O esforço compensou. Em aproximadamente um ano e meio, Eurico entendia, falava e escrevia em inglês.

Anúncio sobre o método Linguaphone, o início da trajetória de Eurico para a exploração do estudo de línguas.

Faltava somente um ano para Eurico concluir o ginásio no Lafayette quando foi surpreendido por Cunha. O pai o chamou dizendo: "Já é tempo de você ser autossuficiente. Vou te dar um ano para que isso aconteça".

Primeiro, veio o susto, depois a sensação de injustiça. Aos 15 anos, Eurico não entendia a cobrança. Estava adaptado ao Lafayette e imaginou que as boas notas eram suficientes para agradar ao pai. Eduardo, dois anos mais velho, ainda não trabalhava. E Eurico, que dentre os irmãos se saía melhor nos estudos, era mais cobrado do que os outros. Por quê?

— Precisei me tornar adulto para "conhecer meu pai" e reconhecer seu imenso valor na construção da minha personalidade e da minha história de vida. Desde cedo, percebi que a dureza dele comigo era fruto da confiança que sempre demonstrou na minha capacidade de superação. Ele sabia que eu era movido a desafios e que ultrapassava limites quando questionado. Mas só agora, ao reconstituir essas memórias, identifico que sua exigência e apoio talvez fossem também uma forma de autodefesa. Ele precisava ter a certeza de que fazia, então, tudo o que estivesse ao seu alcance para que eu fosse preparado para uma vida autônoma e bem-sucedida. Era como se ele procurasse, de forma inconsciente, suprir uma lacuna que o machucou a vida inteira, por não ter sido capaz de impedir que eu chegasse à cegueira definitiva após os acidentes que sofri aos quatro e seis anos.

Fosse pela razão que fosse, Eurico atenderia à exigência paterna. E teve a ideia: se estava indo tão bem no inglês, que tal seria passar de aluno a professor? Parecia-lhe a melhor forma de cumprir o prazo exíguo dado pelo pai para que pudesse se sustentar. Ao ser informado, Cunha não só aprovou a sugestão do filho como deu todo o suporte para que ele começasse a dar aulas. Todavia, era preciso correr. O primeiro passo de Eurico foi pôr um anúncio no jornal comunicando a novidade. Recebeu, de cara, cinco ligações de interessados. Com cada um, teve de uma a duas conversas telefônicas, de 20 minutos a meia hora, em português e inglês, para avaliar o nível de conhecimento da língua. Somente no fim da conversa comentava, de passagem: "Eu tenho deficiência visual, mas isso não interfere nas minhas aulas". Dois candidatos desistiram. Um deles por um motivo que nada tinha a ver com a cegueira. Ele ia para a Inglaterra e tinha pressa em aprender. Precisava ter aulas todos os dias, o que era impossível para Eurico, às voltas também com a escola.

Além dos três primeiros que ficaram, apareceu mais um. O grupo inicial de quatro alunos era formado por dois rapazes de pouco mais de 20 anos, um homem e uma mulher na faixa dos 30. O espaço era na própria casa, em um canto da sala que Cunha arrumou. Inicialmente, ele começou dando aulas individuais, passando, em seguida, a dar aulas para grupos.

E assim, aos 16 anos, Eurico cumpria a exigência do pai, começando a ganhar seu dinheiro e estreando na carreira de professor — uma ocupação que o acompanharia por toda a vida, mesmo fora das salas de aula, a ponto de até hoje ele ser chamado por boa parte dos que o conhecem de "professor".

Cunha era uma pessoa fechada, que raramente demonstrava seus sentimentos, mas, ainda assim, Eurico pôde perceber a extensão da aprovação paterna. O pai reconheceu que havia exercido uma pressão grande demais no filho e chegou a pedir desculpas, mas justificou o rigor argumentando que a intenção era incentivá-lo a se tornar autônomo. Para isso, o adolescente precisava ter consciência de que teria de se esforçar muito mais do que os outros — consciência essa, aliás, que Eurico sempre teve.

Eurico combinou com o pai que reinvestiria parte de seus primeiros ganhos em aprimorar a formação no inglês. Propôs, e o pai aceitou, que ele se matriculasse no Ibeu, curso que tinha duração de seis anos. Foi pessoalmente à sede do instituto de idiomas e fez a prova oral e a escrita para definição do nível em que seria aceito. Saiu-se tão bem que pulou os três primeiros anos e foi matriculado diretamente no quarto. Ao terminar o curso, Eurico entendia e falava fluentemente inglês. Na época, o Ibeu e também a Cultura Inglesa davam pouca ênfase à conversação, e a maioria dos alunos, por timidez e falta de prática, graduava-se sendo capaz de ler e escrever corretamente, mas sem conseguir falar com desembaraço. A disciplina férrea de Eurico associada à prática com seus alunos e à escuta das emissoras de rádios e dos discos supriram essa lacuna. Como Eurico supunha, essa segurança e fluência seriam fundamentais ao longo de sua vida.

A experiência como professor mostrava-se bem-sucedida. Eurico percebia o avanço dos alunos, mas tinha planos mais ambiciosos. Cerca de um ano depois de iniciar suas turmas caseiras, resolveu bater à porta de um cursinho localizado bem perto de onde morava, o Franco's School. Chamou o dono, Floriano Franco, e pediu uma oportunidade para trabalhar com ele. Não custava nada, pensou, e o máximo que poderia acontecer seria receber um "não". Entretanto, a resposta foi melhor do que o esperado. É que, para Franco, a oferta vinha em boa hora. Ele era um homem comunicativo, conversador, bom comerciante e com grande talento para marketing e propaganda. Conseguia, com sua lábia, atrair alunos. O problema era que ele mesmo falava pouco inglês. E os dois professores que trabalhavam no curso dominavam menos a língua do que Eurico. Com isso, aos 17 anos, ele foi contratado e passou a dar aulas para uma média de dez alunos por turma.

A cegueira não era empecilho dentro ou fora do curso. Eurico andava sozinho pelas ruas, sem bengala. Queria provar a si mesmo que não aconteceria nada com ele e que seria capaz de se virar em qualquer situação. E levava jeito para ensinar, de tal forma que, meses depois de começar, foi chamado por Franco para uma missão. O chefe queria que seu jovem professor desse aulas também para pilotos de avião interessados em aperfeiçoar a conversação. Eram comandantes da Cruzeiro do Sul, empresa que disputava mercado com a Varig. Eles chegaram até Franco porque a filha de um dos pilotos era aluna de Eurico no Franco's School. Ela gostava tanto das aulas que havia convencido o pai a ter lições com seu professor. Ele aceitou e ficou tão satisfeito que exortou os colegas a seguirem seu exemplo.

Era mais um desafio na vida de Eurico que, aos 18 anos, dirigia-se de duas a três vezes por semana de ônibus à sede da Cruzeiro do Sul, no aeroporto Santos Dumont, para aperfeiçoar o inglês dos experientes profissionais de uma das maiores companhias aéreas do país. Nessa época, seus pais contrataram um rapaz de 13 anos, Nilo, para acompanhá-lo em suas andanças pela cidade. Até que, quando Nilo completou 18 anos, tirou a carteira e passou a trabalhar como motorista, levando Eurico em um Fusca verde que Cunha havia comprado em 1963. Estão juntos até hoje, mais de 60 anos depois.

A rotina exaustiva era compensada com os bons resultados. Eurico sentia-se feliz e estimulado com o que havia conquistado em tão pouco tempo. Ele se dividia entre o curso e a escola. No Lafayette, estava sempre imaginando novas formas de socialização, coerente com o que já havia feito antes no Benjamin Constant, quando combateu a apatia generalizada promovendo atividades esportivas e jogos de conhecimentos gerais. No Lafayette, decidiu criar um grêmio literário e um grupo de conversação de inglês, como uma forma de praticar a língua. O seu apartamento na Tijuca converteu-se, então, em point, onde a turma se reunia para estudar, conversar e se divertir.

PAIXÕES

Eurico tinha 19 anos quando conheceu sua primeira paixão. Em uma atividade relacionada a seu curso de inglês, Franco encantou-se com uma americana, Sharon. Sem achar um jeito de convidá-la para saírem sozinhos, sugeriu que ela levasse uma amiga, Judy, também americana, de 21 anos, e pediu a Eurico que os acompanhasse em um jantar.

Judy e ele descobriram de imediato que tinham interesses comuns. Temas como atividades culturais, responsabilidade social e importância da democracia e da política os mobilizavam fortemente, apesar de discordarem em vários pontos sobre o que era bom ou ruim nessas questões.

Nessa primeira noite, em um restaurante na Tijuca, conversaram o jantar inteiro e praticamente esqueceram a presença de Sharon e Franco. Ainda na tentativa de conquistar Sharon, Franco fez um segundo convite, e os quatro voltaram a sair juntos. Foi outra noite de maravilhoso encontro de interesses com Judy e de conversas sobre as diferenças. Estar com ela era instigante e atraente. A partir daí, ele a convidou para saírem sozinhos e começaram a namorar. A música e as artes em geral eram áreas de interesse comum, mas ela tinha um gosto musical muito mais seletivo do que o dele. Não tinha paciência para música popular, particularmente a americana. Achava as letras das músicas melosas e rasas. Não entendia como ele podia gostar de ouvir Frank Sinatra e Tony Bennett. A programação em comum passava sempre pela Sala Cecília Meireles e pelo Teatro Municipal, onde havia farta oferta de concertos. Na PUC, assistiam a peças clássicas e a recitais de poesia em inglês. Iam com frequência aos shows do Bottle's Bar e do Little Club ou às *jam sessions* em Copacabana. Compartilharam muitas experiências culturais no cenário carioca dos anos 1960. Os dois também curtiam viajar pelo Brasil, sobretudo para cidades históricas. Puderam conhecer todas as que os interessaram: Paraty, Petrópolis, Visconde de Mauá e Penedo, no Rio; Ouro Preto, Mariana, Congonhas, Tiradentes e São João Del-Rei, em Minas; e Porto Seguro e Salvador, na Bahia. Como ele era professor da Cruzeiro do Sul, conseguia passagens aéreas de cortesia para os dois.

Franco e Sharon não chegaram a tanto — saíram durante um ou dois meses —, mas a relação de Eurico e Judy deixaria marcas profundas na vida dos dois. Ela morava perto do Morro do Borel, na Tijuca, e era voluntária na área de saúde de uma organização dos Estados Unidos que atuava no exterior. A Peace Corps recrutava americanos com formação superior para participar de trabalhos em países em desenvolvimento. O programa fazia parte da Aliança para o Progresso, iniciativa lançada pelo então presidente americano, John F. Kennedy, para cooperação financeira e técnica com governos da América Latina, contendo a influência soviética na região.

Quando soube que o pai do namorado era médico, a moça perguntou a Cunha se também poderia ajudar os moradores da favela. Ele aceitou de bom grado. Com isso, durante mais de dois anos deu consultas gratuitas, como havia feito tantas vezes antes na pequena São Pedro da Torre. Como ainda não tinha conseguido revalidar o diploma, quando precisava prescrever medicamentos ele recorria aos colegas médicos da Roche.

Cunha estava contente de exercer a profissão, ainda que extraoficialmente, e de se engajar no lado social, como costumava fazer em Portugal. A luta pelo reconhecimento do diploma foi longa e desgastante. Na Roche, Cunha exerceu cargos de direção, mas nunca funções médicas, o que era frustrante. Foi somente após se aposentar, em meados dos anos 1960, que ele conseguiu revalidar o diploma e pôde abrir um consultório e voltar, enfim, a clinicar legalmente. Coerente com sua trajetória pessoal e profissional, não se furtava a atender pacientes que não tinham condições de pagar.

Já Eurico vivia um dos períodos mais intensos de sua vida. Tinha Judy e aproveitava com ela e com os amigos a ebulição de um momento histórico onde a política, a cultura e o esporte mais do que nunca despertavam paixões. Havia otimismo e prosperidade econômica no Brasil, estimulados pela inauguração de Brasília e pela ascensão ao poder de Juscelino Kubitschek, que havia sido eleito presidente em 1955, com João Goulart, o Jango, como vice. A plataforma de governo de JK era resumida no slogan "50 anos em 5". O Brasil e o Rio, em especial, viviam tempos efervescentes.

Nos almoços dominicais, seu pai e seu avô falavam, empolgados, sobre o novo período do país. Lucio elogiava a determinação de JK, enfatizando que era preciso um homem como aquele para pôr em prática uma decisão que já estava prevista na Constituição de 1891, a primeira do período republicano. Em seu artigo 3º, ela determinava que um território de 14.400 km² no Planalto Central abrigaria uma nova capital para o Brasil. Em 7 de setembro de 1922, o presidente Epitácio Pessoa lançou a pedra fundamental, em Planaltina. Lucio, entusiasmado, descrevia para os netos o plano piloto de Brasília que tinha sido apresentado por Pessoa.

A inauguração da nova capital, em 1960, foi acompanhada atentamente pelos brasileiros sintonizados na TV Record, a única emissora que transmitiu ao vivo a cerimônia. A emoção, o orgulho e o fervor patriótico, religioso e militar dominaram o país — e também a casa de Cunha e Bela.

À época, o Brasil exalava confiança. O ápice dessa euforia generalizada havia sido a vitória na Copa do Mundo de 1958. Na partida final, em que a seleção brasileira venceu a da Suécia por 5 a 2, Eurico passou a maior parte do tempo escutando o jogo nas vozes de Pedro Luiz e Edson Leite, da Rádio Bandeirantes. Assim que o juiz apitou o final, ele saiu do quarto correndo para abraçar o pessoal na sala. Quase que de imediato foram todos contagiados pelos gritos, cantos, rojões e buzinas que vinham da rua Conde de Bonfim, onde ficava o prédio. Todo mundo resolveu descer, e não cabiam todos no elevador. Os irmãos de Eurico foram correndo pela escada. Como sempre, ele os seguiu, sob protestos da avó Tereza, que achava uma temeridade e tinha medo de algum incidente.

— Na rua, as pessoas se abraçavam, irmanadas, como se fossem amigos queridos de longa data — lembra Eurico. — Éramos uma massa humana alegre, pulando, cantando e sentindo a canção que todos entoavam em uníssono, acompanhando a transmissão dos rádios dos carros: "A taça do mundo é nossa. Com brasileiro não há quem possa"[17]. Eu também fiquei solto, pulando e cantando na rua. Não precisei de ninguém para me guiar. A multidão era a balizadora do caminho. Todos estavam juntos, unidos na mesma direção.

Após a Copa de 58, outro fantástico movimento de massas mobilizaria o Brasil. Esse ainda mais poderoso, porque, por trás dele, havia um líder com um propósito e um plano. Em janeiro de 1961, JK passaria o bastão para Jânio Quadros, deixando boas lembranças de seu governo. A carreira meteórica de Jânio, que, em apenas dez anos, passara de vereador em São Paulo a presidente da República, parecia simbolizar a vitória de David contra Golias. Saíra de partidos pequenos, como PDC e PTN, consolidara uma aliança partidária e se elegera em 1960 com quase 50% do eleitorado, vencendo o marechal Henrique Lott. Durante a campanha, alunos da turma de Eurico no Lafayette levavam, pregados na camisa, os pins com símbolos do combate à corrupção, em especial um com a forma de vassourinha e outro com a caricatura de Jânio, de cabelos espetados como uma vassoura. O jingle também caíra no gosto popular: "Varre, varre, varre vassourinha! Varre, varre a bandalheira! Que o povo já tá cansado. De sofrer dessa maneira".

Eurico costumava ter discussões infindáveis com seus colegas, à esquerda e à direita. Contrário aos extremos, desde sempre esteve alinhado ao centro, de tal forma que conseguia analisar o cenário de maneira mais objetiva e menos apaixonada. Defendeu duas decisões aparentemente contraditórias: a condecoração de Jânio a Che Guevara e a entrega das chaves do Estado da Guanabara pelo governador Carlos Lacerda a um líder opositor de Fidel Castro em visita ao Brasil. No primeiro caso, porque Guevara, um dos comandantes da revolução cubana, havia atendido ao apelo do presidente e ordenado a libertação de mais de vinte sacerdotes presos em Cuba que estavam condenados à morte. No segundo caso, porque o visitante estrangeiro comandava uma frente pela democracia em Cuba.

Em 25 de agosto de 1961, ele estava em uma sala do Lafayette com uns seis colegas preparando um trabalho de grupo a ser entregue no dia seguinte quando ouviram a notícia de que Jânio tinha deixado a presidência. Não sabiam bem o que tinha acontecido, mas imediatamente deixaram o trabalho de lado e começaram a debater acaloradamente. Uns tinham um pé atrás com a política externa dos Estados Unidos e associavam as forças ocultas referidas pelo presidente ao descontentamento americano com os movimentos erráticos que Jânio fazia ao condecorar Che Guevara e se aproximar de posições de Getúlio Vargas. A maioria esbravejava contra os políticos, "cambada de corruptos", que tentavam impedir a moralização que o presidente procurava implantar.

— Eu sempre tive o perfil de procurar ver os vários lados de qualquer assunto. Buscar outros ângulos, outras perspectivas. Talvez a cegueira e o desconforto com os julgamentos rápidos que as pessoas fazem, baseados nas aparências, tenham desenvolvido em mim um estilo mais ponderado. Isso nem sempre foi fácil. Muitas vezes, é mais simples ser radical. Nesse caso, eu não acreditava em "forças ocultas", tampouco achava que Jânio era o político íntegro que tinha sido deposto por querer "varrer a corrupção" do país. Eu achava que Jânio tentara um golpe, confirmando seu caráter autoritário e irresponsável, e fracassara.

Ouvindo os diferentes analistas políticos da época, Eurico percebia que Jânio tinha renunciado exatamente no momento que havia enviado seu vice, Jango, para a China de Mao Tsé-Tung. Era um contexto perfeito para não haver quem o sucedesse na ocasião da renúncia e para reforçar a tese do alinhamento de Jango com o comunismo, o que tornava mais fácil a concretização do autogolpe que ele planejara com o apoio de parte das Forças Armadas.

Eurico viveu essa década intensamente, para além da política.

— Foram anos maravilhosos na minha vida. As pessoas costumam dizer: "Sou capaz de fechar os olhos e ver tudo outra vez". Pois eu deixo os olhos como estão e revejo tudo. Lembro de todas as gírias da época. Das quebras de paradigmas, da política à minissaia. Lembro da montanha-russa de emoções que vivi com o abandono da segurança conquistada no IBC para ir atrás de novas conquistas no Lafayette. Da pressão e da ajuda do meu pai para eu sobreviver às minhas próprias custas e da sensação indescritível de vitória quando alcancei a independência financeira antes de todo mundo da turma. Lembro, sobretudo, do bem que foi eu ter encontrado a Judy. E, melhor, ela ter me encontrado e visto em mim qualidades que eu não via. Parece que estou lá outra vez. Como a gente dizia, "duvideodó" que tenha havido um período melhor para se viver a adolescência no Rio de Janeiro do que naqueles anos finais da década de 1950 e da primeira metade dos anos 1960.

Eurico seguia feliz com Judy, compatibilizando a intensa vida pessoal com os estudos e a rotina como professor do Franco's School. Era o momento que ele poderia ter, enfim, sossegado e aproveitado os louros. No entanto, o espírito empreendedor e a curiosidade insaciável o levavam a estar sempre atento às novidades. Certo dia, soube por uma reportagem em um jornal que um curso de inglês audiovisual havia sido inaugurado algum tempo antes no Rio. Era uma ideia pioneira. Os professores projetavam slides para os alunos, que, simultaneamente, escutavam gravações descrevendo as cenas exibidas na tela. Podia ser uma pessoa andando na rua, uma conversa entre dois amigos, um papo em um bar. Na mesma hora, Eurico percebeu a chance de deixar de ser funcionário e ter seu negócio. Era arriscado, mas ele notou o potencial do novo modelo de ensino. Resolveu ter uma conversa franca com seu chefe. Disse que iria partir para montar o próprio curso, mas ressalvou que estava à disposição para ajudá-lo com aulas particulares, caso tivesse algum aluno interessado.

Eurico contou com a ajuda de parceiros para abrir seu curso audiovisual: Judy, Sharon e um amigo americano delas, também voluntário do Peace Corps. Ele pediu aos três que gravassem as falas que seriam ouvidas pelos alunos nas aulas. Eurico contratou uma firma para criar os slides e tratou de fazer um intenso trabalho de divulgação em busca de interessados.

E, assim, aos 19 anos, Eurico criava seu curso, o Cinaudium, batizado por ele dessa forma porque queria passar a ideia de ser uma mistura de cinema e áudio. Funcionava em uma ampla sala comercial, bem diferente do cantinho improvisado de sua casa onde havia se iniciado na profissão. Resolveu centrar esforços na conversação, já que as demais iniciativas do gênero focavam mais em gramática, o que, para ele, era um erro. A aposta em um curso mais prático mostrou-se um acerto. Passou a ter quase duzentos alunos, divididos em turmas de vinte. Eram cinco aulas semanais, sendo três destinadas ao inglês americano, às segundas, quartas e sextas, e duas direcionadas ao inglês britânico, às terças e quintas. Era uma inovação, um benefício a mais para os alunos que, até então, tinham de optar pelo Ibeu ou pela Cultura Inglesa para obter formação predominantemente americana ou britânica. O Cinaudium tinha, ainda, outra grande vantagem: o curso durava apenas um ano. Apesar do curto período, ele ficava contente de ver a desenvoltura com que os alunos chegavam ao fim. Tinham condições de manter uma comunicação básica e se virar ao viajar para o exterior.

Não que seu trabalho fosse fácil. No início, tudo era feito somente por ele e por uma secretária. De vez em quando, Eurico levava um americano para aprimorar a pronúncia dos alunos. Por vezes, contava também com a ajuda de outros professores, como Wellington, que havia colaborado na montagem do Cinaudium, e Ethel, amiga do período no Copa, que assumiam algumas aulas.

Também havia o desafio de manter as turmas estimuladas e com máximo rendimento. Eram grupos heterogêneos, abrigando uma faixa etária que ia dos 18 aos 50 anos ou mais, o que exigia versatilidade do professor. Eurico era bom nisso. Para deixar todo mundo à vontade, logo no começo ele mesmo fazia brincadeiras sobre a cegueira, de forma que isso deixasse de ser um tabu. Também respondia pacientemente às dúvidas sobre o braille, sobre como conseguia desenvolver suas atividades profissionais sem enxergar, sobre como trabalhava apesar da deficiência. Tinha de se desdobrar para memorizar rapidamente as vozes de cada aluno e poder se dirigir diretamente a eles, na direção em que se encontravam, abordando as questões do interesse de cada um. Sem ver, não contava com o feedback das reações faciais para ajustar o discurso se não estivesse agradando. Aprendeu a caminhar com desenvoltura de um lado para o outro da sala e a olhar diretamente para cada aluno quando respondia a perguntas. Desenvolveu uma capacidade de interação que cultivaria ao longo de toda a vida.

CORAÇÃO DE ESTUDANTE

Em certa altura da vida, uma dúvida acomete todos os jovens: qual carreira seguir? Há inúmeras possibilidades, mas, no caso de Eurico, as opções eram mais limitadas. Chegou a pensar em fazer Direito, mas a verdade é que tinha dúvidas de que profissão escolher. Até que, uns dois anos antes de prestar vestibular, ouviu falar de um curso recém-criado da Escola Brasileira de Administração Pública, a Ebap[18], da Fundação Getulio Vargas (FGV).

Antes, tratou de embasar sua decisão em uma análise criteriosa. Fez uma pesquisa sobre a FGV e sobre o curso de Administração, examinou as possibilidades de mercado na área e investigou questões práticas de como se inscrever, se preparar e participar do vestibular. Teve de ir pessoalmente várias vezes à Fundação, em meio à descrença familiar acerca de sua escolha. Animou-se com o que viu, mas seu entusiasmo não foi compartilhado em casa. Seus pais ficaram inseguros e sugeriram que ele deveria escolher um curso mais tradicional. Cunha tentou convencer Eurico a fazer Direito em vez de Administração. Ou, melhor ainda, Letras, o que lhe permitiria ser professor do Benjamin Constant, na época um caminho mais natural para um cego. Ainda que acreditasse no potencial do filho, achava que seria preferível optar pela segurança do que arriscar o futuro em algo novo e incerto. Eurico já passara por isso antes: mesmo com o sucesso continuado, cada vez que tentava trilhar um caminho inovador que o tirava da zona de conforto precisava conquistar a confiança do pai e a de todos a seu redor. No caso da carreira, era um desafio duplo: Eurico tinha de identificar uma oportunidade de emprego em que pudesse atuar e crescer profissionalmente; e persuadir seus pais da viabilidade dessa nova jornada.

Cunha tentava, genuinamente, convencer o filho — não por descrer, mas por acreditar que ele poderia ter um brilhante futuro se não persistisse naquela escolha errada. Questionava a própria profissão de administrador de empresas. Nessa época, ninguém tinha ideia clara do que faria uma pessoa graduada em administração.

No caso dos outros integrantes da família, qualquer ideia nova era combatida com veemência e descrença. Seu avô Lucio continuava a insistir na carreira de pianista, a mais segura e apropriada para Eurico, que amava música. Para animar o neto, ele citava exemplos de famosos pianistas cegos.

Eurico, entretanto, levava os compromissos a sério e tinha condições financeiras de bancar a faculdade. E, entre a estabilidade e o mergulho no desconhecido, ele preferiu o risco, como de costume. Bateu o pé e disse que administração seria mesmo sua opção.

Foi um período exaustivo. Ele se sentia extenuado como nunca antes na vida, enfrentando um cansaço físico árduo de vencer. Tinha uma jornada tripla: o curso Cinaudium, as aulas no Lafayette e a preparação para o vestibular. Os estudos avançavam madrugada adentro, entravam pelo fim de semana, ocupavam os sábados e os domingos. Bela deixava uma garrafa térmica com café a seu lado. Era complicado de abrir, fechar e despejar sem entornar. Havia outras dificuldades: Eurico não tinha apostilas de cursinhos, professores particulares, grupos de estudo. Tinha de se virar sozinho, descobrindo, com ex-vestibulandos e na secretaria da FGV, informações sobre as matérias e demais detalhes do vestibular.

As provas foram feitas na sede da FGV, em uma casa antiga ocupada pela Fundação antes da construção e da mudança para o emblemático prédio em Botafogo, projetado por Oscar Niemeyer. O resultado do vestibular era impresso em folhas sucessivas, coladas lado a lado na parede do corredor que dava para as salas de aula.

Eurico resolveu que iria ver o resultado só com Nilo. Não queria os pais ou outras pessoas da família por perto, caso fosse reprovado. Descobrir onde estavam publicados os resultados já foi uma novela. Chegaram, enfim, ao corredor, e Nilo explicou que havia muitas folhas coladas na parede. Perguntou se era para ler todas. Eurico achou que os resultados deveriam ser em ordem alfabética. E pediu que ele procurasse os nomes com a letra E. Demorou uma eternidade, porque os nomes não estavam separados por letra. Nilo disse que não conseguiu encontrar nenhum Eurico.

— Não tem meu nome?

— Não!

— Tem certeza?

— Tem muitos nomes começando com a letra E, espalhados em muitas folhas, mas seu nome não tem, não.

Eurico compreendeu que não tinha sugerido um bom método de procura. Obviamente, a lista deveria estar em ordem de classificação. Estava muito ansioso e inseguro. Por isso, pediu que Nilo começasse de baixo para cima. Poderia ser o caminho mais rápido. Ele começou a ler os nomes, um a um, e estava demorando a encontrar o de Eurico. Aquilo parecia não ter fim.

— Achei. Seu nome tá aqui.

— Lê para mim.

— Eurico Carvalho da Cunha. Tá aqui.

Nunca imaginou que ouvir alguém ler seu nome pudesse lhe trazer tanta euforia. Tinha conseguido!

Fora aprovado em 22º lugar. Quase ninguém acreditava que ia conseguir. Era uma felicidade imensa.

— Não lembro mais como foi o caminho de volta para casa, nem como contei para meus pais, nem qual foi exatamente a reação deles. Sei que ficaram alegres, é claro, mas que ainda permaneciam apreensivos, porque continuavam sem acreditar que aquele curso pudesse me abrir boas perspectivas para o futuro. Eu, ao contrário, estava totalmente seguro. Tinha certeza de que, agora, havia um caminho a seguir. Na ocasião, não parei para pensar em nada mais. Só queria relaxar. Após tanto esforço, eu merecia.

Mas o alívio e a alegria duraram pouco. Foi Cunha, que sempre tinha as informações em primeira mão, quem lhe deu a notícia:

— O vestibular que você fez foi anulado. Não valeu para nada. Infelizmente, a gente já sabia que isso podia não dar certo.

Haviam descoberto uma fraude: as respostas tinham vazado. Iriam refazer as provas, e a nova data do exame já estava, inclusive, marcada.

Eurico demorou a acreditar. Tudo tinha sido em vão?

— Era muita frustação. Não consegui dizer nada. Na hora, pensei em desistir. Fiquei com muita raiva, mas a raiva me deu uma força inesperada. Tá bom! Se todo mundo vai repetir essas provas eu também vou. E vou me dar bem outra vez. E, assim, lá fui eu para um novo vestibular.

Foi buscar os resultados do mesmo jeito que tinha feito antes; somente com Nilo. Dessa vez, estavam seguros quanto às formas de chegar ao local e de pesquisar os nomes nas folhas, mas sua segurança sobre a aprovação era inversamente proporcional. "E se o primeiro resultado tivesse sido sorte? E se um raio não cai mesmo duas vezes no mesmo lugar?", pensava.

Na tentativa de poupar sofrimento, pediu a Nilo para pesquisar seu nome entre o 20º e o 30º lugares. Achava possível conseguir uma classificação semelhante à do vestibular anterior. Nilo não achou.

— Eu já tinha passado por esse jogo de tentativa e erro antes de ler a lista completa. Era uma besteira. Melhor encarar. Pedi a Nilo para ler a lista toda, desde o início. Ele só leu três nomes, e o meu veio logo em seguida. Eu não podia acreditar que havia passado em 4º lugar. Sem a fraude, havia me saído ainda melhor. Eu nunca fui de expressar abertamente minhas emoções, mas, dessa vez, a alegria explodiu: dei o maior abraço em Nilo, que, totalmente surpreso, permaneceu espantado, imóvel. Eu vivia, mais uma vez, essa sensação incrível que a gente sente quando consegue um resultado que lutou muito para conquistar, a sensação de se sentir recompensado, a certeza de que se você quer muito e se esforça por alguma coisa você chega lá.

E, assim, no início de 1964, aos 20 anos, ele entrava para a Ebap. E sua rotina ficava ainda mais puxada. Tinha de conciliar as aulas da faculdade com o Cinaudium. Ele não podia fechar seu curso de inglês, porque, com o dinheiro que recebia, bancava a FGV. Além do mais, era prazeroso ter contato com os alunos e ver como evoluíam.

Apesar dos obstáculos, ia bem na faculdade. Suas notas eram tão boas que começaram a atrair a atenção de outros alunos, que já sabiam que Eurico ficara entre os primeiros colocados no vestibular. Por conta disso, as cadeiras vizinhas à dele passaram a ser as mais disputadas da sala. Nas provas, os colegas queriam se sentar ao lado e atrás de Eurico para colar. Em um misto de brincadeira e verdade, havia até discussões. "Hoje é meu dia", afirmava um. "Não, seu dia é na próxima prova", argumentava outro. Era preciso organizar a fila.

Eurico se divertia. Como fazia as provas com uma máquina de escrever Remington — havia feito curso de datilografia e escrevia muito rapidamente —, sabia que ficava fácil para os colegas lerem e copiarem o que escrevia. Até porque tentava escrever textos diretos e fluentes, sem rasuras, que poderiam atrapalhar os professores durante as correções. Sempre terminava as provas antes da hora, mas não as entregava. Embora não tivesse como reler ou corrigir, dava tempo para quem quisesse colar. E brincava com os colegas:

— Quem quiser que se arrisque a usar o que escrevo. E os professores, se quiserem, que tratem de impedir.

O que não tardou a acontecer. A partir de determinado momento, toda vez que tinha prova Eurico era deslocado para um canto da sala, longe do resto da turma.

O currículo da Ebap era abrangente e inovador. Os professores eram de altíssimo nível, como Alberto Guerreiro Ramos, de Sociologia; Candido Mendes de Almeida e Bolívar Lamounier, de Ciência Política; Francisco Horta e José Carlos Moreira Alves, de Direito Constitucional. Este último se tornaria, mais tarde, presidente do Supremo Tribunal Federal. Um dos primeiros professores de Eurico foi Fernando Bessa de Almeida, na matéria Introdução à Administração. Eurico lembra que ele era o professor mais querido da turma. Empolgado pela história e pela evolução da administração de empresas, animava os alunos com as perspectivas que enxergava para o futuro deles.

Apesar do excelente currículo e da notável galeria de professores, Eurico ainda enfrentava na Ebap o empecilho de sempre: a falta de livros em braille e a impossibilidade de ver as anotações no quadro-negro ou analisar estatísticas e gráficos. Os trabalhos em grupo e os estudos nas casas dos colegas minimizavam o problema. Formou, desde o primeiro ano, um pequeno grupo coeso e constante com Lúcia, filha do então Ministro da Aeronáutica, o brigadeiro Nélson Freire Lavanère-Wanderley, que morava em Botafogo; Antonio Curi, de cerca de 40 anos, que procurava exercer um papel de destaque e que, mesmo quando se frustrava por não conseguir as melhores notas, integrava-se perfeitamente à turma; e Sérgio Alves, também mais velho do que Lúcia e Eurico, mas igualmente enturmado.

Eurico classifica os tempos da Ebap como inesquecíveis: as matérias, a interação com os professores, o convívio com a turma dentro e fora da sala. Lúcia e ele costumavam se sentar no fundo para conversar quando os assuntos não os interessavam. As aulas da professora de Administração de Pessoal eram o "passaporte para a fuga". Nem precisava mais combinar: falavam de política; faziam apostas sobre o futuro do Brasil; papeavam sobre a vida alheia, namoros e fofocas de professores, funcionários e alunos; discorriam sobre suas vidas e seus planos. Falavam de tudo, menos da aula que transcorria sem os incomodar e que os dois tinham também todo o cuidado para não perturbar.

Eurico e seus colegas costumavam estender a convivência para além dos muros da faculdade. Ele passou a coordenar as saídas de fim de semana do grupo. Escolhia bares charmosos, na cobertura de um hotel no Leme ou de frente para a Praia de Copacabana. Por sugestão dele, em vez de chope, o grupo tomava gim, uísque, vodca e drinques como cuba-libre, hi-fi e mojito. Eurico desde cedo bebia socialmente. De origem portuguesa, aos quatro anos foi apresentado ao vinho, que vinha com um pouco de água para amenizar o sabor. E também levou a turma a restaurantes como o La Mole, que passaram a ser pontos de encontro dos amigos.

Também eram comuns as idas a peças de teatro, shows, filmes e locais como Estudantina e ZiCartola. Naquela época, havia novas manifestações artísticas brotando no país. Uma das mais importantes foi o Cinema Novo.

— A gente ainda não tinha a exata noção da grandeza do que estava acontecendo, mas sabíamos que éramos privilegiados por sermos contemporâneos dessa fantástica revolução cultural que acontecia no Brasil.

Contudo, para Eurico, o cinema trazia dificuldades adicionais. Por mais que alguém descrevesse as cenas, a rapidez com que as imagens se sucediam na tela atrapalhava o entendimento — sem contar o incômodo que uma descrição feita por colegas causava aos demais frequentadores. Mesmo assim, ele fazia questão de estar nas sessões de filmes que se tornariam clássicos para não ficar de fora de um acontecimento como aquele. Foi assim que, anos antes, em 1957, ele assistira a *Rio, Zona Norte*, de Nelson Pereira dos Santos, mesmo sendo proibido para sua idade.

Convenceu os colegas a assistirem a *My fair lady*, com Bibi Ferreira e Jayme Costa. Ao escutar que se tratava de um musical, alguns deles torceram o nariz, mas acabaram acreditando no bom gosto do amigo. E não se arrependeram. Eurico ia a espetáculos de nomes como Chico Buarque e Gilberto Gil e esteve mais de uma vez no célebre show *Opinião*, tanto com Nara Leão no papel principal como com Maria Bethânia, que a substituiu.

A música era mesmo parte importante da vida de Eurico, que havia celebrado e cantado *Chega de saudade*, de João Gilberto, lançada em 1959 e marco fundador da Bossa Nova. Em seu prédio, morava a família de Ronaldo Monteiro, que, anos depois, iria se tornar compositor de sucesso, coautor com Ivan Lins de músicas como *Madalena*, *O amor é meu país* e *Deixa eu dizer*. À época, Ronaldo era apenas um adolescente, um ano mais novo do que Eurico. Os dois se esbarravam no elevador e na portaria antes de entrar ou sair do prédio — Eurico morava no quarto andar e Ronaldo, no segundo. Tinham em comum a paixão pela música. Um dia, Ronaldo convidou o vizinho para ir à casa do psiquiatra Aluízio Porto Carreiro, na rua Jaceguai, 27, no mesmo bairro da Tijuca, a poucas quadras dali. Porto Carreiro, que havia tocado na Orquestra do Cassino da Urca e na Rádio Mayrink Veiga, promovia com a mulher, Maria Ruth, todas as sextas à noite um concorrido sarau musical no qual mais tarde despontariam nomes fortes da MPB, como Ivan Lins, Gonzaguinha e Aldir Blanc.

Desde que alugaram o sobrado em 1961, Porto Carreiro e Maria Ruth começaram a organizar rodas de violão — das quais o próprio psiquiatra participava — que contavam com a presença de Cartola, Donga, Bororó, João do Vale, Jackson do Pandeiro e Nássara. Aos poucos, as filhas adolescentes, Regina e Ângela[19], passaram a convidar os amigos. Os encontros da nova geração avançavam a madrugada, até 4h, 5h da manhã, regados a batida de maracujá servida com conchas de feijão retiradas de panelões cheios da bebida.

— Virei frequentador assíduo da casa — lembra Eurico. — Na primeira vez, Ronaldo me apresentou a Paulo Emílio, estudante de Ciências Sociais, de esquerda, brilhante, de quem me tornei muito amigo. Paulo passava no meu prédio quase toda sexta para irmos até a Jaceguai. E, na volta, caminhávamos juntos até minha casa, geralmente discutindo acaloradamente temas políticos e culturais.

Paralelamente aos estudos, ao Cinaudium e à vida cultural, Eurico ainda encontrava tempo para participar do diretório acadêmico. Com seu interesse habitual pela política, Eurico acompanhava atentamente as agitações que antecederam o golpe de 31 de março de 1964. Ouviu pelo rádio o discurso de João

Goulart na Central do Brasil, no dia 13 de março, em que ele defendeu as reformas de base propostas por seu governo.

Ao ouvir o discurso, Eurico percebeu no presidente mais ansiedade do que confiança. Como estavam planejados comícios semelhantes em várias capitais brasileiras, comentou com Paulo Emílio que o discurso tinha de ser mais confiante. A crítica a Jango irritou o amigo. Depois, ele ouviu que alguns analistas políticos também pressentiram a insegurança e a tensão do presidente e até se referiram ao desconforto demonstrado por Maria Thereza Goulart, que estava ao lado do marido no palanque, a primeira-dama de cuja beleza todo mundo falava e Eurico só podia imaginar.

Se o discurso inflamou as cerca de 200 mil pessoas que ocuparam as ruas do Centro, assustou as 500 mil que participariam da Marcha da Família com Deus e pela Liberdade no dia 19 e fez com que Jango fosse ostensivamente abandonado pelo Congresso e pela imprensa, que passaram a pedir seu impeachment. O golpe era iminente. E ele veio. O dia 31 de março foi desesperador para a família Cunha. Carlos, irmão caçula de Eurico, prestava serviço militar nas tropas do 1º Batalhão de Caçadores e estava no quartel em Petrópolis com previsão de retorno para folga no Rio no fim do domingo, dia 29, ou na segunda-feira pela manhã, dia 30. Bela, como sempre, tinha preparado comida e arrumado o quarto para ele, mas Carlos não apareceu nem deu notícias. No fim da tarde de terça-feira, dia 31, amigos do avô de Eurico apareceram com informações vagas e inacreditáveis de que estava prestes a acontecer uma guerra civil no Brasil. O que se dizia era que as tropas do general Olympio Mourão Filho, da 4ª Região Militar de Infantaria, de Minas Gerais, já avançavam para o Rio para depor o presidente João Goulart. E que as tropas legalistas da 1ª Região, onde Carlos servia, estavam se encaminhando para a divisa com Minas para deter os golpistas. Dizia-se que as tropas de São Paulo do general Amaury Kruel, que era amigo pessoal de Jango, também iriam aderir ao golpe, porque o presidente se recusava a repudiar a implantação do comunismo no país. Falava-se que o Rio receberia o apoio da 3ª Região Militar do Rio Grande do Sul e da Guarda Presidencial em Brasília. Ninguém sabia como iriam se comportar as tropas das demais regiões. Os boatos corriam soltos. Dizia-se, ainda, que Jango estava aquartelado no Palácio das Laranjeiras e que o governador Carlos Lacerda estava militarmente protegido e entrincheirado no Palácio Guanabara, de onde ameaçava enfrentar à bala os aliados do presidente.

— Era um Deus nos acuda. Uma coisa dessas não podia estar acontecendo no Brasil. Lembro de minha mãe aflita e controlada, já que ela nunca foi de expressar emoções abertamente, pedindo que se escutasse a Rádio Nacional e dizendo que Carlinhos certamente não estava metido nisso, que com certeza ainda não tinha chegado porque as estradas deveriam estar fechadas. E me recordo da vovó Tereza rezando.

Mais tarde, Carlos contou as emoções que viveu. Disse que, ainda na segunda-feira, todos no batalhão foram proibidos de sair do quartel e orientados a se manter em estado de prontidão, com o fardamento completo, armas preparadas, veículos abastecidos. Na terça, quando ouviram o toque de comando para entrar em formação e receberam as instruções para embarque nos caminhões que os transportariam à fronteira de Minas para combater os golpistas e defender o estado de direito, os jovens recrutas se emocionaram. Não sentiram medo. Sentiram-se heróis, brasileiros defendendo a pátria. Ele lembra que era noite quando as duas tropas se encontraram na estrada e permaneceram afastadas, em alerta máximo, aguardando ordens do comando. Não sabe quanto tempo demorou, mas acha que foi uma eternidade. Foi uma explosão de alegria, gritos e abraços quando receberam a informação de que os dois grupos tinham se juntado e todos voltariam em paz para o Rio. Eles não sabiam o que tinha acontecido, nem o que tinha sido acordado. Já nem entediam muito bem por que iam brigar, mas davam graças a Deus agora, pois todos estavam unidos pelo que, naquele momento, achavam que era o melhor para o Brasil.

O tempo se encarregaria de mostrar que não era bem isso.

Em um cenário turbulento como esse, as reuniões do diretório acadêmico do qual Eurico era membro tinham um clima de permanente agitação. Não importava se discutiam o futuro do país ou da faculdade. O grupo sempre se posicionava com convicções fortes e tinha missões a serem cumpridas para a concretização de suas decisões. Nos debates, Eurico já demonstrava sua vocação de professor. Era sempre dos mais atuantes nas discussões sobre como aprimorar o currículo e o corpo acadêmico, como inovar nas áreas de pesquisa e ensino, e como ampliar a integração da universidade com as empresas. Na pauta política, Eurico se destacava por seu estilo moderado, sempre buscando integrar posições e acalmar os ânimos. Apesar disso, foi, certa vez, o foco de discussão acalorada do pessoal do diretório, quando se debateu a participação ou não do grupo nas passeatas contra a ditadura; uma decisão arriscada naqueles tempos de repressão. Quase toda a turma decidiu ir, e Eurico achava essencial comparecer também. Seus colegas foram contra. Se já era perigoso para eles, que dirá para Eurico.

Era raro isso acontecer: a cegueira aparecer como definidora de quem ele era e do que podia ou não fazer. Lá atrás, junto com a consciência de que sua cegueira seria definitiva, Eurico tinha tomado a decisão de que ela não o impediria de levar uma vida normal.

Ele seria igual a todos, apenas sem ver. Enxergava a si mesmo e esperava ser visto por todos como igual. Não se permitiria nenhum tipo de autolimitação. Não aceitaria limites decorrentes de preconceitos. Por isso, voltou-se contra a maioria dos colegas. Assumiu essa posição por julgar a manifestação importante, mas, sobretudo, para defender este que, para ele, era um princípio de vida. Ele estava comprometido com a causa da democracia e queria fazer a parte dele nessa luta e também exercer o direito como cidadão. Não era irresponsável. Preocupava-se, é claro, com sua segurança e, acima de tudo, não queria representar um encargo adicional para os colegas, mas acreditava no valor da inclusão de todos na luta pela justiça social e igualdade, essências da democracia. Sentia-se seguro e defendeu sua posição. Lembrou que era capaz de "sentir sem ver" e afirmou que saberia se abrigar caso houvesse algum tumulto. Os colegas compraram a ideia de que a presença igualitária de todos na manifestação seria uma mensagem inspiradora. E, pelo convívio que tinham com Eurico no dia a dia e em algumas estripulias já vividas, concordaram que seriam capazes de andar ou de correr juntos, do jeito que viesse a ser necessário.

Ele foi. E, felizmente, correu tudo bem.

CHEGADAS E PARTIDAS

Eurico e Judy viviam como se fossem ficar juntos para sempre, como se não houvesse amanhã, mas sabiam que o encontro tinha data marcada para terminar, que o amanhã chegaria. Como, de fato, chegou. O Peace Corps exigiu o retorno de Judy para os Estados Unidos. Ela já havia renovado o período de permanência no Brasil pelo maior tempo que conseguira, só que, agora, não dava mais para protelar a volta.

Os últimos meses de Judy no Rio foram muito difíceis para os dois. Não fazia sentido se separarem. Judy tentava, desesperadamente, convencer o namorado a ir morar com ela nos Estados Unidos. Seu pai era dono de uma empresa de construção de hospitais em Washington e, por intermédio dela, Eurico recebeu um convite dele para ir trabalhar na companhia. A mãe de Judy veio buscá-la no Brasil. Saíram para jantar os três, em setembro de 1966. Foi na última semana de Judy aqui. As duas passaram o jantar inteiro tentando convencê-lo a se mudar para os Estados Unidos.

— Eu ainda não havia terminado a FGV e não era capaz de desistir da graduação, da carreira que sabia que teria, do curso de inglês, das realizações e da autonomia já conquistadas. Ser independente continuava a ser um princípio fundamental na minha vida. Esse era o destino que eu queria e precisava continuar construindo. Decidi ficar. Foi um dos momentos mais tristes da minha vida.

A decisão de permanecer no Brasil acabaria se mostrando das mais acertadas que ele já tomou, graças a um encontro que mudaria a sua vida para sempre. No Cinaudium, Eurico fazia os testes de avaliação de cada aluno que se matriculava no curso. Meses depois da partida de Judy, uma aluna recém-matriculada chamou sua atenção pelo interesse nas aulas. Clélia, geralmente, ficava após o horário para esclarecer dúvidas. Não demorou muito para Eurico perceber que o interesse da jovem ia além do inglês. Não resistiu e a convidou para almoçar. Depois, foram jantar, sempre ali mesmo na Tijuca, onde ela morava com os pais, Odone e Maria Longhi, e com os irmãos Vera, Paulo e Sandra. O irmão mais velho, Lói, já estava casado e morava em Muriaé.

Clélia tinha então 25 anos; Eurico, 23. Dos convites aos restaurantes para o namoro foi um passo. Os dois passaram a se encontrar todos os dias, mais de uma vez ao dia, até que, um ano e meio depois, Odone resolveu se mudar com toda a família para Muriaé, onde iria abrir uma malharia. Dessa vez, Eurico não aceitou a possibilidade de se afastar da namorada.

Combinaram que ele viajaria de quinze em quinze dias para Muriaé até conseguirem voltar a ficar juntos na mesma cidade. Tão logo tiveram condições, marcaram o casamento. Ambos estavam impacientes com a distância que os separava. E as dificuldades que a família Longhi passou a enfrentar com os negócios na cidade também os estimulava a acelerar a vinda de Clélia para o Rio.

Clélia e Eurico se casaram no dia 20 de dezembro de 1970 na capela Santa Teresinha, no Palácio Guanabara. Os dois se tornaram companheiros inseparáveis. Clélia não era só a mulher de Eurico. Era sua companhia e companheira nos trabalhos no Cinaudium e, sobretudo, na FGV. Eurico não era só o marido de Clélia. Passou a ser o conselheiro e o suporte da família Longhi, que enfrentava dificuldades crescentes com a malharia. Antes do casamento, os dois escolheram um sobrado na rua Antônio Basílio, na Tijuca — uma casa maior do que seria necessário para recém-casados, porque já cogitavam a hipótese de trazer toda a família dela para morar com eles no Rio. Como previsto, um ano e pouco depois, Eurico trouxe a família de Clélia para junto do casal.

Não foram anos fáceis, ao contrário. No Rio, a mãe da Clélia teve câncer de mama e, após muito sofrimento, morreu em 1973. Um ano depois foi a vez do pai, também vitimado pelo câncer. Tanta perda foi mais do que a saúde da Clélia conseguiu suportar. Em

1975, ela igualmente foi diagnosticada com câncer de mama e passou por um tratamento duríssimo, vindo a morrer em 1980.

Eurico não consegue falar sobre esses tempos. Tenta não lembrar. Diz que foram anos mais desesperadores do que quando enfrentou qualquer um dos imensos desafios da vida. Diz que o sofrimento foi maior e mais prolongado do que quando perdeu a visão, do que quando ficou internado no IBC ou na transição para o Lafayette. Nada nunca o fez sentir tanta dor. Entretanto, era preciso continuar. Até porque Clélia lhe deixara Renata, com cinco anos, e Rodrigo com três. Naquele momento, não havia nada mais importante para Eurico do que cuidar das crianças, transmitir a elas todo o seu amor e, no que estivesse ao alcance dele, evitar que elas sofressem. Bela, mãe de Eurico, mais do que nunca esteve presente, cuidou e protegeu os três.

Antes de tão duros acontecimentos, no fim ainda dos anos 1960, Eurico, prestes a se graduar, havia, mais uma vez, se questionado sobre sua trajetória profissional. Tinha dúvidas entre continuar a carreira como dono de um curso de idiomas ou desistir e investir todas as fichas na nova profissão. Até então, sua fonte de renda tinha sido os cursos de inglês. Mas botou na balança os prós e os contras e resolveu apostar na carreira de administrador, na qual viu mais oportunidades de crescimento e realização.

Não foi fácil abandonar o Cinaudium, que criara com tanto esforço. Ainda mais porque Eurico terminou a faculdade em dezembro de 1967 , aos 23 anos, sem ter nenhuma perspectiva de trabalho na área. Porém, a incerteza durou pouco. Logo depois da formatura, a FGV decidiu fazer seu primeiro concurso para arregimentar novos professores para a graduação, que iriam dar aulas já no primeiro semestre do ano seguinte.

Eurico resolveu concorrer. Na primeira fase, eram provas escritas. Somente quem passasse pela etapa inicial faria a prova oral. Eurico não só passou como obteve o segundo melhor resultado global entre os candidatos para todas as diferentes cátedras. A congregação responsável pela gestão da Ebap escolheu-o para assumir a cadeira de Introdução à Administração, matéria que estuda a evolução das teorias de administração ao longo do tempo e que era ministrada no primeiro ano do curso. Mal acabara de se formar e Eurico já conquistava uma colocação profissional em uma instituição de ensino de grande prestígio, o que surpreendeu toda a família e encheu seu pai de orgulho.

Um dos professores, Cleber Nascimento, conhecera Eurico quando dera aulas para ele no terceiro ano da faculdade. Voltaram a se encontrar agora, quando Eurico, recém-formado, participou do concurso para professor da Ebap. Cleber integrava a banca examinadora e, durante a prova oral, havia ficado surpreso com a formação e a capacidade de organização e de relacionamento de Eurico. Cleber, que coordenava o curso de mestrado da Ebap, desfrutava de muito prestígio dentro e fora da FGV como consultor. Por conta da dupla atividade, estava envolvido em uma rotina intensa e precisava de apoio na parte administrativa do mestrado. Viu em Eurico o profissional que estava precisando e o convidou para a função. Assim, logo após ser contratado como professor da graduação, Eurico foi convidado para ser assistente de Cleber na coordenação do mestrado.

Ao comentar esse promissor início profissional, Eurico, de forma curiosa, atribui à sorte uma parcela de responsabilidade decisiva nas suas conquistas.

— O sucesso depende, é claro, de talento e de garra — "inspiração e transpiração", como se diz —, mas também depende muito de sorte. O encontro com Cleber, por exemplo, me abriu oportunidades pela afinidade e pela admiração mútua que se estabeleceu entre nós. Tive, também, a sorte de ter me interessado pelo inglês desde tão jovem e depois ter decidido ensinar o idioma. As aulas de inglês forçaram a minha desinibição. Fui obrigado a me relacionar "de olhos fechados" com grupos de desconhecidos e aprender a reconhecer a todos mesmo sem poder vê-los. Desde criança, comecei a exercitar a memória, quer para conseguir brincar com os soldadinhos que não enxergava, quer para memorizar aulas que não podia anotar para reler sempre que precisasse. Ter uma memória privilegiada é uma sorte imensa. Além de ampliar meu acervo de conhecimento, me permite ter em mente o "mapa" de um grupo inteiro, sabendo onde as pessoas estão, como se chamam, como falam e como pensam.

Eurico era pouco mais velho do que seus alunos de graduação. Tinha apenas quatro anos a mais, por exemplo, do que Bianor Cavalcanti, que teve aula com ele de Teoria Geral de Administração.

— Era um professor deslumbrante. Ele nos conquistava com seu conhecimento, sua inteligência, sua segurança, seu jeito doce e sua formação densa. Eu adorava as aulas — diz Bianor, que entrou na FGV em 1968, atraído pela qualidade do curso e do quadro docente[20].

E era um professor exigente, como conta outra aluna, Heloisa Machado, que também teve aula de Teoria Geral de Administração com ele no terceiro ano da graduação, em 1973.

— Ficávamos tensos antes das provas. Não se pensava: "Ah, ele é cego, nem vai ler, não vai reprovar". Ao contrário, não dava para fazer nas coxas. Era preciso acompanhar as aulas, prestar atenção, ler tudo, estudar, ter uma visão ampla da matéria, ser original nas respostas, esforçar-se para ser aprovado.

Não que fosse difícil ficar atento às aulas. Elas eram dinâmicas. Eurico informava o tema que seria abordado naquele dia, passava as perguntas e pedia que se juntassem em grupos para conversar e trocar ideias. Em seguida, debatia o assunto com os alunos. O controle que exibia sobre a turma impressionava Heloisa.

— Ele sabia motivar os alunos, conseguia manter a disciplina, era atencioso e divertido. E estava sempre atualizado. Possuía uma cultura extraordinária, falava vários idiomas. Já naquela época, nos trazia o que havia de mais avançado no mundo em administração. Falava, por exemplo, do que estava sendo escrito sobre teorias de sistemas em universidades americanas. Isso quando não se tinha a tecnologia avançada de hoje.

Heloisa tinha passado em primeiro lugar para Economia na UFRJ, mas acabou optando por Administração na Ebap, em uma época que a carreira era pouco conhecida. Sua própria família achava que ela deveria ter cursado Economia. Ela não se arrepende:

— Ter tido aula com Eurico foi uma das coisas que confirmaram a certeza da minha escolha pela Ebap. Mais do que uma aula, recebíamos uma vivência de diversidade na veia. Nunca tínhamos tido um professor com qualquer tipo de deficiência. Conviver com ele foi um aprendizado de vida. E ele dava esse exemplo com muita naturalidade, sem fazer retórica, sem se exibir, simplesmente sendo quem ele é.

E ser quem ele é passava por ter jogo de cintura com as brincadeiras dos alunos. Como acontecia com

Bianor, que gostava de mexer com o professor. Sentava-se no lado direito da classe de cerca de 30 alunos e fazia uma pergunta. Pela voz, Eurico o reconhecia, dizia "Bianor" e começava a responder. Enquanto isso, o aluno, discretamente e sem fazer barulho, saía de sua carteira e ia para o lado oposto da sala. E, tentando confundir o mestre, fazia uma nova pergunta.

— Eurico não passava recibo. Virava-se na minha direção, falava "Bianor" e respondia tranquilamente o que eu havia perguntado. Eu era muito sacana na época, vivia sendo expulso da sala do colégio de padres onde tinha estudado e gostava de testar Eurico, que levava na esportiva. Certa vez, um dos estudantes resolveu sair de mansinho da sala. Até que foi interrompido pela voz do professor, que o chamou pelo nome e disse bem-humorado: "Já está indo embora, fulano?". A turma caiu na gargalhada, deixando o colega constrangido e sem graça.

Com o tempo, a cegueira acabava em segundo plano. Bianor comenta que, anos depois, já como diretor da Ebap, costumava receber o agora colega em sua sala. Eurico era tão independente que, por vezes, terminada a conversa, Bianor se levantava e saía da sala.

— Eu me esquecia do Eurico, achava que ele estava se levantando e vindo embora também. Quando notava, eu pensava: "Que indelicadeza e grosseria da minha parte". Mas não. Um dia, caiu a ficha de que não era desatenção. É que eu não percebia Eurico como tendo uma limitação.

Coerente com seu perfil de se desafiar e de vencer obstáculos, Eurico se inscreveu no processo de seleção para cursar o mestrado. Como de hábito, foi aprovado. Era 1969, e ele, além de professor da graduação e de assistente de Cleber, tornava-se também aluno do mestrado. Como se fosse pouco, passou a dar aulas extracurriculares para os novos colegas. É que Cleber e a administração da Ebap estavam preocupados com o insuficiente nível de inglês dos alunos do mestrado, o que não era incomum naqueles tempos. A fluência de Eurico no idioma gerou um convite da direção para que desse sessões semanais de língua e literatura inglesa para seus companheiros.

A vida não parava de trazer emoções para Eurico. Em setembro desse mesmo ano, estavam todos em aula quando receberam a notícia de que Cleber havia sofrido um acidente de automóvel no Alto da Boa Vista e estava gravemente ferido. A notícia causou uma grande comoção. Na ausência dele, a direção da Ebap entendeu que seu assistente talvez pudesse ocupar, de forma provisória, a coordenação do curso. Aos 25 anos, Eurico recebeu, com surpresa, o convite. Como era quase fim do ano letivo, porém, achou que poderia dar conta da missão enquanto Cleber se recuperava. Mas a escolha gerou desconforto e desconfiança entre integrantes do corpo docente do mestrado e de parte da própria administração por conta da inexperiência de Eurico e da deficiência visual.

Diante das resistências, a Congregação da FGV resolveu intervir e encarregou o decano professor Diogo Lordello de Mello para avaliar a capacidade de Eurico de administrar, ainda que de forma provisória, o mestrado. Lordello teria poderes para afastar Eurico caso achasse que ele não estava apto. O professor ostentava um currículo invejável. Naqueles tempos, era um dos poucos brasileiros mestres em administração pública pela Universidade da Califórnia (UCLA), além de criador e dirigente do Instituto Brasileiro de Administração Municipal (Ibam)[21].

Eurico não se intimidou diante de tantas credenciais. Ao contrário, sentiu-se desafiado. Ele fez o dever de casa e apresentou a Lordello dois trabalhos: um que tratava do passado, outro que apontava para o futuro. O primeiro fazia uma retrospectiva do curso de mestrado da FGV desde quando foi lançado, em 1966, até aquele momento. O segundo era um projeto de planejamento que mostrava como aprimorá-lo em certos aspectos, tais como melhorar a divulgação, recrutar mais alunos e fazer acordos com outras faculdades para aperfeiçoar o ensino. Ao fim de alguns meses de avaliação, Lordello aprovou o trabalho de Eurico — a tal ponto que iria convidá-lo mais adiante, muitas vezes, para prestar consultoria por meio do Ibam. Cleber não se recuperou por inteiro e não pôde retornar às suas funções. Eurico acabou efetivado como coordenador do mestrado da Escola Brasileira de Administração Pública da FGV. Tinha 27 anos; até então o mais jovem coordenador de mestrado da história da Ebap.

Vinha gente do Brasil inteiro fazer o curso. Os jornais da época documentavam esse trabalho de Eurico de arregimentar nacionalmente novos candidatos. Com o mesmo propósito de expandir o alcance da FGV para o país todo, Eurico também criou em João Pessoa, na Paraíba, uma sede de concursos para seleção, em todo o Nordeste, de professores e candidatos a mestrado na FGV. Quando ele assumiu a coordenação do mestrado, eram cerca de 25 alunos. Quando deixou o cargo, cinco anos depois, o número de inscritos anualmente tinha mais do que dobrado.

VOZ PARA OS CEGOS

No alto da página 5 do jornal *O Globo* de 23 de novembro de 1970, havia uma reportagem intitulada "Nova entidade dos cegos luta contra a marginalização". Ali, Eurico afirmava: "Nós não gostamos de ser tratados como coitadinhos [...] temos condições de nos integrar à sociedade e não queremos permanecer marginalizados por ela". Essa, na verdade, era uma preocupação antiga, que surgiu quando ele estudava no Benjamin Constant; ganhou força quando entrou na FGV, em 1964; e permanece até hoje como princípio norteador de sua vida. Eurico analisava sua trajetória como professor universitário e tinha a convicção de que todos os cegos também poderiam ser bem-sucedidos se tivessem bom nível educacional e apoio familiar, como ele. Eram tão capazes quanto quaisquer outras pessoas.

Foi essa certeza que o levou a tomar a iniciativa de convidar, naquele ano de 1970, algumas pessoas com deficiência visual para relatar o que faziam da vida, o que pretendiam fazer e de que forma, juntos, conseguiriam criar oportunidades para a autorrealização de outros cegos. Esses encontros é que estão na origem da entidade citada na matéria de *O Globo*, cujo objetivo seria lutar para integrar os cegos à sociedade e fazer com que não fossem encarados como incapazes.

Segundo o jornal, a futura instituição tinha começado a debater seu estatuto dois dias antes. Chamava-se Centro Operacional Pedro de Alcântara, ou simplesmente Copa, nome sugerido por Eurico em homenagem ao imperador Dom Pedro II[22], que, em 1854, havia criado o Instituto Imperial dos Meninos Cegos, antigo nome do Instituto Benjamin Constant.

Inicialmente esses encontros aconteciam todos os sábados à tarde, na casa de Eurico, e reuniam um grupo de cerca de dez pessoas, muitas delas ex-colegas dos tempos do Benjamin Constant, como o professor do IBC Antonio Carlos Hildebrandt; seu irmão, Hercen Hildebrandt; o também professor Vitor Alberto da Silva Marques; o funcionário estadual Luiz Antônio Millecco, integrante da Sociedade Pró-Livro Espírita em Braille; o especialista em computação Maurício Zeni; e a professora Ethel Rosenfeld.

Na edição de 1º de fevereiro de 1971, *O Globo* noticiava uma mesa-redonda que acontecera no mês anterior, sob a coordenação de Eurico. Os participantes reafirmavam a relevância da integração social e profissional dos cegos. Destacavam a importância da "compreensão" de que o cego é "um cidadão como outro qualquer", apenas sem visão, que deve "assumir o seu papel de membro ativo da sociedade". E reforçavam que essa integração devia perder o sentido "de caridade ou de paternalismo".

A mesa-redonda detalhou os quatro pilares sobre os quais se assentava o Copa: Ampliação do Mercado de Trabalho; Educação do Cego para o Trabalho; Suporte à Vida Diária; e Comunicação como Meio de Integração Social.

Ethel ainda guarda a primeira publicação do Copa baseada nesses pilares. Era um folheto intitulado *Relacionamento com as pessoas cegas*, que teve apoio da FGV e da Souza Cruz.

Nos meses que se seguiram à reportagem, Eurico e seus colegas continuaram se reunindo semanalmente na casa dele, até que ele conseguiu uma pequena sala na FGV para sediar o Copa. As reuniões prosseguiram, consolidando os princípios e as práticas da entidade. Pela primeira vez, os cegos se organizavam para lutar por seus direitos.

— Havia muito preconceito. E tinha muita gente falando por nós. Mas quem tinha que falar por nós éramos nós mesmos. Os cegos tinham uma certa consciência política, só que não tinham as ferramentas para lutar — diz hoje o professor Vitor Alberto, ao explicar a razão de terem se unido.

Foi o Copa que lhes forneceu essas ferramentas. E a luta principal foi para criar igualdade de oportunidades no mercado de trabalho para pessoas cegas, principalmente no setor público. Uma reportagem de

O Globo, de 29 de agosto de 1972, informava que, no estado da Guanabara, apenas 48 cegos — Ethel e Eurico entre eles — haviam concluído o estudo superior, formando-se em cursos como Economia, Ciências Sociais, Filosofia, História, Administração, Pedagogia, Serviço Social e Educação Musical. Eurico conhecia pessoalmente a maioria dessas pessoas e tinha informações sobre o alto nível de qualificação de todas. Alegrava-se pelo merecido sucesso do grupo, mas entendia que os dados da reportagem traziam mais motivos para preocupação do que para celebração.

— Eu não podia ignorar que nós, os integrantes daquela lista, éramos privilegiados: havíamos nascido em um ambiente com algum recurso financeiro e, mais importante, contávamos com o suporte de uma família que nos estimulava e apoiava a enfrentar os obstáculos, o que, definitivamente, não é a realidade dos cegos no Brasil. Ainda assim, mesmo com essas vantagens, nós éramos símbolos de uma situação muito difícil no mercado de trabalho para o cego: somente dez de nós tínhamos conseguido exercer funções compatíveis com nossa formação e tínhamos ingressado no "mercado de trabalho geral". Mesmo os que conseguiam emprego em geral lecionavam em escolas especializadas para pessoas com deficiências visuais. E a grande maioria era subaproveitada ou simplesmente não conseguira emprego algum.

Como lembra o professor Vitor:

— A gente se formava e ficava meio à deriva.

Na entrevista ao jornal *O Globo*, Eurico tocava num ponto fundamental para abertura do mercado de trabalho para o cego: "É preciso que o estatuto do funcionalismo público seja modificado e que as empresas nos deem um mínimo de crédito". Um novo estatuto tinha entrado em vigor em 28 de outubro de 1952 e nele havia sido proibido a entrada dos cegos no serviço público. Os poucos profissionais que à época ocupavam postos na administração pública haviam sido beneficiados pela legislação anterior. A única exceção era o Instituto Benjamin Constant, que obviamente permanecia aceitando cegos nos seus quadros.

Para Eurico, era absurdo que o cego fosse impedido de participar de um concurso público: não podia aceitar que alguém, independentemente de sua formação ou destreza, tivesse a admissão vetada sem que sequer fosse avaliado. Ele entendia que era prioritário lutar para modificar a legislação, e essa luta na esfera parlamentar iria mobilizar os integrantes da entidade ao longo de toda a sua existência. Naquele início dos anos 1970, somente uma cidade no país, Porto Alegre, permitia o acesso ao serviço público, por conta de uma lei municipal. No caso do Rio, o deputado Mauricio Pinkusfeld havia apresentado, na Assembleia Legislativa da Guanabara, um projeto de lei nesse sentido. O PL havia sido aprovado na Comissão de Saúde, mas fora vetado na Comissão de Justiça, que entendeu que a iniciativa era de competência do Executivo.

Eurico era um crítico ferrenho da interdição.

— O veto funcionou como mais combustível para a nossa causa. E o mais difícil nessa luta era, e continua sendo, superar os preconceitos. O cego ou não é visto e assim é irrelevante para a sociedade, ou é visto com condescendência. A gente precisava, e ainda precisa, mudar isso. A piedade não é necessária. É nociva. A gente precisava bater o tempo todo nessa mesma tecla: a cegueira não tira de ninguém a inteligência, a qualificação profissional, o empenho. Talvez até, ao contrário, nos mobilize a procurar fazer mais e a ser melhor.

Para o Copa não bastava lutar apenas por mudanças no serviço público; era preciso sensibilizar também a iniciativa privada. Por isso, o grupo decidiu apoiar e reativar um antigo programa do Instituto Benjamin Constant que estava praticamente paralisado e era baseado em um acordo com o Senai e o Senac para a criação de cursos destinados a preparar os cegos para desempenhar diversas profissões.

O projeto IBC/Senai/Senac havia começado em São Paulo e se estendido para Bahia, Pernambuco, Paraíba e Pará. Uma reportagem do *Correio da Manhã* de 22 de abril de 1973 informava que, desde 1953, tinham sido treinadas 593 pessoas e havia mais de duas mil profissões só na indústria que podiam ser plenamente exercidas pelos cegos. O jornal citava uma vantagem comprovada da contratação pela indústria: "Por sua regularidade de hábitos (o cego) não sofre acidentes de trabalho. Em 20 anos, o Senai só registrou dois casos de acidentes leves, assim mesmo por falha mecânica, e não humana".

O Copa tinha então mais um campo de batalha: fazer valer uma lei federal que impunha às empresas a contratação de pessoas com deficiência física, em um percentual de dois a cinco funcionários sobre o número total de empregados. Na prática, a lei "não tinha pegado". Havia até casos de empresas que contratavam o número mínimo exigido, mas deixavam os trabalhadores em casa por não saber o que fazer com eles no ambiente corporativo. O grupo abriu uma frente de trabalho para fazer a ponte entre possíveis demandas da iniciativa privada e pessoas com deficiência visual. E também oferecia apoio de advogados para defesa dos que tivessem seus direitos trabalhistas violados.

Era uma assistência social, mas era, sobretudo, uma ação afirmativa no esforço de mudar a percepção da sociedade acerca dos direitos do cego. E isso passava por procurar autoridades e empresários.

— Precisávamos encontrar formas de ter certa igualdade — diz o professor Vitor.

Ethel explica:

— Fazíamos esse meio de campo, essa ponte, indo às empresas conversar, porque os próprios cegos não tinham facilidade de pegar um telefone e se apresentar, pedindo emprego.

Nessas visitas, ela ficava impressionada com a habilidade de Eurico:

— Ele se apresentava e nos apresentava muito bem. Tinha facilidade de falar com os diretores e os presidentes. Impressionava seu comportamento, seu discurso, sua inteligência e sua cultura.

Vitor diz que Eurico era uma espécie de moderador. Já ele e outros integrantes do grupo faziam uma militância mais aguerrida.

— Nós éramos terríveis. Cobrávamos muito nas reuniões para que nossas reinvindicações fossem levadas em conta com mais rapidez e justiça. Afinal, os políticos adoram fazer promessas. Eurico, por outro lado, era um ponto de equilíbrio. Pedia calma, moderava nossas atitudes mais impetuosas, ponderava: "Não, gente, vamos fazer de outra forma". Ele era uma espécie de para-raios das nossas investidas mais agressivas. Ele sempre foi um diplomata.

Aos poucos, eles tiveram algumas conquistas. Na FGV, Eurico tinha sido aluno do presidente do IBGE, Isaac Kerstenetzky, que Ethel também conhecia. Eles procuraram Isaac na tentativa de sensibilizá-lo a dar espaço para os cegos na empresa. Isaac os ouviu, convenceu-se e foi pioneiro: destinou, experimentalmente, quatro empregos na área de programação. A iniciativa abriu o mercado para um sem-número de pessoas com deficiência visual que vieram depois, seja para trabalhar no próprio IBGE, seja para se empregar no Serpro e em outras empresas do ramo.

— Abrimos um caminho maravilhoso, embora, no primeiro instante, não tenhamos conseguido empregar tanta gente assim — diz Ethel.

Ela era citada em uma reportagem de *O Globo*, de 29 de agosto de 1972, como um caso de sucesso. Ethel dizia que vivia uma vida independente: "Vivo uma vida normalíssima, mas já fui vítima de discriminação". Na mesma época, o *Correio da Manhã*, de 21 de agosto de 1972, a definia como uma bonita jovem de 26 anos, cega havia 13 e com um namorado vidente. "Moça moderna da Zona Sul, toca violão, é compositora e tem até uma música gravada por Ciro Monteiro".

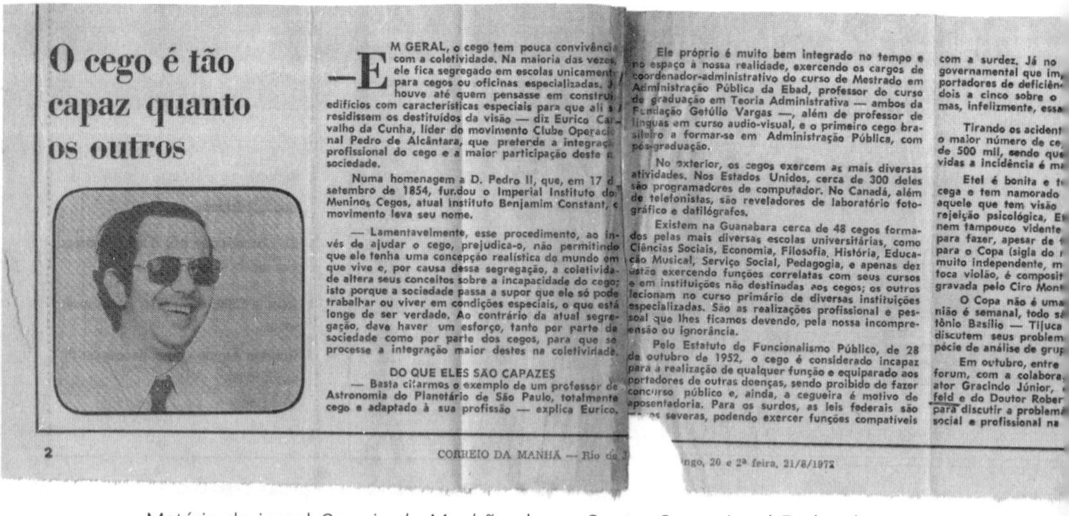
O cego é tão capaz quanto os outros

— EM GERAL, o cego tem pouca convivênci com a coletividade. Na maioria das vezes, ele fica segregado em escolas unicament para cegos ou oficinas especializadas. J houve até quem pensasse em constru edifícios com características especiais para que ali s residissem os destituídos da visão — diz Eurico Carvalho da Cunha, líder do movimento Clube Operacio nal Pedro de Alcântara, que pretende a integraçã profissional do cego e a maior participação deste n sociedade.

Numa homenagem a D. Pedro II, que, em 17 d setembro de 1854, fundou o Imperial Instituto do Meninos Cegos, atual Instituto Benjamim Constant, o movimento leva seu nome.

— Lamentavelmente, esse procedimento, ao invés de ajudar o cego, prejudica-o, não permitindo que ele tenha uma concepção realística do mundo em que vive e, por causa dessa segregação, a coletividade altera seus conceitos sobre a incapacidade do cego; isto porque a sociedade passa a supor que ele só pode trabalhar ou viver em condições especiais, o que está longe de ser verdade. Ao contrário da atual segregação, deve haver um esforço, tanto por parte da sociedade como por parte dos cegos, para que se processe a integração maior destes na coletividade.

DO QUE ELES SÃO CAPAZES

— Basta citarmos o exemplo de um professor de Astronomia do Planetário de São Paulo, totalmente cego e adaptado à sua profissão — explica Eurico. Ele próprio é muito bem integrado no tempo e no espaço à nossa realidade, exercendo os cargos de coordenador-administrativo do curso de Mestrado em Administração Pública da Ebad, professor do curso de graduação em Teoria Administrativa — ambos da Fundação Getúlio Vargas —, além de professor de línguas em curso audio-visual, e o primeiro cego brasileiro a formar-se em Administração Pública, com pós-graduação.

No exterior, os cegos exercem as mais diversas atividades. Nos Estados Unidos, cerca de 300 deles são programadores de computador. No Canadá, além de telefonistas, são reveladores de laboratório fotográfico e datilógrafos.

Existem na Guanabara cerca de 48 cegos formados pelas mais diversas escolas universitárias, como Ciências Sociais, Economia, Filosofia, História, Educação Musical, Serviço Social, Pedagogia, e apenas dez estão exercendo funções correlatas com seus cursos e em instituições não destinadas aos cegos; os outros lecionam no curso primário de diversas instituições especializadas. São as realizações profissional e pessoal que lhes ficamos devendo, pela nossa incompreensão ou ignorância.

Pelo Estatuto do Funcionalismo Público, de 28 de outubro de 1952, o cego é considerado incapaz para a realização de qualquer função e equiparado aos portadores de outras doenças, sendo proibido de fazer concurso público e, ainda, a cegueira é motivo de aposentadoria. Para os surdos, as leis federais são ...os severas, podendo exercer funções compatíveis com a surdez. Já no
governamental que im
portadores de deficiên
dois a cinco sobre o
mas, infelizmente, essa

Tirando os acident
o maior número de ce
de 500 mil, sendo qu
vidas a incidência é m

Etel é bonita e t
cega e tem namorado
aquele que tem visão
rejeição psicológica, E
nem tampouco vidente
para fazer, apesar de
para o Copa (sigla do
muito independente, m
toca violão, é composit
gravada pelo Ciro Mont

O Copa não é uma
nião é semanal, todo s
tônio Basílio — Tijuca
discutem seus problem
pécie de análise de grup

Em outubro, entre
forum, com a colabora
ator Gracindo Júnior,
feld e do Doutor Rober
para discutir a problem
social e profissional na

2 CORREIO DA MANHÃ — Rio de J... ...ngo, 20 e 2ª feira, 21/8/1972

Matéria do jornal *Correio da Manhã* sobre o Centro Operacional Pedro de Alcântara (Copa), iniciativa pioneira de inclusão de cegos criada por Eurico e amigos citados na matéria – 21/08/1972.

Entretanto, a matéria dizia que, apesar de todas as suas qualificações e de ser formada em inglês, ela não encontrava uma ocupação.

Jornal: UH - 8/11/72

uma legislação, se não omissa, mas pelo menos deficiente, rouba ao cego a possibilidade de integração sócio-econômica ● O professor Eurico de Carvalho da Cunha vê e fala do problema, que deixa aos cegos um mínimo de perspectivas. Texto: Zair Cansado.

Cego quer sua integração social

COORDENADOR administrativo do Curso de Pós-Graduação em Administração Pública da Fundação Getúlio Vargas e da Escola Brasileira de Administração Pública, o Professor Eurico de Carvalho da Cunha se diz confiante no funcionamento do Clube Operacional Pedro de Alcântara, o qual visa a integração profissional do cego, a pesquisa para sua melhoria quanto às condições de vida e sua maior participação na sociedade e desenvolvimento cultural.

— Não existe em nosso País uma legislação igualitária que possibilite ao cego sair da situação de protegido. É realmente lamentável que o serviço público tenha fechado suas portas aos cegos, inclusive aos de nível superior, que somente na Guanabara somam a cinqüenta pessoas do melhor gabarito, que ficam limitados ao ensino do Braille.

CONCURSO PÚBLICO

Cego desde os seis anos de idade, devido a descolamento de retina, o Professor Eurico Carvalho da Cunha diz que a legislação não está definindo bem o problema dos cegos, ao dizer que "a cegueira é motivo de aposentadoria". Em parte, ele concorda, "pois é difícil a readaptação ao trabalho quando se perde a visão em atividade".

— O concursado, entretanto — frisou —, não deveria poder pedir, pela legislação, aposentadoria por cegueira. Seria muito mais simples o estabelecimento de normas dizendo que as pessoas que fizessem concursos públicos e fossem cegas, não poderiam solicitar aposentadoria em função desta deficiência.

— Lamentavelmente, o legislador ainda não tratou disso até hoje. Conheço casos de cegos que cursaram faculdades e estagiaram em escolas do Estado, mas estão impedidos de participar de concursos públicos. O exercício do magistério pelo cego é simples. Eu mesmo tenho lecionado a videntes sem dificuldades e ensino inglês pelo método audiovisual.

Recordou o Professor Carvalho da Cunha que somente em Porto Alegre, até agora, o cego teve acesso ao serviço público, graças a uma lei municipal, "enquanto na Assembléia Legislativa da Guanabara, um projeto nesse sentido, do Deputado Maurício Pinkusfeld, continua sem solução, tendo sido aprovado pela Comissão de Saúde e reprovado na de Justiça, que entendeu ser a iniciativa da competência do Executivo."

Afirmou, ainda, que os deputados, por desconhecimento do problema, "poderão prejudicar aqueles que estão fartos de serem vistos com piedade". A única exceção feita em concurso público para eles, até então, é para o Instituto Benjamim Constant, uma instituição de cegos.

O projeto Pinkusfeld estipula que as provas escritas dos concursados cegos serão necessariamente apresentadas no Sistema Braille, cabendo aos candidatos a opção de responsabilidade pelo mesmo sistema ou através da datilografia.

EXEMPLO DE SÃO PAULO

— É oportuno lembrar que, no Senai, em São Paulo, há um técnico que percorre as indústrias para um levantamento visando a admissão de cegos, treinando-os depois em função das atividades levantadas. Lá existe um Centro de Treinamento, mas aqui no Rio ainda se encaminha o cego empiricamente, dando-lhe como que "uma colher de chá". Vamos brevemente tentar obter do Senai na Guanabara a mesma providência.

SIMPÓSIO

O "Centro Operacional Pedro de Alcântara" deverá realizar, em março de 1973, um simpósio incluindo cinco itens e, segundo revelou o Professor Eurico Carvalho da Cunha, a entidade nasceu durante outro simpósio realizado pela Sociedade Pró-Livro Espírita em Braille no Instituto Benjamim Constant. O Copa, em seu programa, denuncia que não [illegible] cumprida a lei que impõe às empresas a aceitação de portadores de deficiências físicas num percentual de dois a cinco por cento sobre o número total de empregados. Isso, para a entidade, resulta da não existência de instituições responsáveis pelo treinamento de cegos, possibilitando sua capacitação para o trabalho.

Matéria do jornal *Última Hora* – 08/11/1972.

Quem havia lhe dado a primeira oportunidade, meses antes, tinha sido Eurico, segundo Ethel relata:

— Eu sabia que existia um professor cego no Rio que dava aulas de inglês em um curso comum. Achei o telefone e liguei para ele. Eurico me atendeu e conseguiu meu primeiro emprego, em novembro de 1971, como professora do Cinaudium.

Mais tarde, em 1973, ela se tornaria a primeira professora cega a ingressar no magistério público do então Estado da Guanabara.

A Educação era outro pilar de atuação do Copa[23]. Ao mesmo tempo que debatiam desafios operacionais sobre a educação da criança cega, como garantir o acesso a livros didáticos em braille, os grupos de trabalho do Copa também se dedicavam a definir conceitos e princípios pedagógicos quanto à melhor forma de educar essas crianças: se deveriam ter aulas em colégios comuns, em escolas especializadas no ensino só para pessoas cegas ou em algum tipo de modelo híbrido.

A disparidade existente na realidade nacional não permitiu que os estudos concluíssem pela escolha de um único modelo. Era consenso que as escolas comuns, abertas, eram muito benéficas para o desenvolvimento educacional e para a integração social das crianças que tivessem condições socioeconômicas de frequentá-las, com famílias estruturadas, capazes de lhes dar o apoio necessário. Mas a realidade extremamente desigual do país, em especial no interior, exigia a oferta de escolas especializadas até em regime de internato. Eram, muitas vezes, a única alternativa de escolarização da criança com deficiência, sob pena de ela não receber educação alguma e ser deixada à margem, abandonada dentro do próprio ambiente familiar.

Eurico comemora que, atualmente, pelo menos sob o ponto de vista da legislação, a marginalização e a falta de oportunidade que eles então debatiam e que Eurico sofreu na própria pele já não é mais aceitável. É ilegal. O acesso da criança cega às escolas regulares é, hoje, um direito previsto em lei. O Brasil passou a ser signatário de convenções internacionais e estabeleceu legislação própria que reconhece os direitos da pessoa com deficiência e a protege da exclusão e do vazio legal a que estava submetida na questão educacional e em tantas outras esferas. A legislação atual garante que, em nenhuma hipótese, crianças cegas sejam impedidas de ter acesso a qualquer instituição de ensino ou sejam, de qualquer forma, segregadas.

Eurico era firme ao questionar, na imprensa, a pouca convivência do cego com a coletividade. Não deixava passar oportunidade de abrir o debate quando ideias preconceituosas apareciam na mídia. Foi, por exemplo, um crítico severo de um novo conceito que havia surgido de se construírem edifícios com características e facilidades especiais para que ali só "residissem os destituídos" de visão.

— Um procedimento desse tipo só traria prejuízo para o cego; jamais benefícios. Sob o manto da proteção, haveria a pior das segregações. Além de partir da premissa totalmente equivocada de que o cego só poderia trabalhar ou viver em condições especiais, a implantação desses guetos os impediria de compartilhar experiências, valores e diferentes jeitos de ser com as pessoas em geral. Seria uma condenação perpétua ao exílio sem direito de apelação. Precisávamos e ainda precisamos trabalhar exatamente na direção contrária, para que o cego saia da situação de protegido e seja um cidadão tão autônomo, respeitado e responsabilizado por sua vida e por seus atos como qualquer outro.

O espaço conquistado pelo Copa na imprensa era resultado dessa percepção da equipe de que o corpo a corpo com a mídia era indispensável para divulgar as conquistas já obtidas, para mobilizar para novas ações e para diminuir os preconceitos. E, mais: o contato com jornais, revistas e emissoras de rádio e de TV era importante para alcançar os próprios cegos e estimulá-los a sair da inércia. Afinal, Eurico dizia que a responsabilidade pela segregação também era do cego, que ainda não conquistara espaço para lutar por seus direitos e que, muitas vezes, duvidava de seu potencial e preferia apelar para o apoio familiar ou a assistência alheia. Eurico não minimizava as imensas barreiras a que as pessoas cegas estão submetidas, mas repetia uma crença que sempre procurou aplicar à própria vida: "A maior limitação é a autolimitação".

E os jornais, de fato, dedicavam cada vez mais espaço às atividades do Copa. Em maio de 1973, noticiaram o I Encontro do Cego na Sociedade Brasileira. Foram três dias de palestras, seguidas de debates, no auditório da FGV, reunindo cegos de diferentes partes do Brasil. O jornal *O Globo*, do dia 29 de agosto de 1972, por exemplo, já havia publicado reportagem intitulada "Cegueira: incapacidade ou simples descrédito?". Na matéria, diziam: "Eles resolveram implantar uma revolução para recuperar a imagem do cego para a sociedade, criar uma infraestrutura legal que lhes seja mais favorável e abrir os olhos do empresariado para as verdadeiras capacidades do cego".

A mensagem de *O Globo* soou para eles com uma convocação: a revolução precisava continuar. Ao lado da gratificação e do orgulho pelo trabalho realizado, os integrantes do Copa sempre tiveram consciência de que o caminho a percorrer era infinitamente maior do que o já percorrido.

Paralelamente ao Copa, Eurico mantinha o trabalho como professor da Ebap e coordenador do mestrado. E, como se fosse pouco, tinha assumido novas responsabilidades, aceitando, cada vez mais, convites para prestar consultoria a empresas. Ele percebeu que o acúmulo de tantas missões poderia trazer prejuízos ao seu desempenho e, novamente, achou que era hora de repensar as prioridades.

As circunstâncias apressaram essa redefinição. Todo início de ano, a Congregação da FGV nomeava os novos coordenadores de cursos. Até então, Eurico havia sido automaticamente reconduzido como coordenador do mestrado, sem que houvesse concorrência para o cargo. Só que, no início de 1975, surgiu outro candidato para disputar a indicação com ele. Eurico viu aí um espaço para enveredar por um novo caminho e concretizar um sonho há muito acalentado: propôs à Congregação que o indicasse para fazer doutorado nos Estados Unidos. Solicitou que lhe concedessem dois anos sabáticos e defendeu que essa proposta seria muito enriquecedora para ele e também para a instituição.

Seria bom para o mestrado, pois a coordenação não podia ser encarada como um cargo vitalício — nenhum cargo deveria. Era fundamental, portanto, que periodicamente se trouxessem novas visões que enriqueceriam o curso. E seria bom para a FGV como um todo, que aumentaria o número de professores doutores em seus quadros quando ele retornasse do exterior. Os argumentos convenceram a Congregação. Só que, agora, junto com as atividades do Copa, o trabalho como professor e os projetos de consultoria, haveria uma nova e pesada demanda: a preparação para a candidatura ao doutorado. Mais difícil que a pressão adicional de trabalho, porém, seria o desafio de fazer uma escolha que mudaria o curso de sua vida. Ser professor era a sua história, o Copa era a realização de um anseio acalentado desde a infância e a consultoria era sua fonte crescente de realização. Seria impossível compatibilizar tudo isso com a ida para a Universidade Stanford.

CONSELHO BOM SE VENDE

Naquele momento, Eurico não tinha a menor dúvida de que queria fazer doutorado em Stanford, com duração de três anos. Aliás, só se disporia a sair do Brasil e a largar o Copa e os projetos de consultoria que tanto o realizavam se fosse para ir para Stanford.

— Antes de tomar decisões, sempre levo em consideração, primeiro, os critérios objetivos, mas, em seguida, sempre considero os fatores subjetivos. Quando esses critérios não coincidem, decido que ainda não estou pronto para decidir. Não dá para tomar uma decisão que contraria a lógica, mas também não faz sentido decidir por algo que contraria o meu feeling ou minha expectativa de felicidade com o resultado.

Na opinião de Eurico, Stanford reunia os dois critérios. Era o protótipo do ambiente universitário prazeroso. Tinha o clima, o alto-astral do campus, as residências universitárias, com bangalôs e imensos jardins, e a diversidade dos alunos que davam seu testemunho sobre o doutorado. E não faltavam critérios objetivos para a escolha. Stanford aparecia sempre entre as cinco melhores universidades do mundo em qualquer lista de avaliação feita por entidades acadêmico-científicas. E era a universidade mais prestigiada na iniciativa privada. Também era a que oferecia o curso na área de Ciência Política (Policy Analysis) exatamente com os requisitos que Eurico buscava.

Os critérios de seleção para o doutorado usados em Stanford também eram objetivos e subjetivos. Objetivamente, Eurico se sentia muito seguro: seu histórico acadêmico era ótimo, assim como sua proficiência em inglês falado e escrito. A dúvida estava na avaliação que fariam do perfil dele, por meio do *application*, no qual ele deveria expor as razões para querer fazer aquele doutorado, e o benefício coletivo que seria capaz de gerar após concluir o curso. E, tão importante quanto, seria o nível das duas cartas de recomendação que ele teria de apresentar.

Não seria nada fácil. Mais de 10 mil estudantes se inscreviam por ano e apenas cerca de 10% eram aprovados, sendo somente um terço deles estrangeiros. Para complicar, Eurico teria pouco tempo para se preparar. Era agosto de 1975 e o processo seletivo completo terminaria no fim do ano. Em janeiro de 1976, deveriam ser feitas as matrículas. Diante de tamanhas dificuldades, as chances de passar pareciam mínimas. O primeiro passo foi procurar ajuda na representação de Stanford no Brasil.

— Quem me atendeu foi Mary Fay Schuler, uma mulher vibrante, que me mostrou mais do que o caminho das pedras. Ela abriu o mar para mim. Fiz as provas objetivas necessárias: TOEFL[24] e GRE[25]. Mary enfatizou a importância de gabaritar essas provas. Consegui. A maior dificuldade que eu estava enfrentando era escrever a minha apresentação. Achava complicado me autopromover. Lembrava de um provérbio de meu avô que caiu em desuso: "Elogio em boca própria é vitupério". Mary me ajudou. Ela dizia coisas incríveis a meu respeito e sobre as razões que Stanford teria para me aceitar.

Graças a Mary, Eurico conseguiu fazer não só a autoapresentação como também tomou uma decisão inusitada. Naquele momento, ele precisava das duas cartas de recomendação. A primeira lhe pareceu óbvia. Fez o pedido ao professor Diogo Lordello de Mello, que havia avaliado a capacidade dele como administrador do mestrado da FGV, desfrutava de grande prestígio no Brasil e era ex-aluno da UCLA. Bingo! Porém, Eurico não conseguia decidir a quem recorrer para pedir a segunda carta. Resolveu pedir a Mary. A princípio, ela achou um despropósito. Não tinha nenhum título nem reconhecimento público. Ia ser um tiro n'água, dizia. Entretanto, ele tinha convicção de que ninguém poderia expor melhor o que Stanford desejava ouvir e poucos poderiam ter tanta credibilidade na universidade como a sua representante de tantos anos. Deu certo. Foi aprovado.

Eurico estava feliz com o sucesso obtido, mas ainda muito apreensivo. Para custear a universidade, seria necessário um investimento de mais de 50 mil dólares, dinheiro que não tinha. E mais todos os custos de passagens, mudança e manutenção no exterior

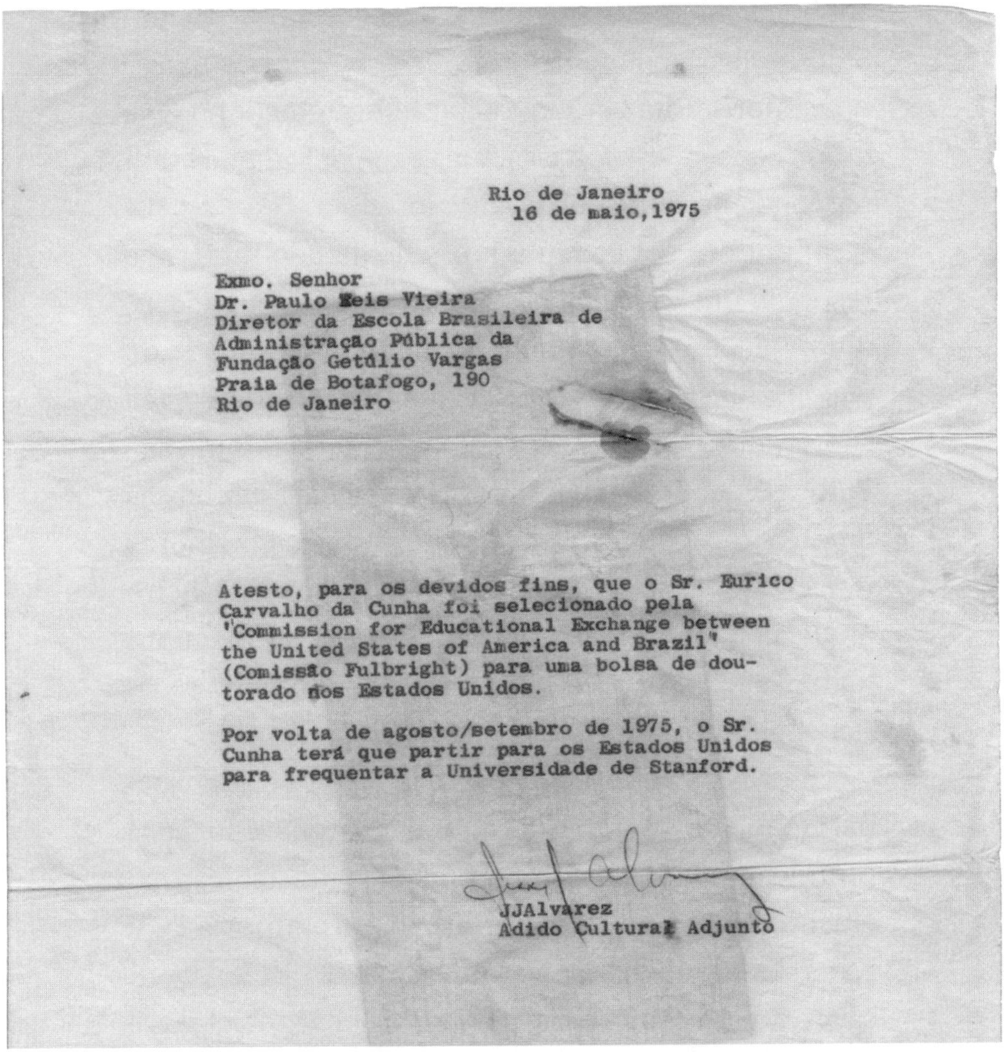

Rio de Janeiro
16 de maio,1975

Exmo. Senhor
Dr. Paulo Reis Vieira
Diretor da Escola Brasileira de
Administraçao Pública da
Fundação Getúlio Vargas
Praia de Botafogo, 190
Rio de Janeiro

Atesto, para os devidos fins, que o Sr. Eurico Carvalho da Cunha foi selecionado pela "Commission for Educational Exchange between the United States of America and Brazil" (Comissão Fulbright) para uma bolsa de doutorado nos Estados Unidos.

Por volta de agosto/setembro de 1975, o Sr. Cunha terá que partir para os Estados Unidos para frequentar a Universidade de Stanford.

JJAlvarez
Adido Cultural Adjunto

Comunicado da Comissão Fulbright, concedendo a bolsa para o doutorado. Último requisito esperado pelo Eurico para viajar para os EUA em 1975.

com Clélia e a filha Renata, que ainda não completara dois anos. Como a FGV tinha interesse de ter Eurico de volta a seus quadros como doutor, garantia sua remuneração, mas ela era insuficiente para manter a família. Ele precisava conseguir uma ajuda de custo adicional, além de uma bolsa de estudo integral em Stanford e o alojamento gratuito — até porque morar no campus era parte importante de seu sonho. Era difícil conseguir tudo isso, mas considerou que eram precondições indispensáveis e foi à luta.

Stanford concedeu a bolsa de estudo integral e reservou um bangalô para o casal e a filha em Escondido Village, a vila situada na maior comunidade de pós-graduação do campus, exatamente onde Eurico sonhava ficar. Ele concorreu ao Edital da Comissão Fulbright[26], que, naquele ano, iria conceder dez bolsas de estudo para mestrado e doutorado nas melhores universidades americanas. Foi aprovado. O dinheiro ajudaria a manter a família no exterior. Não faltava nada. Tudo estava perfeito para ele desfrutar do sabático mais almejado de sua trajetória acadêmica.

— Mas eu continuava inquieto. "Trajetória acadêmica". Era isso. Eu não estava preparado para renunciar à vida de empreendedor e me dedicar exclusivamente à vida acadêmica, como a própria FGV esperava que eu fizesse ao retornar ao Brasil. Eu precisava de mais tempo para "ajustar" critérios objetivos e subjetivos. Não podia perder a oportunidade de fazer o doutorado, mas não queria abdicar dos ônus e dos bônus de ser um empreendedor, de ser dono do meu próprio nariz, como sempre quis e aprendi a ser desde que o meu pai me desafiou e comecei a dar aulas por conta própria.

Eurico decidiu que iria negociar o adiamento da viagem com Stanford, Fulbright e FGV. Em uma situação rara de acontecer, todos eles concordaram em manter seus compromissos e deram o prazo que Eurico solicitou para tomar a decisão final: um ano. Que passou muito rápido.

E, assim, no fim de 1976, Eurico se viu frente ao dilema de ter de tomar a decisão definitiva. Mas, dessa vez, a vida não lhe deu tanta liberdade de escolha. No início do ano, Clélia havia descoberto o câncer de mama. Pouco tempo depois, viria a alegria pela notícia de uma nova gravidez — Rodrigo, o primeiro e único menino da nova geração Cunha, que nasceu em janeiro de 1977. Caso viajasse, o bebê nasceria nos Estados Unidos. Não fazia sentido se afastar do Brasil naquele momento. Eurico renunciou definitivamente ao doutorado. Profissionalmente, aquela escolha também ia na direção da carreira que já havia definido seguir.

Com a decisão de se dedicar a consolidar sua carreira como consultor, Eurico intensificou a realização de palestras e a condução de seminários de desenvolvimento de executivos em eventos fechados ou com inscrições abertas ao público, quando promovidos por universidades e instituições de fomento.

Foi em um desses eventos, um seminário em Brasília, que estava na plateia Art Allan Stone, presidente do braço brasileiro da Iesa Internacional de Engenharia, multinacional responsável por grandes obras na América Latina e nos Estados Unidos. No Brasil, vivia-se em plena ditadura militar e se sentiam os reflexos do chamado "milagre econômico", quando o país investia pesado em hidrelétricas, estradas, pontes e outros empreendimentos grandiosos, criando uma conjuntura de várias oportunidades de negócio para a Iesa.

Stone ficou impressionado com aquele jovem professor da FGV e perguntou se ele gostaria de participar de um processo de seleção que a Internacional de Engenharia iria fazer para a escolha de uma consultoria responsável por seminários de desenvolvimento gerencial para os seus executivos e líderes de projetos. Eurico nem empresa tinha, mas aceitou.

O processo seletivo contou com várias empresas de consultoria do Rio e de São Paulo. Ao final, restaram apenas uma multinacional e Eurico, como consultor independente. A decisão seria tomada após uma palestra a ser feita para os executivos da Iesa.

Eurico estava tenso. Na plateia, havia cerca de trinta pessoas, a maior parte delas americanos, que não falavam português. Havia algumas razões que deixavam Eurico intranquilo. Naquela tarde, ele iria falar em inglês para um público seleto e, sem poder observar as expressões faciais, ficaria difícil saber se estava agradando ou não, mas seguiu em frente. Aos poucos, foi relaxando, ganhando autoconfiança, sentindo-se mais à vontade e conquistando os participantes.

Eurico acabou selecionado e contratado pela empresa para ministrar os seminários. Ao longo dos meses que se seguiram, seu trabalho ia tão bem que Stone quis contratá-lo como funcionário, mas ele preferiu não ter vínculo empregatício. O espírito livre de empreendedor nunca o abandonou. Queria continuar com tempo disponível para manter as atividades como professor da FGV e palestrante. A solução foi virar assessor de planejamento estratégico da presidência.

O trabalho na Iesa foi produtivo para a empresa e gratificante para Eurico. Ele ficou instalado no andar da presidência com direito a sala exclusiva, um assessor, Forli, e uma secretária, sua fiel escudeira, dona Guida.

Havia muita afinidade entre Stone e Eurico. Compartilhavam valores empresariais que tornavam fáceis e produtivos os debates que faziam semanalmente com a diretoria e com os líderes de projetos. Os valores forneciam a base para definições estratégicas e operacionais: de que concorrências a Iesa deveria ou não participar, política de preços e medições, transparência na relação com clientes. Na esfera pessoal, eles também tinham interesses comuns: da história do mundo aos vinhos — tema do qual eram profundos conhecedores.

Em 1978, porém, Stone voltou para os Estados Unidos, e a presidência da Iesa foi ocupada pelo brasileiro Sérgio Quintella, que convidou Eurico para permanecer como assessor. Apesar da cordialidade entre os dois, Eurico percebia que as mudanças na Iesa indicavam um reposicionamento da empresa. Ela caminhava para um novo momento, com prioridades mais operacionais e formas diferentes de relacionamento com clientes, investidores, funcionários e fornecedores. Eurico ainda permaneceu como consultor da Iesa até 1979 — paralelamente, tocava outros trabalhos de consultoria, já com a empresa que havia constituído, a Codex, Consultoria de Desenvolvimento de Executivos, instalada na rua Ipiranga, em Laranjeiras, em um sobradinho de vila. A equipe permanente era somente ele, uma assistente e dona Guida. Eventualmente, ele podia agregar outros profissionais aos projetos, mas a opção de Eurico sempre foi a de manter o perfil de consultoria pessoal, conduzindo diretamente todas as atividades estratégicas.

Além de consultoria em Planejamento Estratégico, como foi o caso da Iesa, Eurico também desenvolvia projetos em duas outras frentes: Desenvolvimento Organizacional e Desenvolvimento de Executivos. O que geralmente ocorria é que uma dessas três atividades era a porta de entrada para a empresa. Os dirigentes percebiam a necessidade de evolução em um campo específico e buscavam Eurico para ajudá-los naquela demanda. Se a necessidade inicial era, como na Iesa, rever os rumos da empresa e o seu direcionamento estratégico, a porta de entrada era a consultoria em Planejamento Estratégico. Se o desafio visto como prioritário era repensar a estrutura da empresa, as atribuições de cada área, seus processos internos e seus custos, o trabalho se iniciava com a consultoria de Desenvolvimento Organizacional. Por fim, se a demanda maior era a de desenvolvimento da capacidade de liderança, de abertura à mudança, de inovação e de melhoria da comunicação interpessoal, o trabalho começava com a consultoria de Desenvolvimento de Executivos e Gestão Participativa. Normalmente, as demais dimensões iam sendo incorporadas ao processo para que a mudança na empresa pudesse ocorrer de forma ampla e sustentável. O fundamental para Eurico era não ter modelos de intervenção predefinidos, a serem aplicados como uma receita de bolo. Cada caso era único, e as ações a serem desenvolvidas eram definidas com as pessoas-chave da empresa, após um diagnóstico profundo de suas necessidades e prioridades.

A essa altura, a consultoria, que começara como uma atividade complementar, havia tomado tamanho vulto que Eurico percebeu que estava trabalhando muito mais como consultor do que se dedicando ao magistério. Quando se deu conta, o assistente dele na Ebap vinha dando a maioria das aulas em seu lugar. Não era justo. Incomodado, Eurico decidiu sair da Ebap, dezesseis anos após ter entrado como aluno, em 1964. Infelizmente, a dedicação ao Copa também se tornou impossível. Eurico precisou se afastar do projeto. Mas prometeu a si mesmo que retornaria.

ENCONTRO DEFINITIVO

A participação de Eurico em outro seminário, também em Brasília, iria mudar sua vida de forma ainda mais intensa e definitiva. Entretanto, naquele momento, ele não podia sequer cogitar a dimensão das consequências que viriam daquele evento promovido pela Universidade de Brasília. Na plateia, estava presente um diretor do Banco Nacional de Desenvolvimento Econômico, o BNDE[27], de nome Hilton.

Na época, Marluce Dias, então com 25 anos, trabalhava no BNDE como coordenadora de desenvolvimento de pessoal. Ela tinha como chefe imediato o gerente de pessoal, Antonio, que, por sua vez, era subordinado ao diretor do departamento de pessoal, Hilton, que se reportava ao diretor administrativo, Luiz Carlos, que finalmente respondia a Marcos Vianna. Naquele ano de 1976, Vianna iniciava o seu segundo mandato como presidente do BNDE[28]. E, nessa nova gestão, queria preparar o banco para o futuro, deixando como legado um modelo de desenvolvimento para o país e uma equipe de profissionais idealistas e engajados que compartilhassem o mesmo sonho de Brasil.

Por meio dessa longa cadeia hierárquica, Marluce recebeu uma encomenda do presidente: organizar seminários de desenvolvimento de executivos com o objetivo de repensar o papel do banco. Ela começou sua missão procurando no Rio consultores que pudessem coordenar esse trabalho de reflexão interna. Conversou com vários candidatos, mas não encontrou ninguém que tivesse a visão e adotasse a metodologia que ela acreditava que iria atender aos objetivos do presidente. Foi, então, para São Paulo e, em seguida, para Belo Horizonte. Manteve contatos com os profissionais das melhores empresas de consultoria e das universidades. Tudo em vão. Não conseguia encontrar uma pessoa que tivesse a linha de trabalho que procurava. Já havia se passado um mês e o presidente começou a cobrar uma solução do diretor administrativo, que cobrava do diretor de pessoal e assim sucessivamente, em uma pressão sobre toda a cadeia de comando, até chegar à ponta — Marluce.

Um dia, Hilton chamou Marluce e comunicou que tinha uma ótima notícia.

— Acabei de voltar de Brasília, onde fiz um curso com um consultor maravilhoso. Ele é um fenômeno. É um cego que dá aulas com slides e sabe aquilo tudo de cabeça, decorado. É o homem certo para conduzir o nosso projeto. Você pode parar de procurar. Aqui está o endereço dele. Por favor, vá até lá imediatamente, ainda esta semana.

E entregou a Marluce o endereço de Eurico, na Iesa.

Ao contrário do que se poderia esperar, a sugestão não trouxe nenhum entusiasmo a Marluce. Ela não compartilhava com o chefe dos mesmos conceitos quanto ao trabalho a ser realizado no banco. Na verdade, tinham visões bem diferentes. Ela divergia tanto de Hilton que ser recomendado por ele era a pior referência que Eurico poderia receber. Além disso, a descrição que o diretor do departamento de pessoal fizera, entusiasmado porque Eurico teria decorado todos os slides, só piorava as coisas. "Esse consultor deve ser um teórico, exibicionista, que, por ser cego, fica fazendo discursos decorados só para impressionar", pensou. No entanto, Marluce falou apenas: "Sim, senhor". Estava certa de que se o diretor do departamento de pessoal havia gostado tanto do professor era melhor nem ir. "Não temos tempo a perder. Vou dedicar todos os minutos disponíveis à procura do consultor que precisamos", disse a si mesma. E continuou procurando. Rodou outros estados. E nada.

— Eu não sabia bem o que queria, mas sabia o que não queria. E todos os consultores e os professores entrevistados não tinham nada a ver com as características que eu tinha certeza de que eram necessárias para o projeto do banco — diz ela hoje.

As pesquisas continuavam infrutíferas, as cobranças cresciam até que o presidente, cansado de esperar e ignorando a cadeia hierárquica, determinou ao diretor administrativo, Luiz Carlos, que levasse Marluce pessoalmente a uma reunião com ele, para ela explicar os motivos de tanta demora.

A reunião aconteceu na sala do presidente, com a presença de Luiz Carlos e de Hilton — o gerente de pessoal, Antonio, chefe direto de Marluce, não se sabe por quê, não foi convidado. Ela estava nervosa, mas decidida a explicar a Marcos Vianna o que estava buscando e por que os consultores e os professores convencionais com os quais tinha conversado até então não atendiam às necessidades do banco. Para sua alegria e alívio, o presidente concordou com os argumentos e disse a Marluce para continuar a pesquisa. Ela já estava convencida de que a reunião terminava bem quando o diretor do departamento de pessoal falou:

— Mas a senhora sabe que conheci um consultor brilhante em Brasília, passei o endereço dele para a senhora há mais de um mês e ele ainda não foi procurado.

O presidente perguntou, perplexo:

— Por que a senhora não o procurou?

Não havia resposta possível para aquela pergunta. Não podia dizer que não conseguia tirar da cabeça o pecado original de Eurico: o de ter sido indicado por Hilton, com quem ela não tinha nenhuma identificação profissional. Marluce queria morrer.

Desculpou-se e prometeu que, ao descer para sua sala, iria ligar imediatamente para agendar uma reunião com o professor Eurico. Fez exatamente o que disse. Telefonou para a secretária de Eurico, dona Guida, e pediu para marcar o encontro. Guida escutou o pedido e, após desligar, avisou Eurico que a doutora Marluce do BNDE queria se encontrar com ele. Ao ouvir o nome, ele se lembrou da única Marluce que conhecia: uma executiva da Telerj para quem, no passado, havia feito uma consultoria. Provavelmente, ela teria mudado de emprego e queria conversar com ele sobre alguma proposta para o banco. O problema é que não estava em seus planos acumular mais trabalho. Disse para Guida que esperasse um pouco e protelou o encontro. Até que, finalmente, arrumou uma brecha na agenda e concordou em receber Marluce em seu escritório na Iesa.

Marluce chamou seu estagiário e pediu que ele a acompanhasse à reunião. Não porque desejasse a participação dele no encontro, do qual ela nada esperava, mas porque, naquele horário, o trânsito do Centro até Laranjeiras, onde ficava a Iesa, era intenso, e ela queria aproveitar o tempo trabalhando no carro com o estagiário. Iria dirigindo seu Fusca, com o rapaz ao lado.

— Leva, por favor, todo o material que a gente tem pendente. Você vai lendo e a gente vai despachando no caminho — disse Marluce, que planejava ir até lá apenas para cumprir o compromisso que tinha assumido com o presidente, ficando o menor tempo possível com Eurico.

Os dois chegaram na hora marcada. Eurico percebeu logo que não era a mesma pessoa que havia conhecido na Telerj. Marluce expôs rapidamente qual era o projeto do banco. Em seguida, perguntou, por cortesia, o que ele achava e se teria alguma ideia de como o projeto poderia ser desenvolvido. Eurico começou de forma absolutamente imprevisível: não respondeu. Só fez perguntas. Antes de falar de seus métodos, seus conceitos, suas ideias, perguntou sobre o banco, seus desafios, suas equipes. Explicou que não tinha um modelo predefinido, nenhuma cartilha pronta, nem uma coleção de teorias estruturadas:

— Acredito que cada realidade é uma realidade, cada pessoa é uma pessoa e o melhor caminho será sempre definido de forma participativa, caso a caso. O primeiro passo seria discutir, em conjunto, com todas as pessoas-chave do banco, quais são os seus objetivos na vida profissional e pessoal, e qual o ideal da instituição e de país em que eles acreditam. A partir daí, saberemos o que fazer.

A resposta entusiasmou Marluce. Não sabia até então, mas era isso o que andava procurando. À medida que Eurico expunha seus pontos de vista, ela se espantava e se perguntava como era possível que o diretor do departamento de pessoal, de quem ela não esperava opiniões coincidentes com as dela, pudesse, também, ter se deslumbrado por aquele consultor. A descrença na indicação do chefe era progressivamente trocada pelo fascínio pelas ideias de Eurico. Ele tinha exatamente o perfil de que o banco precisava.

— Quanto mais ele falava, mais eu me encantava com a segurança, a inteligência, a maturidade, o equilíbrio, os valores, a confiança que tinha em suas ideias, mas com interesse em ouvir as ideias dos outros — ela se recorda atualmente. — Não havia pretensão nem exibicionismo. Era o oposto do que eu esperava encontrar. Eu estava radiante e queria organizar o mais rapidamente possível uma reunião no banco entre ele e o presidente. Eu já havia perdido tempo demais. Não tinha nem mais um segundo a perder.

Ela não havia sequer cogitado a hipótese de ouvir a resposta que Eurico lhe deu:

— Me desculpe, mas eu não posso pegar esse projeto agora. Estou cheio de compromissos de consultoria, além do trabalho na Fundação Getulio Vargas. Não terei agenda para assumir um projeto dessa envergadura este ano.

— Quase entrei em pânico — ela se lembra. — Eu não podia aceitar a hipótese de não poder contar com a assessoria dele, depois de tanto esforço. Tinha certeza de que não seria capaz de achar outra pessoa como ele no Brasil. Eu não podia desistir de jeito nenhum. Tratei de usar todos os meus argumentos para convencê-lo a mudar de ideia: falei que poderíamos colocar equipes internas para apoiá-lo, disse que poderíamos agendar atividades para os fins de semana, quando talvez ele tivesse horários mais disponíveis, e, acima de tudo, tentei mostrar a identidade entre a forma de pensar dele, os seus ideais, com o trabalho que o BNDE desejava realizar. Tinha certeza de que, se assumisse o projeto, ele ia dar um show. Eu tinha de convencê-lo.

E conseguiu. Eurico se recorda do que o fez mudar de ideia.

— Marluce era impressionante. A voz. O jeito de falar. A clareza e a velocidade de raciocínio. Defendia suas ideias com profundidade, mas, ao mesmo tempo, com um entusiasmo quase juvenil. Queria me ouvir e demonstrava apreciar o que eu dizia, mas se tinha dúvidas ou discordâncias me questionava até o limite. Difícil de ser convencida. Acreditava, de maneira muito empolgada, na importância daquele projeto para o banco e na importância do BNDE para o Brasil. Me convenceu de que eu tinha uma missão a cumprir.

Foram mais de duas horas de conversa. Esqueceram-se do tempo e da presença do estagiário, que ficou mudo durante toda a reunião. Na saída, ele perguntou, desconcertado:

— Você não disse que ia durar apenas dez minutos, que esse professor não teria nada de interessante para falar, que você só estava indo lá para cumprir uma obrigação?

Marluce não respondeu. Voltou para o BNDE, dirigindo, muda, impressionada com o consultor.

— A inteligência dele, os conceitos, a cultura, tudo tinha me surpreendido, mas o que mais me impressionava era a completude de Eurico. No caminho de volta, não conseguia parar de pensar em como eu seria se fosse cega. Com certeza, seria insegura, amargurada, talvez revoltada. Não sei, mas eu jamais seria capaz de me colocar no mundo com a segurança, o apreço pela vida e a tranquilidade que ele transmitia. Durante o trajeto, calada, eu pensava sobre o peso da cegueira. Como seria? Como seria viver o tempo todo de olhos fechados? Acordei dos pensamentos com um tranco no carro. O trânsito na avenida Presidente Vargas estava lento e, por um segundo, eu tinha fechado os olhos, me imaginando cega.

Tempo suficiente para o carro desviar para o meio-fio e esbarrar levemente nos fundos de uma banca de revista. Nada grave, mas que dava a ideia do impacto daquele encontro.

Eurico foi contratado de imediato e, a partir de agosto de 1976, começou a conversar com os executivos da empresa para dar início ao projeto, que acabaria se estendendo até o ano seguinte. Foram feitos seminários com todos os executivos; primeiro, em grupos por áreas de atuação; depois em pequenos comitês, sempre envolvendo todos na elaboração de diagnósticos sobre a realidade do banco e em propostas para o futuro.

Eurico dava triplo expediente: um pouco na Codex, na qual tinha projetos iniciados que não podia interromper; na Iesa, onde continuava a dedicar importante parcela de seu tempo, sendo assessorado por Forli; e no BNDE, onde Marluce atuava como sua assistente e, como prometera, ajudava-o incansavelmente na preparação de materiais para todos os eventos, na sistematização e na análise dos resultados das entrevistas individuais, em reuniões e seminários, na discussão de todo tipo de assunto, além de estar presente nos encontros com os executivos.

O trabalho vinha sendo considerado um sucesso dentro do banco. Não se falava em outra coisa. Marluce passou a ser conhecida por todo mundo: dos escalões intermediários até a alta cúpula da empresa, a tal ponto que o presidente, automaticamente, ligava para ela para trocar ideias ou pedir informações. Não era um procedimento hierarquicamente correto, mas era feito no clima de entusiasmo que o projeto gerava e ninguém parou para pensar no desconforto que essa prática estava causando nas estruturas de comando do banco.

O gerente de pessoal, Antonio, chefe direto de Marluce e o mais afetado pela quebra de hierarquia, teria sido quem sugeriu ao diretor do departamento de pessoal, Hilton, a saída dela do projeto. Ele teria garantido que ela seria facilmente substituída por outra coordenadora de sua equipe, aliás até com mais tempo de banco e mais convívio com os executivos do que Marluce, que deveria retornar às suas atividades rotineiras. Com isso, seria eliminada a desorganização funcional que o projeto estava provocando. Hilton teria comprado a ideia, mas, antes de pôr o plano em prática, resolveu informar a decisão ao diretor administrativo, Luiz Carlos, que se surpreendeu. Tinha ótima impressão do trabalho que Marluce fazia com Eurico e não compreendia por que ele acreditava que a mudança seria melhor. Mas concordou. Pediu apenas que aguardasse que ele iria informar ao presidente, já que esse era um projeto ao qual Marcos Vianna dava prioridade e acompanhava pessoalmente. O presidente também se surpreendeu. Porém, igualmente, aceitou a ideia, apenas com o enfático alerta ao diretor de que ele deveria garantir que a mudança não traria qualquer dificuldade para o desenvolvimento do trabalho com Eurico, nem o mínimo prejuízo à sua qualidade. Luiz Carlos informou a decisão a seu subordinado. Hilton, por sua vez, repassou a informação para Antonio. Todos tinham certeza de que nada seria afetado.

Em uma sexta-feira à noite, Hilton chamou Marluce à sua sala, onde já se encontrava Antonio:

— Dona Marluce, nós estamos aqui pensando que esse projeto é uma chance enorme de treinamento para qualquer profissional. É importante que outras pessoas do banco também tenham essa oportunidade. Então, nós decidimos fazer o seguinte: vamos tirar a senhora do projeto e entregá-lo para a nossa coordenadora de recrutamento e seleção. Será muito bom para ela e também para a senhora, que poderá voltar a se dedicar às suas demais responsabilidades no setor de treinamento. Então, antes de ir embora, por gentileza a senhora passe todas as pastas e os arquivos do projeto para sua colega, que já foi avisada e a está esperando.

Para surpresa dos dois, Marluce respondeu, de forma controlada:

— Desculpem. Eu não posso passar nada para ninguém, a não ser que o professor Eurico autorize. São materiais confidenciais conduzidos sob a responsabilidade dele e só ele pode decidir como e com quem serão compartilhados. Por isso todos os materiais têm sido até hoje mantidos em arquivos fechados dos quais só eu tenho a chave.

Hilton explicou que ela não tinha opção. O material era do banco, e ele, como chefe, estava determinando que ela entregasse tudo, ainda naquela noite, para a colega. Marluce tentava parecer calma e conduzir a questão com profissionalismo, mas era difícil. Estava arrasada. Não ia acatar aquela ordem.

— O senhor me desculpe, mas eu preciso falar antes com o professor. Só posso entregar qualquer material se ele me autorizar.

Hilton não podia acreditar no que estava ouvindo.

— Saiba que já conversei com o diretor administrativo, Luiz Carlos, e com o presidente a respeito. Se a senhora continuar se recusando a entregar o material ainda hoje, não precisa voltar à sua sala na segunda-feira. Passe no Departamento Pessoal que estará demitida.

A resposta dela surpreendeu o diretor do departamento de pessoal e o gerente de pessoal.

— Tá bom. Segunda-feira eu vou ao Departamento Pessoal. Estou demitida.

Não era blefe. Embora apaixonada pelo trabalho e pelo banco, Marluce não conseguia aceitar aquela arbitrariedade. Ela se levantou e saiu o mais rapidamente que pôde, antes que começasse a chorar ali mesmo, na frente de Hilton e Antonio. Foi chorando pelos corredores. Voltou para sua mesa, ligou para Eurico e contou toda a história. Eurico ficou indignado. Não podia se conformar com a injustiça nem com o desrespeito a ele e ao projeto. Como eles achavam que podiam decidir com quem Eurico iria ou não trabalhar? Como achavam possível que o projeto fosse interrompido para entrada de uma pessoa, fosse quem fosse, completamente alheia a tudo o que já tinha sido feito e sem a relação de confiança construída com todos os executivos ao longo de tantos meses? Eles deveriam estar fora de si. Eurico tinha convicção de que iria resolver isso. Ponderado, como sempre, apenas agradeceu a Marluce pela ligação e sugeriu que ela não fosse ao banco na segunda-feira. Na própria segunda, disse, ele iria conversar com Hilton e, em seguida, eles entrariam em contato com ela.

Não deu tempo. No dia seguinte, sábado, o diretor do departamento de pessoal ligou para a casa de Eurico. Cumprimentou-o, desculpou-se pelo incômodo no fim de semana e explicou que estava telefonando porque achava importante que Eurico fosse informado, em primeira mão, sobre uma pequena mudança que eles haviam feito na estrutura do projeto.

— Para otimizar a nossa gestão interna e como parte de um procedimento rotineiro, a partir da próxima semana teremos uma alteração na equipe que lhe dá suporte: quem vai acompanhá-lo, daqui para a frente, é a coordenadora do nosso setor de recrutamento e seleção. Não se preocupe — tranquilizou Hilton. — Ela tem a mesma qualificação de dona Marluce e até mais experiência no banco. Vamos providenciar para que seja entregue todo o material a ela. Queria avisá-lo antes para o senhor ficar tranquilo.

Eurico respondeu de forma calma, mas de uma maneira bem diferente do esperado:

— Entendi, mas eu não gostaria de fazer essa mudança. Estou convencido de que qualquer mudança agora, com o avião em pleno voo, vai prejudicar o projeto. Peço ao senhor que reconsidere.

— Compreenda professor, isso é importante para o banco. É uma política interna nossa, de fazer rodízio de pessoas.

— Compreendo, mas nesse projeto eu não tenho condições de fazer rodízio com ninguém. Marluce está desde a criação do projeto, concebemos tudo juntos. Não me oponho a que vocês indiquem mais uma pessoa para participar conosco. Eu avaliarei a melhor forma de aproveitá-la e creio que ela poderá nos ser muito útil. Não tem o menor problema. Mas, infelizmente, eu não posso abrir mão da Marluce.

Em meio ao impasse, Hilton perguntou se poderia ir até a casa de Eurico para conversarem pessoalmente. Diante do sim, seguiu às pressas para lá. Estava tenso e procurava convencer Eurico, a todo custo, da necessidade da troca das profissionais.

— Olha, professor, nossos planos para o senhor não se encerram somente nesse projeto. Diante do sucesso desse primeiro trabalho, já havíamos planejado que o senhor, no próximo ano, assumiria a coordenação geral de todos os projetos de treinamento do banco. Seria o responsável pelo planejamento e pela condução de todos os nossos programas de desenvolvimento de pessoal. O senhor é a pessoa certa para isso.

E continuou:

— Lamento muito não tê-lo consultado antes sobre dona Marluce. Percebo, agora, que a saída dela talvez não seja o ideal, mas já acertei tudo com o presidente. Nem que eu quisesse, poderia voltar atrás. Como ela não aceitou a minha determinação de fazer o rodízio, fui obrigado a dispensá-la. Por sermos uma empresa pública, no caso do cargo que ela ocupa, esse ato exige a assinatura do presidente e o envio para publicação no Diário Oficial, o que já foi feito. Queria que o senhor compreendesse que não temos mais como mantê-la.

Além do apelo à compreensão quanto à irreversibilidade da decisão tomada, ele voltou à carga sobre os planos, o valor do orçamento para o próximo ano e a importância ainda maior que Eurico teria no banco. Era uma proposta difícil de recusar. Completou dizendo que esperava que Eurico os desculpasse pelo mal-estar criado, mas que entendesse que o projeto era maior do que tudo isso e que precisava continuar. Eurico disse apenas:

— Compreendo. Não tem problema. Por favor, fique à vontade para contratar outra pessoa para continuar o trabalho no meu lugar.

O diretor do departamento de pessoal saiu da casa de Eurico desesperado. Assim que chegou ao banco na segunda-feira, Hilton pediu uma reunião urgente com o presidente. Contou o acontecido a Vianna e a Luiz

Carlos. Como ele já sabia, Vianna informou que não tinha como voltar atrás e cobrou:

— Quando fui informado que senhor queria substituí-la, perguntei se ela não era importante no projeto. O senhor disse que não. Eu quis saber também se a continuidade do projeto com o professor Eurico estava garantida. O senhor assegurou que sim. Então, ela vai continuar demitida e o senhor vai continuar o projeto com o professor Eurico. Como, eu não sei.

Diante do presidente e de Luiz Carlos, Hilton se eximiu de culpa e responsabilizou seu subordinado, Antonio, como o autor da ideia e seu principal avalista.

O gerente de pessoal foi demitido, mas isso não resolvia o problema. A demissão de Marluce era irrevogável, e o diretor não sabia como convencer Eurico a continuar. Desesperado, ligou para o consultor outra vez. Ele tinha de tentar de tudo. Repetiu todos os argumentos já utilizados e usou mais um:

— Além do mais, professor, por dever de lealdade preciso lhe dizer que ela fez de tudo para impedir a sua contratação. Eu o indiquei e ela se recusou. Até para o presidente ela disse que o senhor não tinha condições de fazer o trabalho.

O espanto de Hilton foi total quando Eurico riu e disse:

— Ela me contou. Falou que estava espantada que eu pudesse ser tão bom. Falou que não tinha gostado das referências que tinha recebido e estava revoltada com ela mesma por ter perdido tanto tempo.

Eurico diz nos dias de hoje:

— Eu nunca tinha encontrado uma pessoa tão transparente quanto Marluce. Logo iria me acostumar. Ela nunca deixou de ser assim. E eu já estava acostumado a lidar bem com visões preconcebidas sobre o que esperar de um cego. Fazia parte do meu cotidiano mudar isso.

Para nova surpresa do diretor, Eurico já tinha pensado em uma solução:

— Não tem problema. Se a Marluce concordar, eu a contrato. Vou conversar com ela e convidá-la para trabalhar na minha empresa de consultoria. Ela prestará serviço a vocês como pessoa jurídica. Ela permanecerá no projeto, que continuará a ser desenvolvido da mesma forma como sempre foi.

Marluce aceitou, feliz, o convite. Continuou a trabalhar no banco, participando das mesmas atividades, agora livre do excesso de hierarquia e de chefes que não apreciava, ocupando a mesma sala, mantendo os mesmos arquivos. A maioria dos colegas sequer soube que ela havia trocado de emprego.

No BNDE, foram dois anos de muito trabalho e muitas realizações.

Eles trabalhavam quase vinte e quatro horas por dia. Após a viuvez de Eurico, esse tempo em conjunto passou a ser crescentemente ocupado pelas questões do dia a dia das casas, o cuidado com as crianças, os temores e os sonhos sobre o futuro. Pouco a pouco, a admiração mútua, a amizade e as afinidades se transformaram em laços de amor que os uniram de forma inseparável.

Eurico e Marluce se casaram em 9 de janeiro de 1981. Sabiam que estavam formando um casal abarrotado de responsabilidades e com intensa agenda de trabalho. E que acrescentavam, aos desafios individuais de cada um, duas crianças lindas que estavam na origem da decisão tomada de se casarem e de "constituírem uma família", como se dizia na época. Tinham certeza, porém, de que muito maiores do que as responsabilidades seriam as alegrias que aquela nova vida lhes traria. A realidade superou em muito as expectativas.

A afinidade entre eles "ao primeiro som", como costuma brincar Eurico, é algo inexplicável para os dois. E eles dizem que, mais inexplicável do que foi a afinidade no primeiro contato, é constatar que, quase 50 anos depois, essa identidade não enfraquece.

Marluce costuma dizer que todas as coisas do mundo são melhores com Eurico:

— Com ele, é muito melhor fazer qualquer coisa boa. Com ele, é muito mais fácil enfrentar qualquer coisa ruim.

Eurico olha para trás e diz:

— Encontrar Malu[29] foi a melhor coisa que aconteceu na minha vida. E não me faltaram coisas boas. Lena, tia a quem Marluce ama como eu nunca vi nada igual, é espírita e costuma dizer, com convicção profunda (e com certeza de forma mais precisa do que sou capaz de repetir), que o nosso encontro estava traçado, e que ela veio para iluminar o meu caminho. Não sou praticante de nenhuma religião, mas certamente sou imensamente grato a Deus: não posso pedir mais à vida.

Esse longo e forte encantamento que existe entre Marluce e Eurico não passa despercebido às pessoas que os encontram casualmente ou que convivem de maneira mais próxima a eles. Entretanto, com certeza nada os comoveu mais do que a forma como isso lhes foi dito por Aldir Blanc e Ivan Lins.

— Estávamos em um jantar com amigos, entre eles o querido (jornalista e produtor cultural) Marco Aurélio Ramidan e um grande ídolo nosso, Aldir Blanc. Foi a primeira vez que Malu e eu estivemos em um jantar com Aldir. Foi uma noite perfeita: cardápio, vinhos e, sobretudo, conversas inesquecíveis.

No dia seguinte, Marco Aurélio ligou para contar: "Aldir ficou encantado com vocês dois. Quando chegou em casa, não foi dormir. Foi escrever. Pediu para lhes avisar que aguardem". Eles não sabiam bem o que aguardar. Mais tarde, souberam que, naquela mesma noite, Aldir escreveu e descreveu como sentiu o amor que liga o casal e a união indivisível que os entrelaça. Descobriram, ainda, que ele procurou Ivan Lins para transformar a sua poesia em música. Juntos, fizeram o que, para Eurico, talvez seja a mais bela parceria entre os dois: a canção "Cegos de luz".

Marco Aurélio Ramidan relatou depois, que, ao ouvir a gravação daquela música, com uma orquestra de cordas de vinte componentes, Ivan ficou entusiasmado e comentou: "Fizemos uma obra-prima!". E continuou, sendo caloroso com o parceiro: "A música com a letra do Aldir ficou mais linda ainda do que eu podia imaginar". A canção foi lançada em 1996, em um show de Aldir e Ivan no Canecão, no Rio. Eurico se recorda:

— Estava lotado. Ivan nos ofereceu, publicamente, a música. E não foi só a nós que ela comoveu. O público fez um silêncio carregado de emoção desde os primeiros acordes. A música do Ivan é lindíssima. E a letra tem a sensibilidade de um "poeta psicanalista", como era o Aldir, e faz o mais belo e mais generoso retrato da alma humana como só ele é capaz de fazer.

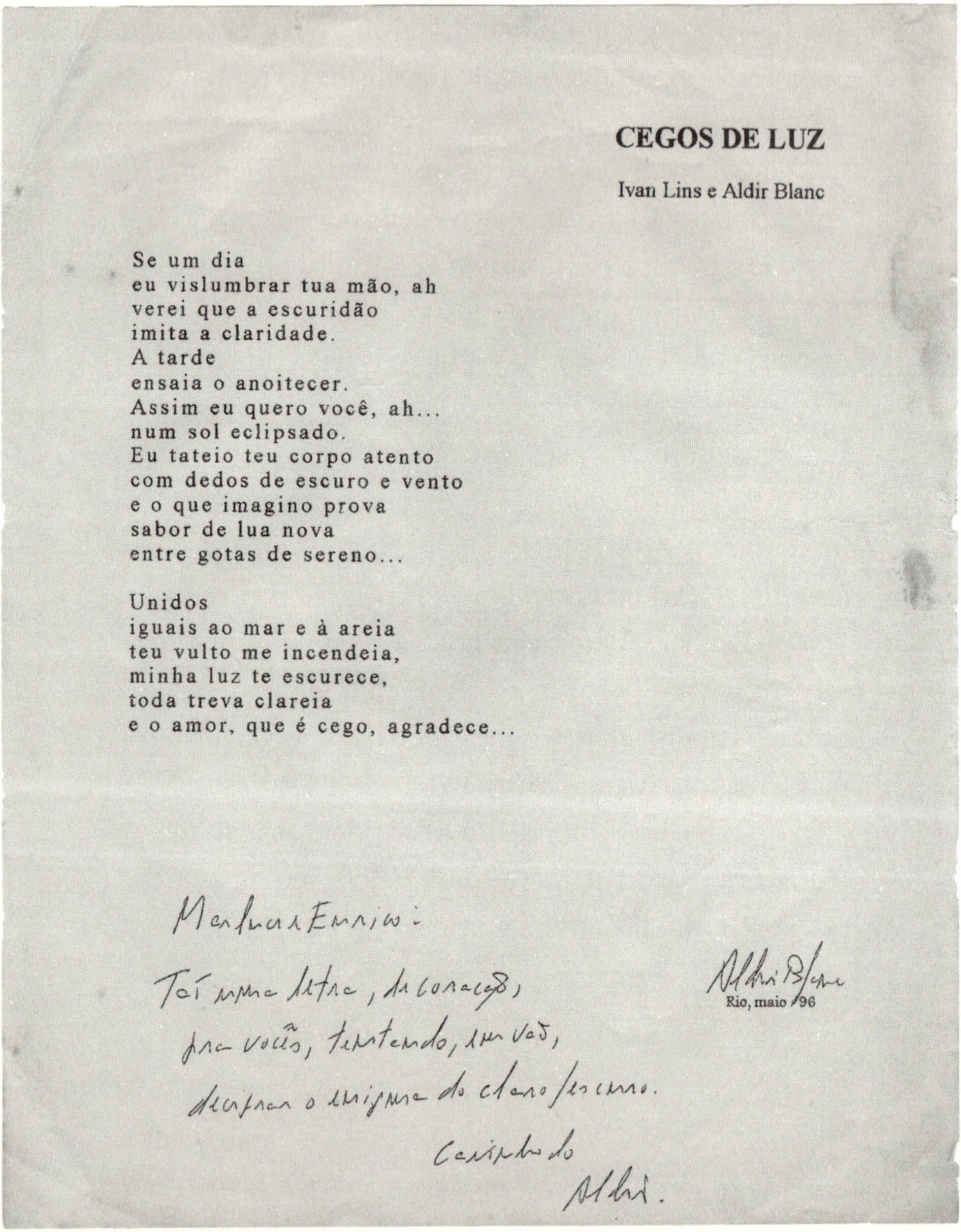

CEGOS DE LUZ

Ivan Lins e Aldir Blanc

Se um dia
eu vislumbrar tua mão, ah
verei que a escuridão
imita a claridade.
A tarde
ensaia o anoitecer.
Assim eu quero você, ah...
num sol eclipsado.
Eu tateio teu corpo atento
com dedos de escuro e vento
e o que imagino prova
sabor de lua nova
entre gotas de sereno...

Unidos
iguais ao mar e à areia
teu vulto me incendeia,
minha luz te escurece,
toda treva clareia
e o amor, que é cego, agradece...

Aldir Blanc
Rio, maio /96

Meu caro Ennio:
Taí uma letra, do coração,
pra vocês, tentando, em vão,
decifrar o enigma do claro/escuro.
Carinhosamente
Aldir.

Letra da música "Cegos de luz" com dedicatória do Aldir Blanc.

VISÃO GLOBAL

Eurico continuava sendo convidado, com frequência cada vez maior, para atuar nas mais relevantes corporações do país. Conduzia projetos nas principais empresas públicas, tanto na administração direta — em ministérios e secretarias de governo — como na administração indireta, caso do próprio BNDE e de inúmeros bancos estaduais de desenvolvimento. Da mesma forma, era contratado por organizações como Embratel, companhias estaduais de telefonia e saneamento, Finep e Finame, ABDE, Casa da Moeda do Brasil, CSN, Serpro e Dataprev. Além disso, prestava serviços para empresas privadas como Souza Cruz, Shell, Gerdau, Antarctica, e várias outras em processo de expansão ou de abertura de capital, como Mococa, Sakura, Fininvest e Cantão.

Talvez o trabalho mais desafiador que Eurico conduziu como consultor tenha sido nas organizações Globo. O convite veio em 1982, por intermédio do diretor de engenharia, Adilson Pontes Malta, cujo perfil ia muito além do engenheiro tradicional. Ele decidira preparar sua área para as mudanças tecnológicas e organizacionais que antevia inevitáveis. A ideia era desenvolver um projeto somente em seu departamento, mas os resultados entusiasmaram-no tanto que ele resolveu propor à administração geral da empresa a contratação de Eurico para prestar consultoria a toda TV Globo. Os Marinho já pressentiam que o clima de abertura que florescia no país e os desafios que pipocavam com o fim do milagre econômico de alguma forma exigiriam mudanças nos rumos da empresa. Já haviam decidido comandar um processo de reflexão institucional sobre o papel da Globo e prepará-la para o futuro, o que incluía o fortalecimento de uma cultura organizacional mais aberta e participativa, e o desenho de um plano estratégico para a TV. Foi nesse momento que Eurico foi apresentado à empresa.

A partir daí, decidiram iniciar o projeto RG84, sigla que representava as iniciais da Rede Globo e o prazo, 1984, que eles se davam para concluir as mudanças que pretendiam implantar. O projeto ficou sob a batuta de Roberto Irineu Marinho, que dividia com os irmãos o comando dos negócios da família, cada um mais focado em uma área: Roberto Irineu na TV, João Roberto nos jornais e Zé Roberto nas rádios. Como vice-presidentes, os três se reportavam diretamente ao doutor Roberto, presidente das Organizações Globo.

O trabalho na Globo não era fácil. Ainda que a decisão de tocar o projeto fosse dos irmãos Marinho, parte dos executivos, em função da forte cultura centralizadora e pouco focada em modelos de gestão disseminada na empresa, não percebia valor na contratação de uma consultoria para mudar o que quer que fosse. "Não se mexe em time que está ganhando" era o que acreditava a maioria dos que reagiam contra o projeto que se queria implantar.

A metodologia de trabalho adotada compreendia entrevistas, reuniões e seminários sucessivos com todos os níveis gerenciais das várias áreas da TV Globo para definição, ao final, de planos de trabalho para evolução da empresa nas suas diversas esferas de atuação. Graças a esse processo, Eurico conviveu, de forma muito próxima, com as principais pessoas-chave da organização. E foi particularmente emocionante para ele compartilhar, nos bastidores do jornalismo da TV Globo, os desafios, as realizações e as frustrações das equipes no acompanhamento das decisivas mudanças políticas e econômicas que ocorreram no país de 1982 a 1985.

Eurico lembra que várias reuniões do RG84, agendadas com as equipes do jornalismo, transformaram-se em *brainstormings* e debates acalorados de como encontrar espaços e meios para divulgação das articulações por eleições diretas para presidente. Na opinião de Eurico, quando praticamente ninguém havia ainda se dado conta do poder dessas mobilizações, a equipe da Central Globo de Jornalismo (CGJ) já estava convencida de que o movimento expressava uma demanda social maior por liberdade, que seria incontrolável. Acreditavam que o poder multiplicador da reação popular, aliado ao desgaste das forças armadas em função do trágico atentado do Riocentro, em 1981, tinham provocado fissuras no poder militar. E a mudança já começara com a aprovação da anistia, em 1979, a volta dos exilados e a realização de eleições diretas para governadores e para o Congresso, em 1982. A equipe pensava que, à força desses eventos políticos, juntava-se uma imensa insatisfação popular pela situação econômica do país, o que tornava irreversível uma mudança mais profunda. A troca do regime era uma questão de tempo, mas todos pressentiam que a reação da extrema-direita seria forte e crescente.

— Acompanhei debates intensos da turma da CGJ, muitas vezes sob o comando da Alice e do Armando[30], sobre os caminhos que deviam ou podiam ser adotados para o exercício da atividade jornalística sob as ameaças veladas ou explícitas de censura e perseguição. Provavelmente, foi o período de mais graves pressões sofridas pela Globo. Ameaças de retirar a emissora do ar, de cassar a concessão, até de intimidação pessoal. Eu participei de reunião na TV Globo no dia seguinte à noite em que, minutos antes de o *Jornal Nacional* ir ao ar, um helicóptero do Exército sobrevoou a sede da emissora e ficou parado em frente aos janelões do escritório de Roberto Irineu, que estava sentado à mesa de trabalho e que lá permaneceu, decidido a não se deixar intimidar. Foi impossível tratar de qualquer outro assunto na nossa reunião daquela manhã.

Eurico relata que a demora da Globo em explicitar a força dos movimentos das Diretas e o erro de noticiar o comício de 25 de janeiro como um evento de comemoração do aniversário de São Paulo atingiram a imagem da empresa e provocaram desespero no grupo que lutava internamente para informar com independência, embora reconhecendo as restrições externas que sofria. As tentativas de repressão não pararam de crescer, mas só fizeram aumentar as reações na sociedade, na imprensa em geral e na própria Globo. Foram reações pontuais, porém decisivas. Ele se recorda da vibração dos jornalistas com as transmissões no dia da votação da Emenda Dante de Oliveira[31], desrespeitando as proibições de transmissão ao vivo e cobrindo as manifestações populares que também estavam proibidas pelas medidas de emergência decretadas pelo então presidente João Figueiredo.

— Quem não se lembra do general Newton Cruz, montado no seu cavalo branco, dando golpes com o chicotinho, tentando em vão deter os manifestantes mobilizados a favor das eleições diretas? A emenda não passou e o Brasil inteiro se sentiu derrotado, junto com a derrota da Emenda Dante de Oliveira.

No início de 1985, estava sendo encerrado o RG84, com reuniões no Rio, em São Paulo e em outras praças para acompanhamento da implantação das estratégias definidas. Houve reuniões em Brasília, onde o então diretor regional, Toninho Drummond, que tinha trazido Antônio Britto para trabalhar na TV cerca de cinco anos antes, comentava, orgulhoso, a decisão do pupilo de assumir o cargo de porta-voz do presidente Tancredo Neves, recém-eleito. Toninho acompanhou de perto o imenso desafio e o sofrimento de Britto, desde 14 de março, quando a cerimônia de passagem da faixa presidencial do general Figueiredo para Tancredo Neves, prevista para o dia seguinte, foi cancelada porque o novo presidente passou mal e teve de ser operado de emergência.

— Nos 39 dias que se seguiram, não só Toninho, mas o Brasil inteiro sofreu e se desesperou junto com Britto, até que ele fez o comunicado que ninguém queria ouvir: "Lamento informar que o Excelentíssimo Presidente da República, Tancredo de Almeida Neves, faleceu esta noite, no Instituto do Coração, às 22h23".

A consultoria para a Globo acabaria se estendendo até 1986. Foi nesse ano que Marluce recebeu um convite para integrar a diretoria da Mesbla, após dez anos trabalhando com Eurico. Os dois conversaram e chegaram à conclusão de que valeria a pena ela assumir o novo desafio. Mais tarde, em 1991, Marluce foi convidada pelos irmãos Marinho (que antes ouviram Eurico a respeito) para assumir o cargo de superintendente-executiva da Globo e apoiar na continuidade dos projetos que haviam sido iniciados sob a coordenação de Eurico a partir do RG84. Ela aceitou o convite, e os dois não voltaram a trabalhar juntos. Suas carreiras se desenvolveram separadamente desde 1991. Mas eles continuavam a ser fonte de inspiração um para outro. Admiravam-se mutuamente. Marluce comenta que continuava a sentir o mesmo encantamento pelo marido, lembrando do primeiro encontro com ele, a cada vez que Eurico lhe contava sobre a primeira reação de um novo cliente à sua cegueira.

Já tinha sido assim e continuava. Ao interagir com grupos, fosse no contexto da consultoria ou na vida acadêmica, Eurico provocava um estranhamento inicial, um "não saber" o que esperar de um cego ou de como lidar com ele. Fazia parte de sua rotina dedicar os primeiros encontros a quebrar o gelo e deixar todo mundo à vontade. Recorria ao bom-humor e contava histórias de cegos — dele mesmo e de outros. E, acima de tudo, surpreendia pela forma de agir. Não parecia cego.

São exaustivos e uníssonos os comentários dos que participaram de aulas, seminários e reuniões com Eurico. José Mauro Espírito Santo, chefe da Assessoria de Planejamento da Casa da Moeda, que, em 1977, contratou Eurico, é um exemplo típico:

— Minha primeira impressão foi fabulosa. Ele tinha uma capacidade extraordinária. Falava com clareza, estruturava o pensamento e transmitia os conceitos e os valores de maneira lógica, objetiva e participativa. Ele não era impositivo, professoral, prescritivo. Ele induzia à reflexão, de maneira que as pessoas formassem as suas próprias ideias a partir do balizamento que fazia. A gente sempre comentava: "Como ele conseguiu atingir tal nível de conhecimento, de capacidade interpessoal e de condução dos debates?". As pessoas não o viam com deficiência[32].

As pessoas frequentemente esquecem que Eurico é cego. José Mauro cita como exemplo o comentário que costumava fazer o presidente da Casa da Moeda, o comandante Nelson de Almeida Brum, sempre muito espirituoso e autêntico: "Eurico vê muito mais a realidade do que a gente. Ele vem aqui com observações que nós, que não temos deficiência visual, não conseguimos enxergar. Os cegos somos nós".

A memória privilegiada de Eurico chamava igualmente a atenção de José Mauro:

— Bastava ele ouvir alguém falar para guardar quem era. Pela voz, sabia exatamente quem estava falando. Ele se dirigia à pessoa direcionando a cabeça para onde ela estava.

Também prestava atenção ao tom da voz, como se recorda Érico Magalhães, que participou de muitos seminários conduzidos por Eurico quando trabalhava no Serpro.

— A deficiência gera compensações. A memória, a concentração, a capacidade de escuta. — diz Érico, que depois trabalhou na Globo, de 1995 a 2013, como executivo de Planejamento e Recursos Humanos. — Normalmente, a gente se distrai pelos movimentos da sala. Já ele percebe até o "hum-hum" de uma pessoa, indicando que provavelmente ela está se desligando da reunião ou discordando do que está sendo dito. E, aí, ele trata de trazer esse participante de volta para a conversa[33].

Érico e Eurico se tornariam grandes amigos e parceiros. Eles viriam, inclusive, a ser sócios no Meridiano 20, restaurante que seria inaugurado em 1991.

— Conheci Érico no Serpro, em 1985, mas nosso relacionamento foi muito além da esfera profissional. Ele se transformou em um amigo com quem sempre contei, nos negócios e na vida, e a quem sou muito grato.

A limitação visual fez também com que Eurico desenvolvesse um admirável poder de síntese. Após horas de debates acalorados, tinha a capacidade de fazer um apanhado preciso e objetivo de tudo o que fora discutido.

Certa vez, em um grande evento internacional realizado no Rio, Eurico resumiu os discursos de três ou quatro palestrantes. Um deles era o americano Warren Bennis, professor de Harvard e do MIT, autor de livros de administração best-sellers, um dos grandes nomes da consultoria mundial. No fim, Bennis pegou o microfone e disse: "Eurico, eu o invejo". E prosseguiu: "Em meus muitos anos de reuniões com acadêmicos e empresários, jamais encontrei alguém com o seu poder de síntese. Fico sempre insatisfeito com as resenhas que escrevem sobre meus discursos e publicações. A síntese que você fez hoje foi melhor do que a minha íntegra. Obrigado".

Assim era a rotina de Eurico em meados dos anos 1980. Não lhe faltava trabalho nem reconhecimento. O país vivia tempos complicados, com a derrota da emenda Dante de Oliveira, a morte de Tancredo Neves, a inflação no governo Sarney atingindo cerca de 2.000% ao ano e os fracassos dos planos econômicos. Justamente por isso, havia uma demanda por consultoria estratégica intensa nesse período, até pela necessidade dos empresários de constantes reposicionamentos dos negócios.

O setor financeiro era um dos segmentos que passaram a demandar muitos projetos de consultoria. E, até pelo êxito do trabalho no BNDE, praticamente todos os bancos estaduais de desenvolvimento decidiram contratar Eurico. Ele trabalhou em todos os estados, com exceção de Roraima e Amapá. Um dos convites, que veio em 1986, foi para fazer o projeto de avaliação e reorganização do Produban, o Banco de Produção do Estado de Alagoas. Quem o convidou foi o ex-governador Guilherme Palmeira, que disputava as eleições daquele ano contra Fernando Collor de Mello.

Os interlocutores de Eurico seriam as equipes do banco e da Secretaria de Planejamento do Estado, que vislumbravam, na eleição para governador marcada para novembro de 1986, a oportunidade de mudar a realidade estadual.

— Eles eram profissionais muito preparados e idealistas, cansados de omissões, erros e históricos desmandos que inviabilizavam o crescimento econômico e a diminuição das desigualdades sociais no Estado. Apostavam que, mais importante do que quem seria o governador eleito, era preparar a máquina pública para melhor governar. Queriam oferecer ao governo que viesse a assumir em março de 1987 um diagnóstico das prioridades socioeconômicas estaduais, com as melhores estratégias para atendê-las. Queriam envolver amplamente a sociedade civil nesse processo, para que o governo atuasse em sintonia com as reais necessidades da população e dos diversos segmentos produtivos.

O trabalho começou com uma avaliação do banco e das secretarias de governo, onde Eurico se deparou com problemas estruturais, de gestão e de interferências políticas, como seria confirmado depois nas investigações sobre o esquema PC Farias[34]. Foram realizadas entrevistas com as principais lideranças da sociedade civil e formados mais de quinze grupos de trabalho para apresentação das conclusões. O objetivo era produzir muito mais do que um documento teórico. Era gerar propostas com as quais os representantes da máquina pública e da sociedade, independentemente de viés político, estivessem afinados e comprometidos: um plano de governo apartidário, com sugestões práticas sobre o que era consensual e incontestável para promoção da justiça social, do desenvolvimento econômico e da defesa da ética e da democracia.

As recomendações receberam apoios importantes de lideranças empresariais, da comunidade acadêmica e de autoridades da administração pública. Contudo, sofreram críticas e oposição, a ponto de uma reportagem em um jornal local ter ironizado que era um absurdo que uma consultoria das "areias de Ipanema" tivesse a pretensão de falar em nome da sociedade alagoana sobre a melhor forma de administrar o estado.

O plano de governo nunca foi implementado. Guilherme Palmeira perdeu as eleições e o novo governador, Collor, acabaria renunciando, em maio de 1989, para disputar o que seria a primeira eleição direta à presidência desde a vitória de Jânio Quadros, em 1960.

No início, pouca gente apostava na viabilidade da candidatura Collor. No entanto, acabou eleito, derrotando Luís Inácio Lula da Silva, por conta de uma conjunção de fatores, como crise econômica, descrença nos políticos, medo do PT, conservadorismo e falta de união dos partidos tradicionais em torno de uma candidatura única. Na época, a derrota também foi atribuída à edição que a Globo fez no *Jornal Nacional* do debate entre os candidatos, realizado às vésperas do segundo turno. O tema levou a própria Globo a se posicionar a respeito no site Memória Globo[35].

Na cerimônia de posse, em 15 de março de 1990, depois de trinta anos de o parlatório do Palácio do Planalto ficar sem uso, o presidente Collor ocupou esse simbólico e imponente espaço e, após saudar a população esticando o punho direito cerrado, símbolo polêmico da sua campanha, levou quem estava presente ao delírio ao iniciar o seu discurso: "Minha gente, hoje a transição democrática se completa". Naquela plateia e na maior parte do eleitorado brasileiro, havia uma onda de otimismo e esperança. Mas, de repente, em um dos fenômenos mais surpreendentes da vida política nacional, o mundo pareceu virar de cabeça para baixo. No intervalo de um único dia, a esperança virou espanto e o otimismo foi substituído pelo pavor.

— No dia seguinte à posse, em 16 de março, eu e o Brasil todo acompanhamos, atônitos, à transmissão mal organizada do pronunciamento titubeante da ministra Zélia Cardoso de Mello. Ela anunciava o Plano Collor, que bloqueou contas bancárias, poupança e aplicações financeiras em todo o país, retirando, dizia-se à época, cerca de 100 bilhões de dólares da economia. Foi um deus nos acuda. As pessoas entraram em desespero. As empresas ficaram paralisadas.

Era evidente que os projetos de consultoria seriam interrompidos. A partir daquele momento, ninguém se sentiria em condições de fazer novos planos, não haveria qualquer novo investimento até que se tivesse alguma previsibilidade e estabilização do panorama nacional[36]. Se fosse possível medir o grau de influência que uma pessoa pode exercer sobre a vida do outro, Collor ganharia de lavada com relação a mim. Talvez eu possa ter tido uma pequena influência na trajetória dele, mas ele mudou o meu destino de forma profunda e permanente.

Em meio à indefinição política e econômica provocada pelo governo Collor, Eurico resolveu não esperar que a estabilização chegasse. Decidiu fazer uma reavaliação interna e definir suas próprias estratégias para o futuro.

Foi quando teve uma conversa que, mais uma vez, mudaria sua vida.

AS COZINHAS (DESDE 1990)

Itália, final de 1990.

O argentino Gian Carlo tinha pressa. Dono de um restaurante na rua Olegário Maciel, na Barra da Tijuca, ele andava aflito. Procurou Eurico em seu escritório e desabafou. Afinal, mais do que clientes, ele e Marluce haviam se tornado amigos do chef, que anunciou: ia se mudar do Brasil para San Diego, na Califórnia. A passagem já estava comprada. A decisão brusca devia-se a dois episódios traumáticos que havia sofrido. Tinha ficado tão apavorado que resolvera vender o estabelecimento que montara quase dez anos antes e sair às pressas do país que escolhera para viver e que o acolhera tão bem.

Gian Carlo nascera Juan Carlos, na Argentina. Nos Estados Unidos, onde foi estudar, virou John Charles. Anos depois, mudou-se para o Brasil. Engenheiro, acabou realizando o sonho de abrir um restaurante de massas, o Giancarlo, mesmo nome com que passou a ser conhecido. O local conquistou uma clientela fiel, em uma época, anos 1980, que a cultura gastronômica do Rio era mais limitada.

— Você perguntava o que era um fettuccine e a pessoa dizia: macarrão. Perguntava o que era talharim e a resposta vinha a mesma: macarrão. Não sabiam o que era *al dente* e reclamavam: "Isso está duro". Para o carioca, prato de massas era uma papa que comiam com manteiga e molho de tomate em lata — lembra a mulher de Gian Carlo, a peruana Carmen Junyent.

O Giancarlo ia na contramão desse cenário. Era um restaurante familiar, artesanal, cujos donos caprichavam no cardápio, nos ingredientes e no atendimento. Foi a partir de 1982 que Eurico e Marluce passaram a ser frequentadores assíduos do lugar. Costumavam ir lá quase todo fim de semana, atraídos pela proximidade de casa, pelos bons vinhos, pela boa comida, pelo ambiente acolhedor e pelo papo agradável com Gian Carlo e Carmen.

Os anos se passaram até que, em um domingo à noite, o casal estava fechando o Giancarlo quando foi surpreendido por dois ladrões. Levaram tudo: o carro, a féria do fim de semana e a bolsa de Carmen, que foi achada dias depois em um terreno baldio — estava vazia, continha apenas os cheques cruzados de alguns clientes, que só poderiam ser descontados por Gian Carlo e por Carmen. Foi um momento assustador, mas o pior ainda estava por vir.

Pouco tempo depois, Carmen, Gian Carlo, a babá e o filho de quatro anos do casal estavam na porta de casa quando bandidos apareceram. Um deles botou a pistola na cabeça da criança e exigiu que dessem tudo o que tinham. E disseram que iam levar o menino. A ameaça de sequestro deixou os pais desesperados.

— A gente se sente totalmente impotente, insegura, desprotegida — lembra Carmen.

A ameaça não se consumou. Os assaltantes levaram o carro, dinheiro e uma coleção de panelas francesas que estavam na mala do automóvel, porque Gian Carlo tinha participado de um programa de TV. Mas acabaram deixando o garoto junto com os pais. O episódio deixou marcas profundas em Gian Carlo. O trauma foi tamanho que ele não conseguia mais se sentir seguro no Brasil. Carmen conta:

— Ele chorava compulsivamente. Eu falava: "Quando você se acalmar, tudo vai voltar a ser normal". Mas não voltou. Ele dizia: "Não quero ficar nem mais um dia aqui".

Gian Carlo era muito apegado ao menino, que nascera quando tinha 50 anos. Ele já era pai de quatro filhos de um primeiro casamento, e Carmen, mãe de uma menina. Juntos, tiveram Giancarlito, que virou o xodó do chef.

No dia que escutou o desabafo, Eurico ainda tentou demovê-lo da ideia, mas Gian Carlo foi firme:

— Não fico nem mais um minuto aqui.

E, diante da decisão irrevogável, sugeriu a Eurico:

— Você não quer ficar com o restaurante?

Eurico se surpreendeu.

— Jamais tinha passado pela minha cabeça atuar no ramo de alimentação — diz ele hoje. — Desde muito jovem, eu curtia pesquisar e frequentar os melhores restaurantes do Rio ou das cidades que visitava. Era uma "ovelha desgarrada" da minha geração. A turma só curtia barzinho e não estava disposta a gastar dinheiro em restaurante badalado e, ainda por cima, pagar caro por um pratinho com um mínimo de comida! Gian e eu tínhamos muitos papos sobre a cozinha e os chefs dos restaurantes estrelados no exterior que faziam parte obrigatória de todas as minhas viagens, mas daí a pensar em ser dono de restaurante não tinha nada a ver.

Na primeira conversa com Gian, Eurico não conseguiu vislumbrar uma saída, ainda mais com a urgência que o chef tinha. Ficou pensando no assunto. Também estava em meio à revisão de seu próprio caminho profissional. Gostava de consultoria, mas sentia a desaceleração do mercado. Além disso, muitas vezes o incomodava não ter poder para implantar suas recomendações nas empresas que assessorava. Era contratado para identificar os desafios e propor as soluções, e não para decidir ou comandar o que seria feito.

— Com frequência, gostaria de fazer mais. Gosto de trabalhar e ver o resultado. Trabalhar de forma intensa, com muitos desafios, mas com realizações, sempre foi parte essencial da minha vida. Costumo dizer que a vida é muito curta para se trabalhar pouco e, mais ainda, a vida é muito curta para se trabalhar sem prazer. Quanto mais eu pensava na conversa com Gian, mais me parecia que talvez ele estivesse certo e que aquela fosse uma oportunidade para eu investir no meu próprio negócio. Eu ia poder juntar a experiência em administração com o conhecimento das melhores culinárias do mundo. Poderia aplicar isso em meu benefício, tendo controle total das estratégias do negócio, da concepção à implantação. Seria uma forma de "provar do meu próprio veneno".

Talvez isso fosse uma importante vantagem competitiva. Naquele tempo, era usual que os donos dos melhores restaurantes fossem excelentes chefs de cozinha, mas, geralmente, a parte administrativa era feita de forma muito amadora.

Eurico não quis tomar nenhuma decisão na hora e disse ao amigo que iria pensar. À noite, em casa, contou a Marluce sobre a conversa que tivera mais cedo com o chef e compartilhou a conclusão a que chegara.

— O Gian está desesperado. Ele precisa encontrar alguém que compre o restaurante, mas não tem tempo para esperar. Se não conseguir vender de imediato, ele vai fechar. A gente não pode deixar isso acontecer. A gente adora o restaurante! E, já analisei, é um ótimo negócio. Eu já estava considerando a hipótese de fazer um investimento e a oportunidade apareceu. Vou fechar negócio com Gian.

A notícia era boa para o chef, mas não para Marluce, que reagiu, perplexa:

— Mas, Eurico, isso é uma maluquice. Se é um negócio o que você quer, por que não faz algo na área de educação, onde já tem experiência acumulada? Por que não uma escola, por exemplo?

— Malu, a gente não pode ficar sem esse restaurante. E investir em escola não vai me acrescentar nada. Isso eu já fiz, com meu curso Cinaudium. Lidei com matrícula, currículo, alunos, professores.

Ele estava decidido. Não havia argumento que não estivesse preparado para rebater. No dia seguinte, Eurico continuou amadurecendo o assunto. Quanto mais pensava, mais ideias tinha. Após o jantar, interrompeu o histórico hábito do casal, mantido até hoje, de ler junto por cerca de uma hora antes de dormir. Tinha refletido melhor e precisava dividir com Marluce suas novas conclusões:

— Malu, analisando melhor o projeto de restaurantes, concluí que não faz sentido investir no Giancarlo, como pensei inicialmente.

Ela respirou, aliviada:

— Vai desistir da compra?

— Não é bem isso. Preciso ter um modelo de gestão ímpar ao ingressar nesse novo ramo. Não pode ser "casa de ferreiro espeto de pau". Gestão profissional não se faz sozinho. Preciso de uma estrutura enxuta, mas com os melhores profissionais das áreas de marketing, finanças, compras. Para isso preciso ter escala. Não posso comprar só o Giancarlo. Preciso começar com dois ou três restaurantes.

Tinha início, ali, outra mudança radical na vida de Eurico, então com 46 anos. Seria mais uma etapa cheia de desafios, como sempre marcada por muito trabalho e fortes emoções.

No terceiro dia, à noite, o casal voltou a conversar sobre o assunto. Eurico contou que passara o dia montando seu modelo de negócios e sua estratégia de expansão. Sabia que o sucesso dependeria, essencialmente, da escolha das operações iniciais. Precisava de propostas capazes de atrair público, amplamente conhecidas e apreciadas, mas com espaço para inovações que chamassem a atenção das pessoas e as levassem a desejar conhecer e frequentar as novas casas. A opção foi pelas cozinhas italiana e francesa. O poder de atração dessas culinárias era incontestável. Eram as predominantes no mundo e as preferências nacionais. Ao mesmo tempo, eram tão ricas em sabores e em possibilidades de abordagem que permitiriam a diferenciação que Eurico decidira ter. O Giancarlo já era uma prova disso.

— Além de tudo, eu já tinha passado pelos melhores restaurantes do mundo dessas especialidades, nas viagens que Malu e eu fazíamos todo ano. Eu teria pano pra mangas para fazer casas italianas e francesas juntando o óbvio com o inusitado.

Em seu plano de negócios, Eurico não só definira como iniciar as operações, mas também quais deveriam ser os critérios para abrir novos restaurantes: tinha decidido focar, como segunda estratégia, em investir na cozinha autoral, assinada por chefs renomados.

— Como costumo dizer: "Vê-se mais longe nos ombros de gigantes". Esse seria o meu próximo vetor de expansão. Mas, antes dessa segunda etapa, eu precisava ter meus próprios restaurantes para ser reconhecido como parte desse mercado, tão próximo de mim como consumidor e absolutamente desconhecido como investidor. Havia pensado, ainda, em uma terceira estratégia de expansão, que era óbvia e se aplicava a qualquer ramo de negócio, não só o de alimentação. Era preciso identificar e aproveitar oportunidades imperdíveis. Elas sempre existem, mas só aparecem para quem está pronto a percebê-las e é rápido em agarrá-las.

Após esse terceiro dia, Eurico se sentiu pronto para ter uma segunda conversa com Gian. Para alívio do amigo, aceitou a proposta de compra do restaurante. Fez um único pedido: precisava que Carmen passasse um tempo no Rio para ensinar tudo a dona Guida, a antiga secretária e boa mão para cozinha que iria assumir a gerência do Giancarlo. Ele concordou.

Guida não tinha experiência no assunto, mas era inteligente, perfeccionista, exigente, cheia de disposição e apaixonada por tudo o que fazia. Ficava com Carmen das sete da manhã até a hora de fechar o restaurante. Teve de aprender de tudo: do ponto da berinjela até as receitas mais elaboradas. E também como conduzir as equipes de cozinha e salão, que permaneceriam trabalhando normalmente. Três a quatro meses depois, Guida se sentiu confiante, e Carmen foi se juntar ao marido e ao filho nos Estados Unidos[37].

Eurico fez poucas mudanças no Giancarlo, que abriu sob a nova gestão em fins de 1990. Afinal, o lugar já vinha operando havia dez anos com um público cativo. Tirou um ou outro prato que tinha menos saída e promoveu algumas mexidas na decoração, mantendo, basicamente, o cenário criado por Gian Carlo: o interior do restaurante reproduzia, cenograficamente, as fachadas externas de vilarejos do sul da Itália, com suas tradicionais sacadas e arranjos florais.

Num aspecto, porém, Eurico foi inovador. Ele buscou a assistência dos amigos Kiki Moretti e Ivandel Godinho, sócios e líderes da área de criação da In Press (naqueles tempos ainda longe de se tornar o impressionante conglomerado de soluções de comunicação que é hoje), para definir uma estratégia profissional de comunicação para os restaurantes que decidira criar, começando pelo Giancarlo. A grande cozinha que a casa sempre teve não tardou a ter amplo reconhecimento público. O Giancarlo passou a estar presente nos mais importantes veículos de mídia e, em novembro de 1991, recebeu seu primeiro prêmio: o de melhor restaurante especializado em massas do Gran Prix Gastronômico Internacional 92, conferido pela revista espanhola *Actualidad Hotelera y Turística*.

França, início de 1991.

Eurico havia decidido iniciar três operações simultâneas. A cozinha italiana já estava garantida com o Giancarlo. Faltavam outros dois restaurantes. Mais uma vez, o acaso abriu um caminho. O francês La Truite Cocagne, inaugurado no BarraShopping em 1985, pertencia a um paulista que, por motivos pessoais, decidira encerrar suas atividades no Rio e se concentrar em São Paulo. A exemplo do Giancarlo, era outro local que o casal frequentava e do qual, como cliente, Eurico não queria abrir mão. Além disso, ele estava exatamente no foco do seu plano de negócios. Entrou em contato com o dono e tudo foi resolvido rapidamente: Eurico contratou toda a equipe da cozinha e do salão, fez alguns ajustes e, no início de 1991, reabriu o negócio como um pequeno e charmoso restaurante que, bem a propósito, batizou de Le Petit Lieu[38]. Ficava em um endereço pitoresco no Itanhangá, cercado por franjas da Floresta da Tijuca. Destacava-se pela decoração em estilo romântico, à luz de velas, e pelo cardápio raro de encontrar no Rio[39].

Rússia, segundo semestre de 1991.

A terceira casa, também aberta em 1991, fugiu do roteiro das cozinhas italiana e francesa. O Meridiano 20[40] foi o nome escolhido para o novo restaurante de Eurico na avenida Lucio Costa, na Praia da Barra. Foi inspirado no Dona Irene, em Teresópolis, na Região Serrana do Estado do Rio, de comida russa do século XIX. Como nas demais casas, o investimento no Meridiano 20 tinha fundamento na estratégia de negócio de Eurico, já que ele apostava no poder de atração da novidade. Contudo, dessa vez, seu gosto pessoal pesou mais do que nunca na escolha. Ele e Marluce amavam o Dona Irene e gostariam de ter por perto aquela cozinha que, antes, só tinham encontrado no Café Pushkin, em Moscou. Não poderiam manter no Rio a rica convivência com Emília, chef e proprietária do restaurante, nem partilhar as conversas elucidativas com seu marido, Belo, sobre a queda do império Russo e a fuga de Dona Irina durante a guerra entre os exércitos branco e vermelho a partir de 1917/18. A guerra havia feito com que ela se refugiasse em vários países, até se estabelecer no Brasil, onde Emília e Belo a acolheram e com ela criaram em 1964 o restaurante Dona Irene, tradução do seu nome para o português. Mesmo sem Emília e Belo, Eurico poderia replicar, no Rio, a festa gastronômica que caracterizava os jantares da nobreza russa pré-revolucionária, com um menu degustação de seis etapas e em numerosos pratos, como eram servidos no Dona Irene. A própria Emília indicou uma chef polonesa, Silvia, para comandar a cozinha do Meridiano 20. Eurico convidou-a para fazer uma degustação em sua casa e ver se aprovava a comida. Ele lembra:

— A degustação de pratos para montagem de novos cardápios é uma experiência literalmente deliciosa. Já tínhamos inaugurado, com o Le Petit Lieu, o que viria a ser uma tradição em todos os nossos restaurantes: convidar família e amigos para ajudar na avaliação de novos cardápios. Nesses eventos, todos tinham a "obrigação" de provar todos os pratos e dar notas. Silvia resolveu mostrar tudo o que sabia. Com a ajuda apenas de nossa cozinheira, Carmita, a chef conseguiu preparar e servir uma infinidade de pratos. Serviu tanta comida que, a partir de certa altura, o grupo tinha crises de risos a cada vez que chegava uma nova atração. Depois do décimo serviço, ou mais, pedimos para nos levantarmos um pouco. Fomos caminhar no jardim em volta da piscina, antes de conseguirmos voltar à mesa para nos deliciarmos com o inacreditável menu que ela continuou oferecendo. A noite foi um sucesso e Silvia acabou contratada.

No entanto, a degustação não foi suficiente para antecipar o tanto que ela seria capaz de aprontar. Na noite de estreia, os convidados eram recebidos por Eurico e se reuniam em pequenos grupos: havia críticos gastronômicos, representantes de consulados, intelectuais, artistas, formadores de opinião, socialites. O ambiente tinha decoração em estilo art nouveau com janelões envidraçados voltados para o mar. A inauguração tinha tudo para ser inesquecível. Como de fato foi.

Pouco antes do jantar, Eurico foi à cozinha para a checagem final dos preparativos. Pretendia dar uma força. Afinal, a operação daquela noite seria complexa, com muitas etapas, e ele esperava encontrar a equipe de cozinha mais tensa do que é habitual em toda inauguração. Encontrou exatamente o oposto. Todo mundo ria. A chef estava esparramada no chão, às gargalhadas. É que ela, desde cedo apreensiva com a dificuldade do evento, compartilhara vodca com a equipe para relaxar. Naquelas condições, seria incapaz de comandar qualquer operação, que dirá um evento com tal complexidade. Eurico agiu como costuma falar: "Tem um problema? Só tem uma solução: procure uma saída". Mandou seu motorista buscar a cozinheira de sua casa, que ficava perto dali. Carmita nunca tinha trabalhado em restaurante, mas havia acompanhado aquela primeira degustação pantagruélica e se lembrava da finalização dos pratos e da sequência do serviço. Botou ordem na cozinha, com a ajuda dos poucos auxiliares sóbrios e de dois cozinheiros que tinham vindo do Le Petit Lieu para ajudar na preparação do evento e não tinham se embebedado. O serviço saiu com grande atraso, mas veio primoroso. E a noite terminou com efusivos elogios.

Eurico brinca:

— Quem sabe a demora para o início do jantar deu mais tempo aos convidados para desfrutar da vodca, provocando neles o efeito que a chef pretendia alcançar com a equipe? Relaxados, usufruíram da noite sem nem ver o tempo passar.

Silvia foi demitida. Em seu lugar, Eurico contratou um ucraniano que tinha vindo para o Brasil após os movimentos de independência de seu país, que se tornaram irreversíveis em junho de 1990, com a criação da Assembleia Interpartidária Ucraniana (UNA), liderada pelo político dissidente e escritor nacionalista Dmytro Korchynsky. A criação da UNA culminou com a decretação do Ato de Declaração da Independência da Ucrânia, em 24 de agosto de 1991. Eurico se assombrava com os impactos que a vida por tantos anos sob o regime soviético causara no chef.

— Ele tinha dificuldade de se ambientar. Lamentava o fim do regime comunista que o obrigara a sair do seu país. "Aqui no Brasil, tudo é incerto", dizia. "Eu não tenho o governo para organizar a minha vida. Não tenho nenhuma proteção. Não dá para viver nessa insegurança". Eu rebatia: "Mas aqui você é livre". Ele retrucava: "Livre para quê? O que é que eu faço dessa liberdade?"

O ucraniano acabou se adaptando. Comandou a cozinha durante toda a vida do Meridiano 20. E, com frequência, contava com uma convidada especial na condução dos serviços. Muitos eventos foram realizados sob a batuta de Mirian Stanescon, líder da comunidade cigana do Rio, que, em 1995, iria inspirar a personagem Dara, vivida pela atriz Tereza Seiblitz na novela *Explode coração*, de Gloria Perez.

O restaurante foi assunto de uma reportagem no caderno "Barra", de *O Globo* de 11 de abril de 1991, um mês depois da abertura. Segundo a matéria, era o local certo para quem queria provar "as exóticas comidas do leste europeu", como o arenque marinado com suflês de berinjela e *varenik* (pastéis de queijo); o frango *pojarski* crocante com manteiga e torradinha; ou o steak siberiano, flambado com vodca, creme de leite e molho de estragão, além do famoso frango à Kiev. Também eram servidos os *zakuskis*, variedade de aperitivos frios, entradas e lanches. O chef trouxe um barman que fazia drinques exclusivos com vodca russa, além dos chás servidos com o ritual do samovar e uma clássica bebida refrescante não alcoólica chamada *kompot*.

UM FILHO CHINÊS

Um dos funcionários do Meridiano 20 merece um capítulo à parte, por conta de uma história surpreendente que começou em outubro de 1988, quando Eurico e Marluce decidiram conhecer a China. Naquele ano, não era fácil viajar para o país asiático. A ida do casal foi assessorada pela embaixada chinesa em Brasília. Ao desembarcar na capital, Pequim, todo turista estrangeiro tinha de ser recebido no aeroporto por um motorista e por um guia credenciados pelo governo chinês, que eram encarregados de monitorar todos os passos dos visitantes.

O guia era um rapaz chamado Yang Junfeng, nascido em Sichuan, província no sudoeste do país, e criado no Tibete, por conta do pai militar. Não eram muitas as pessoas que falavam um segundo idioma na China. Yang, que cursava literatura espanhola, era perfeito para acompanhar o casal de brasileiros. O controle estatal era tão rígido que tanto o motorista como o guia tinham de fazer um relatório diário de atividades, trajetos e horários sem que um soubesse o que o outro dissera.

De imediato, houve uma afinidade mútua entre Eurico, Marluce e Yang. O guia já havia atendido dois ou três casais brasileiros, mas foram passeios protocolares, diferentemente do que estava acontecendo naquele momento.

— Eurico e Marluce me impactaram muito — diz Yang nos dias de hoje. — No primeiro dia, eu já falei que ele era o "senhor sabe-tudo".

Uma das visitas foi à Cidade Proibida. O guia conduzia as mãos de Eurico para tocar em tudo.

— Ele fazia perguntas que os outros turistas não faziam. Eu tinha de estudar muito para conseguir responder.

Em outro passeio, à Grande Muralha, Eurico também tateava a fortificação, explorando tijolos, cavidades, reentrâncias, relevos.

— Tinha um arranhão de espada, por exemplo, e ele queria saber a história por trás. Conversávamos não como turista e guia, mas como amigos. Eu percebi que ele sabia até mais do que eu. Contava para mim a história da Mongólia e da Rússia, falava sobre os povos que invadiram a China.

O que logo Eurico e Marluce iriam descobrir é que Yang não era um simples guia. Era também um ativista. Ele havia entrado na faculdade em 1986, aos 17 anos, em meio a um processo de abertura e de reformas iniciado por Deng Xiaoping, que assumiu o poder em 1978.

Nesse período, ele encontrou as razões que iriam mover e direcionar sua vida para sempre. A primeira se chamava Zhu Xiaodan, uma jovem meiga e brilhante que conhecera na faculdade e por quem se apaixonou, literalmente, à primeira vista, ao vê-la sentada em um banco do pátio do campus. A segunda se chamava liberdade. Na faculdade, as discussões entre os estudantes sobre as mudanças realizadas por Deng Xiaoping desde a morte de Mao Tsé-Tung, deslocando o foco da luta de classes, cruenta durante a Revolução Cultural, para o crescimento econômico e a modernização de costumes e relações de trabalho (no chamado período Boluan Fanzheng), abriram a mente de Yang e mudaram definitivamente seus projetos de vida.

Mas, em 1989, após ter contato com essas frestas de liberdade, Yang percebeu que o cenário começou a mudar com a repressão militar ao movimento de abertura.

— Nós havíamos sentido o gostinho de liberdade e não queríamos deixar essa chama se apagar.

Essa insatisfação estava se traduzindo em ação. Os estudantes começaram a promover uma série de protestos. Colegas de faculdade do guia, por exemplo, fizeram greve de fome de catorze dias.

— Yang era muito empolgado, achava que o povo estava com eles e que iam fazer uma revolução e vencer — lembra Marluce.

Eurico e Marluce ficaram em Pequim pouco mais de quinze dias. Tempo suficiente para que surgisse forte identificação entre eles, especialmente entre Eurico e Yang. Eles interagiam com a admiração e o entusiasmo recíproco de um professor e de um antigo aluno que estivessem se reencontrando. Conversavam muito sobre a situação política no país. Yang havia confidenciado que estava envolvido na luta estudantil pela abertura democrática na China. Eurico estava apreensivo. Gostaria de ver Yang em uma situação de menor risco.

Na véspera de embarcarem de volta, no que seria o último encontro com o seu guia de viagem, após o jantar, Eurico agiu por impulso. Sabia que não era permitido, mas, ao chegarem ao hotel, convidou Yang para subir com eles.

Era um convite arriscado de aceitar. Yang sabia que as normas do governo exigiam que ele deixasse os turistas na porta do hotel, sob as vistas do motorista, e retornasse imediatamente ao veículo. Porém, ao longo dos dias de convivência, havia se desenvolvido uma relação de confiança entre eles, incluindo o motorista, que tinha reduzido as medidas de controle e checagem cruzadas de informações. Eurico permanecia apreensivo pelos desafios que o jovem enfrentava e se mobilizou pela vontade de lhe proporcionar a oportunidade de viver em um mundo livre, com as possibilidades de escolhas que ele e seus colegas de faculdade lutavam para conquistar.

No quarto, Eurico perguntou:

— Yang, qual o seu sonho?

Ele respondeu:

— Terminar a faculdade, seguir minha vida.

— Mas você fala muito em liberdade.

— Eu quero liberdade.

Eurico respondeu:

— Yang, nós passamos a admirá-lo e a torcer por você. Se um dia você quiser ir para o Brasil, nós estamos de portas abertas para recebê-lo. Se for estudar no Brasil, tem um cantinho para você na nossa casa.

Ao ouvir a oferta, Yang não conteve o choro e desabou, apesar do formalismo da cultura chinesa, que reprimia demonstrações emocionais em público e qualquer relacionamento informal e afetivo no ambiente de trabalho. Ele respondeu, sem hesitar:

— Senhor Eurico, eu quero. Eu quero ir e vou me preparar para aproveitar essa oportunidade que o senhor está me dando de mudar minha vida.

— Então, está fechado. Veremos o que fazer juntos para você ir um dia para o Brasil.

A primeira atitude de Yang ao sair do hotel foi ligar para Zhu, com quem estava namorando havia três anos, e contar da proposta que havia recebido.

A partir daí, Yang e Marluce, com Eurico junto, passaram a se comunicar. Tiveram alguns contatos por telefone, mas as cartas foram o meio de comunicação mais frequente, porque não custavam caro como as chamadas telefônicas na época nem dependiam da compatibilização dos fusos horários. De início, não chegaram a traçar planos muito objetivos. Seria uma mudança de vida muito radical, que deveria ser arquitetada com calma e que não envolveria só Yang. A situação de seus pais e de Zhu também teria de ser considerada. Mas uma emergência precipitou tudo. Em abril de 1989, as manifestações estudantis na China se intensificaram. Yang, que presidia a associação estudantil da faculdade, participava intensamente desse movimento. Em maio, o governo chinês declarou estado de sítio e autorizou a entrada das tropas em Pequim. Os policiais começaram a reprimir os estudantes que tentavam impedir a passagem dos militares na cidade. Yang estava lá e não esquece o que viveu:

— Veio um batalhão de policiais com cassetetes elétricos, paus e bastões avançando em cima de nós. Apanhei junto com meus colegas. Muitos de nós se machucaram. Voltamos revoltados para a faculdade e começamos a preparar os protestos. Nós nos reunimos no diretório. Lá, tínhamos, sob minha custódia, algumas impressoras e outros materiais de comunicação. Nosso grupo de marketing imprimiu cinco mil folhetos denunciando os espancamentos e saímos para distribuí-los pela cidade.

A agitação política na China repercutiu nos noticiários do mundo todo. Um dia, tocou o telefone na república da faculdade, onde Yang dormia. Era tarde da noite. Ele se assustou. Sentia que corria perigo, que o cerco sobre ele se fechava. Para sua surpresa, a chamada vinha do Brasil. Era Marluce. Ela estava desesperada após ver, na TV Globo, reportagens sobre as manifestações. Queria saber se ele estava vivo, se passava bem e se eles podiam ajudar de alguma maneira. Yang atendeu e a tranquilizou, mas disse que estava se preparando para uma fuga. Ainda não sabia qual o melhor caminho. Acreditava que seria difícil, àquela altura, conseguir embarcar livremente de Pequim para o Rio. Marluce não se aquietou. Muito ao contrário, começou a consultar as autoridades brasileiras para saber como o jovem poderia ingressar no Brasil.

Primeira foto feita por Yang na passeata de estudantes na China, em 1989.

Em junho, veio o massacre da Praça da Paz Celestial. Os que haviam participado do protesto na Praça e que conseguiram escapar da repressão fugiram de Pequim, inclusive Yang, que foi para a casa dos pais, em Sichuan. Em agosto, ele resolveu voltar para a faculdade, achando que as autoridades só estavam atrás dos grandes líderes da revolta. Ao chegar, foi procurado pelo departamento de segurança da faculdade, por ordem da polícia, pois, ao vasculharem a sede do diretório, os vigilantes haviam encontrado o original do manifesto que tinha sido distribuído na cidade. Um estudante esquecera o papel na impressora. Por conta disso, Yang passou a ser pressionado para dizer quem havia imprimido o manifesto.

Eram tempos duros. Difíceis de aguentar. Yang sabia que a resistência de vários colegas havia sido quebrada.

— Passei por vários interrogatórios. Eu era chamado todas as noites, sendo torturado psicologicamente na sala deles. Depois de um tempo, virou uma vez por semana. Eu era monitorado o tempo todo, mas resisti. Da minha boca, nunca saiu nenhum nome. Esse é o orgulho da minha vida.

Algumas semanas depois, Marluce recebeu uma ligação na Mesbla, onde trabalhava. Era Yang, pedindo socorro. Ele havia se refugiado no Tibete. Precisava sair com urgência. Amigos dele tinham sido mortos, e ele estava escondido. Não sabia quanto tempo poderia demorar para que o encontrassem. Pelas leis vigentes, Yang poderia vir do Tibete para o Brasil desde que viesse com estudo ou trabalho garantido e tivesse um cidadão chinês no Brasil que se responsabilizasse por ele aqui, inclusive financeiramente. Marluce e Eurico foram contagiados pelo sentimento de urgência e se mobilizaram para resolver o problema. Providenciaram a matrícula dele em uma escola de idiomas e a comprovação exigida sobre o local de residência. Faltava o mais difícil: o cidadão chinês. Resolveram pedir ajuda ao único chinês residente no Rio que conheciam: Sun Nim Kun. Ao imigrar, ele tinha adotado o nome de Tommy e era gerente na Mesbla Lojas de Departamentos. Era um pedido difícil de fazer e ainda mais difícil de aceitar. A responsabilidade era grande, mas o casal resolveu conversar com Tommy. Marluce se lembra como se fosse hoje.

— Ele se comoveu ao ouvir a história de Yang e decidiu nos ajudar. Participou conosco de um périplo nas embaixadas e nas autoridades de imigração até ser aceito como responsável por Yang. Lutávamos para acelerar os trâmites legais, temerosos de que a qualquer momento Yang pudesse ser preso, mas também tentávamos agir cautelosamente, receosos de que nossas movimentações pudessem expor o esconderijo dele e botá-lo em risco maior. Foram dias de muita expectativa. Finalmente, chegou a boa notícia: Tommy conseguiu que os governos do Tibete e do Brasil autorizassem a viagem do Yang sob sua responsabilidade.

Do outro lado do mundo, Yang também tinha feito a sua parte: com a ajuda do pai, juntou dinheiro para a passagem, porém conseguiu o suficiente para comprar apenas o bilhete de ida. De qualquer forma, a volta não fazia mesmo parte de seus planos em um horizonte previsível. Também arrumou, por meio de um amigo, cônsul espanhol na China, o contato com diplomatas brasileiros que ajudaram no andamento do processo no Brasil.

Com tudo em mãos, Yang obteve, finalmente, o passaporte e o visto de estudante. Preparou-se para a viagem com o coração apertado. Primeiro, porque Zhu não conseguira visto para entrada no Brasil. Não sabia quando iria encontrá-la outra vez, embora, naquele momento, mantivesse a mais absoluta convicção de que voltariam a se reunir. Depois, porque tinha muito medo de que o governo chinês descobrisse seu plano e o detivesse. Teve o cuidado de manter intacto o seu endereço, no alojamento da faculdade, para dar a impressão de que ainda continuava na China. Finalmente, no dia 16 de novembro de 1989, Yang embarcou rumo ao futuro que escolheu.

— Quando o avião da China Airlines decolou do aeroporto, no primeiro trecho de Pequim para Tóquio, eu estava apavorado, achando que podiam me chamar de volta. Quando desci em Tóquio, subi no avião da

Varig, sentei-me na poltrona e vi que a aeronave decolou para o Brasil, chorei copiosamente. A aeromoça perguntou se eu estava passando mal, se estava sentindo alguma coisa. Eu disse: "Estou sentindo o cheiro de liberdade".

Uma semana depois, ele soube que a polícia fora à faculdade prendê-lo. Yang chegou ao Brasil no dia 17 de novembro, um mês antes de completar 21 anos.

— Naquele momento, eu estava livre. Virou realidade o meu sonho de liberdade — lembra.

Marluce foi buscá-lo no Galeão. No caminho, Yang se deparou com a primeira das muitas surpresas que teria no país. Ela escolheu um trajeto que passasse por lugares icônicos do Rio. Ao trafegarem pelo Aterro do Flamengo, Yang reagiu com o encantamento que ela esperava:

— *Oh! Esto es increíble.*

Entretanto, para surpresa dela, o encanto não era pela beleza dos jardins ou pela vista da Baía de Guanabara e do bondinho do Pão de Açúcar.

— *Es increíble... la arena es blanca.*

Areias brancas como ele nunca tinha visto na China. Ela continuou o trajeto e disse:

— Você vai ficar ainda mais maravilhado quando vir as areias da Praia de Copacabana.

Dito e feito. Quando o carro saiu da avenida Princesa Isabel e dobrou na avenida Atlântica, o espanto de Yang foi ainda maior:

— *No... no lo creo*!

— Não disse? — falou Marluce. — As areias aqui são ainda mais brancas.

— *No, no es esto. Las mujeres... estan desnudas*!

Ele, de fato, não podia crer no que seus olhos estavam vendo. Assim, Yang começou a ter contato com uma realidade completamente diferente do mundo conservador, disciplinado e hierárquico no qual vivera até então. Pronto: começava a ser carioca.

Uma semana após chegar, Yang procurou se matricular em uma faculdade. Não conseguiu. Não havia vestibular naquela ocasião e ele não era fluente em português. Mas, já no segundo semestre do mesmo ano, com a ajuda de Eurico, Yang conseguiu uma vaga no curso de Literatura da PUC. Foi uma das primeiras provas de resiliência e determinação que viria a enfrentar no Brasil: na China, ele era o aluno bem-sucedido que estava no último ano da faculdade. No Brasil, teria de recomeçar a vida acadêmica do zero.

Yang também iniciaria a trajetória profissional quando Eurico o contratou como gerente da noite do Meridiano 20. Não foi nada fácil. Era uma cultura diametralmente oposta à qual estava habituado. E era complicado conciliar a rotina de trabalho à noite com os estudos. Continuava morando na casa de Eurico, mas se sentia muito só. Seus horários coincidiam pouco com os da família. Em geral, não conseguia estar em casa na hora do jantar, praticamente o único momento em que todos se encontravam. Um dos raros encontros acontecia por volta das seis da manhã, quando Eurico ia nadar e Yang fazia seus elaborados exercícios de tai chi chuan no jardim em volta da piscina. Para complicar, sofria muito com o afastamento de Zhu, que continuava sem conseguir o visto e não tinha perspectiva de vinda para o Brasil. Pela primeira vez, Yang começava a duvidar que ela ainda pudesse vir ou que ainda o quisesse. Não estava conseguindo se comunicar com ela, que mudava de endereço pela dificuldade de aluguel.

— Meu amor estava do outro lado do mundo e eu não tinha esperanças de revê-la — lembra.

Estava exausto. Deprimido. Zhu também sofria. Havia conseguido se mudar para Singapura, onde, além do trabalho diário em uma empresa, dava aulas de chinês para crianças. Como ele, havia conquistado a liberdade, mas tinha perdido a esperança de reencontrar o namorado. Sequer sabia se ele estava vivo ou morto. Yang estava à beira do desespero quando, outra vez, circunstâncias inesperadas o levaram a mudar seu destino. Ele, que nunca tivera contato com religião, tornou-se evangélico. A fé o fortaleceu. Ao mesmo tempo, por meio de amigos chineses que tinha feito no Brasil desde os contatos iniciais com Tommy, ouviu falar sobre o Paraguai. Soube que lá ele poderia encontrar oportunidades de trabalho com maior renda e também haveria a possibilidade concreta de obter visto de entrada para Zhu. Não sabia se voltaria a ter notícias dela, mas, se isso ocorresse, queria ser capaz de tirá-la da China e cuidar dela, como havia prometido e não conseguira até então. Recuperou a força para lutar e correr atrás do futuro que, além da liberdade que o movera a cruzar o mundo, o fazia acreditar, outra vez, na possibilidade de compartilhá-la com a mulher que havia escolhido para viver desde o primeiro encontro naquele banco da faculdade. Pela segunda vez, haveria uma grande reviravolta em sua vida.

Yang resolveu deixar o Brasil. Foi com muita emoção que ele, Eurico e Marluce se despediram. Ele se mudou em 1992 para ***Ciudad del Este***, onde foi trabalhar em uma loja de bolsas femininas, a Chenson. Lá, investigou e descobriu que seria realmente mais fácil conseguir o visto de Zhu, de quem havia encontrado o paradeiro. Ele decidiu que nunca mais a perderia. Ela já não tinha mais a mesma certeza quanto ao futuro dos dois. Tinham passado cinco anos longe e um ano e meio sem qualquer contato. Ele pediu que ela desse uma oportunidade ao amor que existia entre eles e viesse passar uma semana no Paraguai. Só uma. Prometeu que iria convencê-la a ficar com ele para sempre, mas, caso ela decidisse retornar, ele providenciaria a viagem de volta após o prazo combinado. Yang dobrou as resistências de Zhu, assim como as dos pais dela. Yang e Zhu casaram-se no dia 30 de outubro de 1994. Tiveram dois filhos, Enoch e Eloisa. A história dos dois está contada no artigo *O sonho que atravessou o inverno e se realizou no Brasil* e no episódio "A dream in Brazil", um dos nove da série televisiva documental *Beyond*, de 2010.

Hoje Yang é um dos sócios majoritários da Chenson. Voltou para o Brasil e mora com a família em São Paulo. Fiel aos seus ideais de estudante, continua lutando por mais liberdade em seu país.

— A minha geração está de pé. A gente trabalha para formar jovens chineses para que tenham os mesmos sonhos de democracia que tínhamos lá atrás. Faço parte dessa luta contínua pela liberdade da China. Essa chama nunca morreu, nunca se apagou, graças a Eurico e Marluce. Sempre os considerei meus

Bordado feito por Eloisa, filha de Yang, a partir de foto de Eurico e Yang, para presentear Eurico. A foto original encontra-se no caderno de fotos.

pais brasileiros. Foi assim que ensinei meus filhos a considerá-los quando contei a minha história para eles. É assim até hoje.

Yang nunca se arrependeu de ter escolhido o Brasil como destino. Nem de ter migrado para o Paraguai. Naquele momento, além das dificuldades por que passava no plano pessoal, o país como um todo já vinha enfrentando os problemas decorrentes dos desacertos do Plano Collor. Assim como ele, muita gente boa saiu. E, da mesma forma, mais tarde voltou[41].

OS CHEFS (DESDE 1992)

Em 1992, a crise econômica associada a um episódio de violência urbana levaram o francês Claude Troisgros, que havia chegado ao Brasil em 1979 para trabalhar na cozinha do Le Pré Catelan, a tomar a decisão de deixar o país.

Nessa ocasião, ele era proprietário e chef de um restaurante com seu nome, aberto na rua Frei Leandro no Jardim Botânico. Eurico e Marluce eram frequentadores assíduos. Claude relembra:

— Eu recebi uma ameaça de sequestro. Me deu certo medo e falei para minha mulher e para meus filhos, então com 10 e 12 anos: "Vamos dar um tempo de Brasil".

Ele resolveu, então, voltar para a França. Cerca de seis a oito meses depois, decidiu ir morar em Nova York quando recebeu uma proposta para abrir um restaurante na cidade com o grupo de Ricardo Amaral[42]. Pensava em ficar alguns anos nos Estados Unidos, quem sabe para sempre. Numa vinda ao Rio, teve a ideia de sugerir a Eurico que se tornasse seu sócio e assumisse a administração do restaurante do Jardim Botânico.

O empresário aceitou a proposta. Outra vez, o acaso interferia no seu destino e o empurrava a pôr em prática a estratégia de expansão que havia concebido mais de um ano antes: a aposta em restaurantes autorais, com a assinatura de chefs estrelados.

Claude avisou sua equipe — entre eles, Batista, o responsável pela operação da casa no dia a dia — que o professor era quem passaria a administrar o lugar a partir daquele momento e pediu: "Cuidem bem da minha casa".

O chef vinha de forma esporádica ao Rio. Ele e Eurico se falavam somente de vez em quando por telefone ou fax.

— Havia uma confiança mútua — diz Claude. — Ele foi um sócio excelente. Respeitou o meu nome e a minha tradição. Manteve a equipe e a qualidade da comida, acrescentando uma parte administrativa e financeira muito forte.

Claude só retornou ao Brasil em 1998. Ao voltar ao Rio, após o fechamento do restaurante de Nova York, não tinha, como ele mesmo diz, mais nada, a não ser a sociedade no restaurante com seu nome.

— Era o meu xodó e meu meio de vida.

Procurou Eurico e falou do desejo de recomprar a casa.

— Ele percebeu que eu estava apaixonado por meu restaurante e queria recuperá-lo. Foi uma negociação muito simples, algo resolvido em dois minutos. Ele me vendeu pelo mesmo preço que eu tinha vendido para ele seis anos antes, sem juros, inflação, nada. Foi um ato de carinho de Eurico, de uma elegância e de uma sensibilidade que eu nunca vi na vida — diz Claude, que ainda se emociona ao falar do assunto e que reabriria o restaurante em seguida com o nome da mãe, Olympe[43].

A história de Eurico com outro restaurante famoso, o Enotria, começa na mesma rua em que ficava o Claude Troisgros. Na calçada em frente ao seu xodó, Claude tinha instalado o Chefs Bistrô. Como já estava acertado que Eurico ficaria com o restaurante principal, Claude ofereceu também o ponto em frente, no número 20 da Frei Leandro: um charmoso sobrado com as paredes de tijolos maciços de antigamente, escada com corrimão de cerejeira trabalhada em linda curvatura, espaços interiores acolhedores, pé direito alto. Era perfeito. Além do prédio encantador, a localização era o maior trunfo: uma rua arborizada, próxima de tudo, o que garantia um bom fluxo de clientes e, ao mesmo tempo, longe de qualquer tumulto, permitindo aconchego.

Eurico aceitou a proposta de Claude e inaugurou, em 1993, o seu primeiro Enotria, restaurante que fora criado por Danio Braga, o consagrado chef e enólogo-mestre da arte do vinho no Brasil, fundador da Associação Brasileira de Sommeliers, a ABS. Naquela ocasião, Danio também decidira deixar o Rio e se mudar para Araras, na Região Serrana do Estado do Rio. E procurou Eurico para lhe oferecer o Enotria. Nessa época, Eurico vinha sendo intensamente procurado para ser sócio ou investidor na área de alimentação por conta das experiências bem-sucedidas. Tinha recusado várias propostas, mas sabia que aquela era uma oportunidade imperdível, que coincidia com mais dois pilares da sua estratégia de expansão: um grande chef e um ponto perfeito. Outra vez o destino tramava a favor dele.

Aceitou a proposta do amigo Danio cujo restaurante, que ficava em Copacabana, frequentava havia tempo. As obras de reforma e decoração ficaram a cargo de Bernardo Schor, que, ao longo de trinta anos, executaria projetos de arquitetura e decoração em mais de dez restaurantes de Eurico. Bernardo não precisou mexer muito para garantir um ambiente elegante e acolhedor. Também na parte operacional havia pouco a alterar. Assim como nas demais casas que Eurico tinha adquirido, o Enotria era um restaurante de sucesso cuja identidade e características próprias precisavam ser asseguradas, agora no novo bairro, o Jardim Botânico.

Nessa época, a estratégia de negócio idealizada três anos antes mostrava-se vitoriosa. Eurico comemorava o acerto nas escolhas: a aposta nas cozinhas italiana e francesa, e nas cozinhas autorais. Ele também se sentia recompensado pelo reconhecimento que recebia da mídia. No dia 17 de julho de 1993, a jornalista e crítica gastronômica Ana Cristina Reis escreveu no caderno "Ela", de *O Globo*, sobre dois dos restaurantes de Eurico. O Enotria tinha "cozinha fina italiana com a adega irretocável de Danio Braga" e o Claude Troisgros contava com "pratos com a genialidade de Claude, que vem sempre ao Rio lançar os cardápios". A jornalista ressaltava: "Ser dono de dois restaurantes cinco estrelas é uma façanha pouco comum. Ser dono de dois restaurantes cinco estrelas sem ter tradição como *restaurateur* ou ser *chef de cuisine* é ainda mais inusitado". O curioso é que bastava atravessar a rua Frei Leandro para ir do Claude Troisgros para o Enotria e vice-versa.

Ana Cristina observava que a empreitada de Eurico era inédita no Rio, já que ele respondia também pelos elogiados Giancarlo, Le Petit Lieu e Meridiano 20. Até porque ele não era uma multinacional como o McDonald's, nem uma rede como o La Mole. Tampouco fazia parte do grupo dos espanhóis, como Chico Recarey. Ao contrário, até três anos antes nunca se envolvera com a administração de restaurantes. O trabalho dele era: "Botar em ordem a casa... dos outros".

ADMINISTRAR É PRECISO

Era verdade. Boa parte do sucesso de Eurico residia na administração dos restaurantes. Era uma vantagem competitiva. A filosofia era manter centralizado, com um escritório central, as atividades comuns a todos os restaurantes e diferenciar e descentralizar o que era específico e definidor da personalidade de cada um. Dessa forma, a administração financeira, os recursos humanos, a informática, o marketing, o jurídico, as compras e o armazenamento dos insumos comuns eram compartilhados. Com isso, Eurico garantia a escala que otimizava custos e permitia a contratação dos melhores profissionais. Já as atividades essenciais para a manutenção da identidade de cada casa eram geridas pelas próprias equipes locais, sem a interferência do escritório central, embora com interação permanente entre Eurico e o chef do restaurante em um equilíbrio difícil, mas indispensável.

— Era uma novidade e um desafio para todos nós. Os chefs estavam acostumados a se ocupar de uma parte do negócio. Queriam, por exemplo, criar as melhores receitas e definir a qualidade dos insumos — e eu precisava deles para isso —, mas não se sentiam com paciência ou tempo para controlar custos ou estoques — e, para isso, eu também precisava deles. Nem sempre era fácil harmonizar expectativas, percepções e ações entre todos nós. Aprendemos juntos e obtivemos resultados muito bons.

Eurico destaca que manter padrões empresariais nesse ramo não é um desafio apenas no relacionamento com os chefs. A administração de restaurantes tem o glamour de elaborar menus e cartas de vinho, promover eventos para atrair público e consolidar marcas, mas é uma atividade complexa, que demanda trabalho duro, aliado a muita precisão e atenção a detalhes. Por isso, exige equipes muito qualificadas e motivadas, o que, naquela época, não era fácil de conseguir.

— Sempre me preocupei em formar o melhor time de profissionais do mercado, em todos os níveis. E, quanto mais operacional é a atividade a ser desempenhada, maior o desafio. Não bastava selecionar e treinar as pessoas. Era preciso assisti-las e criar condições para que se sentissem recompensadas e evoluíssem. Esses profissionais, geralmente, levam uma vida de muito sacrifício. Moram longe, gastam horas para ir e voltar e passam praticamente o dia todo só em função do trabalho.

Irene Machado, assistente pessoal da família, comenta sobre o que mais lhe impressionava na relação entre Eurico e as equipes:

— Ele é gentil, solícito, educado. Bronca, eu não sei nem se ele sabe que palavra é essa. Nunca levantava a voz ou foi grosseiro. Nunca o vi de mau humor. Claro que era sério e exigente, mas mesmo quando criticava ele nunca me falou de um jeito que eu me sentisse mal.

Suzane Machado, assistente financeira dos restaurantes, comenta:

— O professor é uma escola de mão de obra. Devo muito a ele. Quem passasse por seus restaurantes era muito valorizado no mercado.

Roberto Serpa, advogado que dava assistência às questões trabalhistas, destaca:

— Profissionalmente, ele tem uma capacidade admirável. Mas, pessoalmente, é ainda mais impressionante: tratava cada funcionário de forma individual, atento às peculiaridades e necessidades de cada um; era disponível e flexível em momentos difíceis; buscava integrar as equipes e promover a cooperação.

Com o objetivo de desenvolvimento do pessoal, a filha de Eurico, a psicóloga e administradora de empresas Renata Longhi Carvalho da Cunha, criou um projeto sem fins lucrativos, o Analfabetismo Zero na Cozinha. Eram quatro horas de aula de português e matemática toda semana, em um dos restaurantes do grupo. Os planos eram que, superada a fase de alfabetização, o projeto fosse expandido para cursos de especialização. Na edição de 6 de dezembro de 2003 do caderno "Razão Social", de O Globo, Renata mostrava que a iniciativa visava contribuir para a melhora da autoestima e da qualidade de vida dos funcionários, o que, consequentemente, traria benefícios para o desempenho e o crescimento deles no trabalho. E assim foi feito.

Para dar conta dos vários restaurantes que operava simultaneamente, Eurico tinha de administrar uma equipe numerosa e conduzir uma infinidade de reuniões, emendando uma na outra. Sua capacidade de ir a fundo em tudo aliada a um estilo participativo de gestão são apontados pelos participantes dessas reuniões como marcas registradas de Eurico. Os entrevistados são unânimes em afirmar que ele "sabia de tudo". Ana Paula Luz, que foi diretora de serviços gerais do grupo, resume brincando:

— Era o nosso "deus-sol". Era como se ele estivesse presente em todos os lugares. Era capaz de controlar da margem do cafezinho à negociação com os donos de shoppings, e se envolvia nas definições de cardápios de todos os restaurantes. Mesmo quando chegou a ter mais de 20 operações simultâneas, sentava-se com o chef, participava das degustações e definiam, juntos, itens e preços de cada cardápio.

Exatamente por estar tão próximo às equipes, Eurico trabalhava com todos de forma muito participativa. Tomava a decisão final, mas só fazia isso após ouvir e debater as ideias de todos.

Antônio Elis, que começou como ajudante de cozinha em 1993 e chegou a gerente de restaurante, relembra:

— Ele escutava o que todos diziam nas reuniões, analisava as falas e, quando fosse o caso, argumentava: "Vamos ver isso melhor, vamos pensar em como podemos agir de forma diferente".

Itamar Alves, o primeiro diretor financeiro do grupo de restaurantes de Eurico[44], é outro que destaca o elevado grau de profundidade e exigência com que o empresário conduzia os negócios, embora sempre com tranquilidade:

— No dia a dia, o professor fazia questão de acompanhar as muitas tarefas realizadas em todos os restaurantes, além das mais diversas atividades do escritório central. E tudo tinha de correr dentro do padrão muito alto de exigência dele. Queria bons chefs, bons produtos, bons serviços e bons resultados financeiros. Ele era sempre muito polido na forma de lidar com o pessoal, mas quando tinha de ser duro ele era.

Herbert Lins, que substituiu Itamar como diretor financeiro e depois foi diretor operacional responsável por supervisionar todos os restaurantes, é igualmente testemunha de como Eurico sabia equilibrar firmeza e polidez:

— Ele é um gentleman. Até na hora de dar bronca, fazia com sabedoria, com a maior classe. Era de forma educada, mas que fazia você sentir mais do que se tivesse levado um esporro.

Fernando Sá, que foi diretor de marketing do escritório central, também comenta o jeito determinado, mas educado, de Eurico:

— Ele nunca levantava a voz. Em vez disso, dizia: "Puxa vida, meu caro, lamentável". Ouvir esse "lamentável" era pior do que levar uma bronca.

Apesar do elevado grau de exigência, Eurico era "bom astral" e otimista por natureza, como também ressalta Herbert, com entusiasmo:

— Eurico é admirável. Nada é obstáculo para ele, que encara qualquer desafio com força de vontade, tino comercial e inteligência ímpar.

Cláudia Lima, da equipe de Herbert, reforça esse traço de Eurico:

— A trajetória dele é de arrepiar. Sua determinação o leva a enfrentar desafios: não recua, não desiste. Tem otimismo, positividade, força para enfrentar tudo. Em todos esses anos nunca o vi desanimar.

Nessa mesma linha, Fernando Sá define cada encontro que tinha com Eurico todas as segundas-feiras, às 9h, como "uma aula de disposição".

— Era um prazer ter aquela vivência. Não tinha como eu começar o dia de mal com a vida. Para quem enxerga, a cegueira é muito limitante, mas ele estava sempre de bom astral e bem-disposto. O fim de semana podia ter sido ruim nos restaurantes, mas, na segunda, ele chegava otimista e com palavras positivas.

Liège Monteiro, empresária de comunicação e eventos que fazia a assessoria de imprensa para algumas casas de Eurico, também aguardava, ansiosa, as reuniões com ele.

— Eu pensava: "Oba!". Ficava animadíssima. Metade do tempo era trabalho e a outra metade, conversa. E tanto a parte prática, dos negócios, como a parte prazerosa, do bate-papo, eram ótimas. O professor não falava: "Eu quero". Ele falava: "Eu proponho que seja assim". Da mesma forma, era muito bom ficar filosofando. Eu digo que não era jogar conversa fora, e sim jogar conversa dentro, porque me enriquecia. Ele sabe tudo. É um acumulador de conhecimento. É brilhante, inteligente, sofisticado. Um príncipe.

Também responsável pela assessoria a Eurico na área de comunicação e eventos de vários restaurantes, Monalisa Netto, dona da agência de comunicação Contexto, é outra testemunha da forma de trabalho entusiasmada de Eurico. Os dois gastavam horas concebendo juntos maneiras de manter os restaurantes sempre sob os holofotes e ela contava com o aval dele para investimentos permanentes em marketing e comunicação.

— Eu tinha carta branca para fazer qualquer coisa que quisesse com relação à divulgação — lembra ela.

Isso incluía desde a produção de conteúdos e fotos para a imprensa, passando pela manutenção de diversificado calendário anual de eventos, até a vinda de chefs mundialmente famosos para a realização de jantares exclusivos nos restaurantes. Um exemplo foi o francês Stéphane Hottlet, do restaurante parisiense Maison Rostang, duas estrelas no Guia Michelin, que preparou almoços no Enoteca Uno e jantares no Le Petit Lieu. Junto, ele trazia parte de sua equipe, como os sommeliers Luc Menier e Ronan Lievens. Foram muitos os convites a chefs estrelados. Um deles rendeu mais do que sucesso de mídia e público. Eurico trouxe ao Rio o alemão Joachim Koerper, duas estrelas no Guia Michelin, que, na ocasião, era chef do Eleven, em Lisboa. O sucesso dos jantares que realizou no Bistrô Itália foi tão grande que o chef foi convocado uma segunda vez para repetir o evento. O encantamento de Koerper pelo Rio iria fazer com que ele viesse a se estabelecer na cidade, anos depois, mas essa história será vista adiante.

Como sempre ocorreu na vida acadêmica e profissional de Eurico, sua memória prodigiosa e sua velocidade de cálculo são também citadas pelas equipes dos restaurantes como trunfos que, no dia a dia, permitiam-lhe prescindir da visão. Sua capacidade de guardar informações fez com ele ganhasse dos netos o apelido de “vovô Google”.

— Ele fazia qualquer conta de cabeça e com rapidez. Ele sabia a receita e o gasto de cada restaurante. Se você falasse que gastou tanto de água no restaurante tal e não fosse certo, ele corrigia. E era sempre ele que estava certo. Era melhor não discutir números com ele — diz Herbert.

O advogado tributarista Janssen Murayama, que passou a cuidar da parte fiscal das empresas em 2009, é outro que fala do seu espanto com a memória de Eurico.

— Na nossa relação, o fato de Eurico ser cego era indiferente, porque ele tinha na cabeça todos os números, desde faturamento e folha de salários até receitas e despesas. Sabia o resultado de cada casa.

As pessoas simplesmente esqueciam que Eurico era cego. E esqueciam porque o próprio Eurico naturalizava a cegueira a tal ponto que nem ele pensava mais no assunto. Tinha suas habilidades e limitações, mas não fazia ou deixava de fazer coisa alguma por conta disso. E aí, naturalmente, seus interlocutores deixavam de se importar com essa questão, como relataram os vários entrevistados para este livro que conviveram com o empresário, destacando características que pareciam transformar a cegueira em um detalhe irrelevante.

Herbert fala que estava apreensivo no primeiro encontro com Eurico.

— Fui para a entrevista cheio de dedos. As minhas conversas são muito visuais, falo muito "tá vendo?", então me policiei ao máximo para não dar furo. Mas, assim que entrei na sala, ele se levantou e me estendeu a mão, como se estivesse me vendo. Me desarmou. Alguns meses depois, eu já dizia: "Vamos dar uma olhadinha nessa planilha, vamos ver esses números?".

Itamar, que antecedeu Herbert, também viveu a mesma experiência. Quando foi chamado para a entrevista ninguém o avisou que Eurico era cego.

— Ao entrar, ele me cumprimentou e fez sinal para eu me sentar como se enxergasse normalmente. Só aos poucos, percebi que ele era cego, mas a conversa foi tão natural que rapidamente eu já tinha esquecido.

O chef Batista, que foi trabalhar com Eurico quando ele se associou a Claude Troisgros, lembra-se do susto que teve quando o empresário disse que era cego.

— Pensei: "Mas como?". Com a convivência, entendi como era possível. O professor é muito inteligente, além do normal. E ele sabia tudo o que acontecia, no salão e na cozinha. As mãos dele eram os olhos.

Até em áreas predominantemente visuais, nas quais seria de se esperar que a cegueira fosse mais limitante e Eurico se envolvesse menos, ele era extremamente presente. Os restaurantes passavam por reformas constantes e os arquitetos que conduziram os seus principais projetos de reforma e decoração, como Miguel Pinto Guimarães, Veronica Valle e Bernardo Schor, interagiam com ele e, sem que a cegueira fosse empecilho, passavam horas discutindo plantas, layouts, revestimentos e cores.

— Eurico era um cliente dos sonhos — diz Bernardo. — Ele dava liberdade criativa, estava sempre aberto a novas ideias, mas sabia exatamente o que queria. Tinha capacidade de transmitir coordenadas, detalhando minuciosamente o que desejava para cada ambiente, do conceito ao número de mesas. Em uma reunião, ao mostrar detalhes para um projeto, perguntei: "Está vendo, Eurico?". Imediatamente me dei conta da gafe que cometi e fiquei sem jeito. Mas ele respondeu com naturalidade e bom humor: "Não, Bernardo, não estou vendo, mas, por isso, contratei você. Confio no que você vê". No dia a dia, esse detalhe de que ele não enxerga com os olhos acaba realmente sendo esquecido.

O chef Joachim Koerper expressa um sentimento que parece ser comum diante da forma como Eurico lida com a questão da cegueira.

— Tiro meu chapéu para Eurico. Nós pensávamos sempre: "Será que ele é mesmo cego?". Até hoje, não sei se é...

Esquecer a cegueira de Eurico era o usual na relação das equipes com ele. Tanto que, em reuniões que se estendiam até o entardecer, Eurico cansou de ouvir o seu interlocutor perguntar gentilmente, quando ia se retirar: "Quer que acenda a luz?".

TODOS OS CAMINHOS LEVAM AOS SHOPPINGS (DESDE 1993)

Se até aquele momento a empreitada de Eurico era vista como surpreendente, o ineditismo mal começava. Ele estava prestes a ampliar seus horizontes "aproveitando oportunidades imperdíveis", como havia definido anos atrás como parte de sua estratégia de expansão. Fruto de uma crença que, em suas próprias palavras, influenciou sua trajetória:

— Muitos ditos de meu avô Lucio me vêm à cabeça com frequência. Sou capaz de ouvir aquele vozeirão dele, com sotaque luso carregado, a dizer: "Vamos, corres atrás. A oportunidade é cabeluda na frente, mas é careca nas costas. Ou tu a agarras pelos cabelos na hora em que te aparece ou não a apanhas nunca mais". Acho que nisso consegui seguir o conselho dele. Desde pequeno eu acreditava que a bola estava comigo. Eu tinha de ser dono do meu destino. Essa crença influiu na minha vida toda, nos tempos de escola, na faculdade, no trabalho, em tudo.

No ramo de restaurantes, Eurico se deparou com muitas oportunidades imperdíveis e tratou de não deixá-las passar. Algumas vezes percebeu o momento certo para ocupar nichos de mercado que ainda não tinham sido identificados ou suficientemente explorados pela concorrência. Outras, recebeu e aceitou convites para parcerias irrecusáveis. Em uma terceira situação, caíram em seu colo pontos comerciais excelentes. Essa pode até não parecer uma oportunidade tão valiosa, mas ele costuma lembrar a famosa máxima do varejo que lista, em inglês, os três fatores fundamentais para o sucesso de um negócio: *location, location and location*. E o próximo passo de sua expansão foi justamente determinado pela capacidade de aproveitar a localização. Ele, agora, iria aos shoppings.

Após o impeachment de Collor, assumiu o vice, Itamar Franco, em meio a um cenário político e econômico conturbado, que aliava inflação beirando os 50% ao mês, estagnação econômica, déficit fiscal, desemprego e crise social. O então ministro da Fazenda de Itamar, Fernando Henrique Cardoso, junto com uma equipe de economistas liderados por Pedro Malan, implementou o Plano Real, conseguindo em 1994 controlar a inflação.

Com a estabilização econômica, houve um boom de centros comerciais populares no Rio, ameaçando a confortável posição dos shoppings tradicionais como o Rio Sul, o Shopping da Gávea, o BarraShopping e o São Conrado Fashion Mall. Como reação, esses shoppings desenvolveram ações gradativas de sofisticação e buscaram trazer restaurantes de maior prestígio para suas praças de alimentação.

Antes disso, Eurico já tinha sido precursor, lançando nas praças de alimentação do BarraShopping e do Rio Sul filiais do Giancarlo. Essas experiências foram um sucesso. Nas horas de pico, as filas para conseguir mesa nesses restaurantes davam voltas nas praças.

Numa segunda etapa desse processo de aprimorar a oferta gastronômica, os shoppings passaram a instalar restaurantes de prestígio para além das praças de alimentação. Eurico começou a receber convites para inaugurar o Enotria, o Giancarlo e o Le Petit Lieu como âncoras nessas áreas nobres. As propostas dos shoppings, além de assegurar espaços exclusivos para localização dos restaurantes, longe das lanchonetes e mesas comunitárias, com acesso externo e manobrista, também ofereciam benefícios financeiros, como pontos sem pagamento de luvas, carência do aluguel e custeio da instalação.

Essa nova estratégia de expansão começou pelo BarraShopping.

BarraShopping

O superintendente do BarraShopping agendou uma reunião com Eurico para lhe apresentar uma proposta. Gostaria de ter o Enotria como âncora, logo na entrada do shopping, em frente ao estacionamento VIP. Seria o primeiro restaurante a ter o seu letreiro na fachada. E, além da cozinha clássica e do ambiente requintado do Enotria, queria que ele trouxesse um conceito inovador que pudesse atrair o público jovem. Marcaram uma segunda reunião, em que Eurico falou sobre o Prima Donna. A ideia era um restaurante de cozinha *fusion*, preparada na frente do cliente. Teria ilhas abertas com equipamentos de cozinha sofisticados de cores coordenadas entre si, com chefs joviais em uniformes modernos, preparando na hora, em cada ilha, uma culinária diferente: massas e molhos, grelhados, saladas e pizzas.

Eurico abriu os dois restaurantes simultaneamente, em 1995. Deu certo. O Enotria foi eleito o melhor restaurante da Barra em 1998 pelo jornal *O Globo*. A matéria elogiava a adega e a cozinha, comandada pelo chef italiano Dino Pisellini, que trabalhara nos Ciprianis de Veneza e do Copacabana Palace. E falava da decoração, com clima suave, máscaras venezianas autênticas e orquídeas distribuídas pelas mesas.

O Prima Donna, com seu novo conceito gastronômico, também acertou em cheio com a cozinha *fusion* e com a decoração moderna, alegre e de clima de férias, feita por Bernardo Schor, que também assinava o requintado espaço do Enotria.

Durante quatro anos, as duas casas foram operações prioritárias para a estratégia do shopping, com muito sucesso de público e grande repercussão na mídia. Porém, em 1999, dando continuidade à sua onda de sofisticação, a administração do BarraShopping decidiu que era necessário mudar o mix de lojas do andar em que estavam localizados todos os restaurantes gourmet, instalando, no espaço, lojas de grifes internacionais.

— Os shoppings oferecem vantagens inigualáveis, como o alcance da comunicação, o volume de público, a segurança e a comodidade para o cliente, mas têm um ônus pesado — diz Eurico. — E não falo de custos financeiros, que é uma questão que se resolve com boa avaliação de custo-benefício. Eu me refiro ao fato de que o destino da maioria das operações em shoppings está umbilicalmente condicionado às decisões e às ações das suas administrações. São decisões legítimas e no melhor interesse do negócio deles, como mudanças no mix de lojas, alterações nas estratégias de comunicação ou situações menos controláveis, como maior ou menor competência de gestão ou de volume de investimentos, mas que têm o absoluto poder de impulsionar ou desestabilizar a operação de seus inquilinos. Os shoppings, inquestionavelmente, impulsionaram as minhas operações. Foi a extraordinária parceria que estabeleci com eles que possibilitou a expansão que alcancei. Mas também vivi a outra realidade, quando as mudanças nos rumos deles prejudicaram os meus.

A alteração no BarraShopping fez com que, dos sete restaurantes de grife, cinco fossem fechados. Restaram somente os dois de Eurico: Enotria e Prima Donna. Em 26 de fevereiro de 1999, a colunista social Hildegard Angel comentava em *O Globo* o feito, dizendo que Eurico era dos poucos *restaurateurs* do Rio que se mantinham fora do vermelho na crise econômica por que passava o país. O Enotria ainda ficou no mesmo ponto até o término do contrato de locação, expandindo-se para outros endereços, começando pelo CasaShopping. O Prima Donna teve a sua localização transferida e, no novo espaço, não conseguiu manter o brilho de antes.

— Eles me propuseram mudar o Prima Donna para a ala oposta do shopping. O meu otimismo irremediável me levou a acreditar que iria dar certo, mesmo sabendo que o novo local era fechado e tinha um mix de lojas sem conexão com o Prima. O shopping fez todos os investimentos e mudamos. O óbvio aconteceu. Não deu certo. Posteriormente, o Prima foi reaberto no Centro da cidade, em um espaço amplo, com jardins e grande trânsito de público. No novo espaço, voltou a fazer sucesso.

Fashion Mall

O shopping seguinte foi o São Conrado Fashion Mall, que fica logo na saída do túnel que separa a Zona Sul da Zona Oeste carioca. Em meados de 1990, a administração queria um trunfo capaz de fazer os clientes da Zona Sul atravessarem o túnel e apostou que dois restaurantes de Eurico poderiam ser esse atrativo. Por isso o convidaram e ofereceram apoio e benefícios. Eurico negociou a abertura das operações que acreditava terem o perfil do shopping e, em 1996, inaugurou o Enotria e o Le Petit Lieu, que mantiveram a essência das casas originais e só deram alegrias. O Enotria, além de um sofisticado cardápio italiano, tinha uma adega envidraçada que foi várias vezes premiada. O salão tinha pé direito duplo com uma cortina de água do piso ao teto. O Le Petit Lieu repetiu, no Fashion Mall, o mesmo estilo do clássico bistrô francês que, com serviço competente e acolhedor, encantava os clientes no Itanhangá.

Menos de dois anos depois, Eurico abriu outro restaurante no Fashion Mall. O California Dream, direcionado para o público mais jovem, com uma cozinha autoral, um mix inovador de sabores ocidental e oriental, comandada pelo celebrado chef Marcos Alvim, além de uma carta com drinques exclusivos. A decoração era charmosa e casual. Tinha cabines com piso alto, tipo tatame japonês, e portas de correr de madeira fininha e papel de arroz, que podiam ser fechadas por dentro pelos clientes e reservadas para comemorações e eventos privados. Não demorou muito para os maîtres passarem a contar histórias de reservas feitas por jovens casais, que ocupavam o espaço por uma noite inteira e consumiam muito pouco, enquanto as demais mesas do restaurante "giravam" pelo menos duas vezes por noite e geravam um faturamento muito maior. Para frustração dos casais apaixonados, em pouco tempo as cabines passaram a ser reservadas apenas para uma ocupação mínima de seis clientes.

Downtown

Uma razão levou Eurico a perceber que era tempo de mudar suas operações no Fashion Mall. O shopping começou a perder seu público e suas principais lojas, até pelos desafios de segurança que se agravaram na área. Coincidentemente, uma nova oportunidade apareceu. Em 1998, o Rio ganharia seu primeiro *mall* aberto, o Downtown, na Barra, que o convidou para abrir lá dois dos restaurantes que faziam sucesso em São Conrado.

Eurico decidiu não dar continuidade à expansão do Le Petit Lieu. A clássica culinária francesa, ponto forte do restaurante, estava perdendo espaço no Rio para outras opções mais baratas e mais leves, como a japonesa e a mediterrânea. Seus ícones e formadores de opinião se afastaram da cidade. Laurent já tinha ido para São Paulo, o restaurante Le Pré Catalan fechou, Roland Villard mudou sua trajetória e Claude Troisgros, de volta ao Brasil, manteve a sua casa original, mas investiu em propostas mais inovadoras.

No caso do Enotria, ele preferiu optar por um italiano mais informal. Naquele início dos anos 2000, o conceito de restaurante italiano para família já era sucesso consagrado em São Paulo e não havia vingado no Rio, onde algumas antigas operações semelhantes tinham perdido vitalidade. Eurico não precisava dos olhos para enxergar que aquele *mall* aberto, arborizado, com praça de recreação infantil, feirinha de artesanato e muitos cinemas seria um ponto de destino para as famílias. Ali iria inaugurar sua primeira cantina familiar italiana, o Little Italy, que oferecia pizzas e massas com inúmeras opções de molhos que podiam ser combinados ao gosto do freguês. E muita sobremesa. Um enorme forno a lenha era a estrela da decoração. Era uma proposta inovadora no Rio, uma espécie de parque temático da cozinha italiana, perfeito para a família.

Entretanto, era também necessário ter um lugar no Downtown para atender à turma jovem, que já faz programas separados dos pais e que, com certeza, também seria atraída pelo estilo do *mall*. Eurico decidiu replicar o conceito do California Dream. Apostou na manutenção do astral de juventude americana. Agora, emulando Nova York, batizou o novo restaurante de Big Apple, comandado pelo mesmo Marcos Alvim.

New York City Center (NYCC)

Em meados dos anos 2000, a ocupação dos shoppings seguiu rumo ao New York City Center, também na Barra, com um pit stop no Itanhangá Center, onde havia começado o Le Petit Lieu. O Itanhangá tinha um grande pátio, à frente do qual ficava um campo de golfe e atrás um condomínio de mansões, em uma colina cercada de Mata Atlântica. Lá, surgiu a oportunidade (sempre ela) de instalar um restaurante em um ponto amplo, capaz de acomodar outra grande cantina. Eurico tomou a decisão de replicar o Little Italy no Itanhangá. Contudo, fiel ao conceito de não ter uma cadeia padronizada de restaurantes, rebatizou o restaurante em língua italiana: Piccola Itália, que passou a ocupar um enorme espaço no térreo do *mall*, dessa vez com decoração cenográfica de Mário Monteiro e música ao vivo às quintas-feiras.

Eurico se lembra da primeira reunião que o levou à inauguração de mais dois restaurantes no New York City Center. Ele foi convidado para uma reunião com os executivos da Multiplan (empresa que detém o BarraShopping e estava abrindo o New York). Eles desejavam expandir a experiência do BarraShopping para o novo empreendimento e queriam repetir a dobradinha de sucesso com o Enotria, para um público mais adulto e formal, e com o Prima Donna, para o público jovem.

— A ideia não me parecia boa. Eu os convidei para almoçarmos no Enotria para conversarmos relaxadamente. Aliás, esse é um dos aspectos divertidos de ser dono de restaurantes. As reuniões de trabalho sempre começam ou terminam em confraternizações. Eu lhes pedi que me falassem do público esperado e do mix de lojas planejado para o New York. Sabia que, ao refletir sobre o estilo do novo shopping, concluiríamos juntos sobre a melhor proposta de restaurantes.

Dito e feito. No fim do almoço, tinham chegado a um consenso. Na linha italiana, por sugestão de Eurico, decidiram-se pela instalação de um restaurante menos formal e de preços mais acessíveis do que o Enotria. Optaram por abrir uma cantina italiana familiar com as características do Piccola Itália, do Itanhangá, e do Little Italy, do Downtown. Batizaram a nova casa de La Toscana. E, para o público mais jovem, Eurico sugeriu replicarem o conceito do California Dream e do Big Apple, e que batizariam de American Dream. As escolhas se provaram acertadas.

Como se vê, a história dos shoppings mais sofisticados do Rio se confunde com a estratégia de expansão de Eurico. Só que o boom de shoppings populares, uma das razões que levaram os estabelecimentos tradicionais a investir em gastronomia, também gerou oportunidades que, como era de se esperar, Eurico não ignorou.

O CENTRO NO MEIO DO CAMINHO (DESDE 1995)

Ao longo do processo de expansão dos shoppings tradicionais, Eurico vinha recebendo convites para instalar restaurantes nos shoppings populares que proliferavam pelo Rio, a partir da estabilização da moeda e da melhora na economia. Como regra geral, não aceitava. Decidira só ter operações em endereços próximos ao seu escritório central, na Barra da Tijuca, para não abrir mão das vantagens competitivas dessa estrutura centralizada que, em determinado raio de alcance, possibilitava a unificação da supervisão de equipes e de vários procedimentos operacionais.

No entanto, era cada vez mais evidente o aumento do número de famílias de renda média mais baixa que estavam passando a se alimentar fora de casa. Assim, crescia a demanda para restaurantes em shoppings populares. E, como já estamos cansados de saber, Eurico não era de dar as costas para oportunidades. Decidiu buscar dados mais objetivos sobre essa nova tendência de consumo.

Eurico contratou uma pesquisa de mercado, em que incluiu questões muito específicas, e as respostas confirmaram o senso comum. A sondagem mostrou, em primeiro lugar, que um restaurante especializado em camarão com pratos fartos e preços acessíveis era um sonho de consumo do público-alvo. Eurico criou o Empório do Camarão e o instalou, inicialmente, no Shopping Nova América, em Del Castilho, na Zona Norte. A mistura de informalidade, qualidade e bom preço fez tanto sucesso que o Empório foi levado para endereços mais nobres, como o BarraShopping e o Downtown, e para pontos de rua, na Olegário Maciel e na Praia do Pepê.

O segundo negócio a ser desenvolvido não estava tão evidente nos resultados da pesquisa, mas Eurico jogou seguro: macarrão, paixão nacional. Criou duas operações populares focadas em massa. A primeira foi um fast-food despojado e informal, o MangiaRapido, que, como o nome indica, preparava e vendia, de maneira ágil, pratos de massas. A segunda foi a fórmula, já testada, da cantina italiana familiar, apenas ajustando a oferta com opções fáceis de serem compartilhadas no restaurante e embaladas quando os clientes desejassem levar para casa, sempre com preços acessíveis. No caso da cantina popular, Eurico investiu também em uma estratégia de comunicação em que o chef tinha contato direto com o público. Assim, foram abertas a Cantina de Amici, no Via Parque, na Barra, e a Cantina de Trevi, no Nova América. Um grande forno a lenha e um pizzaiolo comunicativo e capaz de fazer malabarismos com a massa na frente dos clientes eram atrativos poderosos. Na Cantina de Amici, a presença do italiano Castrinho, humorista que fazia sucesso com suas pizzas no programa do Faustão, provocava filas na entrada.

Além das massas, Eurico abriu, para atender a demanda desse público, duas grandes operações de bufê, o Planeta Gula, no Via Parque e no NorteShopping, em Cachambi, na Zona Norte. Cada uma recebia cerca de mil pessoas por fim de semana.

Eram tantas novidades que, nos primeiros anos do século XXI, Eurico era chamado pelos jornais de "incansável", "insaciável" e o "maior empreendedor da mesa do Rio".

A estratégia de expansão concebida por Eurico seguia seu curso, como inicialmente traçada: os restaurantes das clássicas cozinhas francesa e italiana foram os primeiros e continuaram a ser abertos ao longo do tempo; os restaurantes autorais, de grandes chefes estrelados, foram a marca mais forte e permanente ao longo de toda a sua trajetória; e o aproveitamento de oportunidades imperdíveis continuava. Já havia começado com a ocupação dos shoppings tradicionais e populares, mas, agora, a atenção de Eurico se voltava para o Centro.

A região central do Rio ainda concentrava os maiores escritórios da cidade. Apesar da saída da Bolsa de Valores para São Paulo, no início dos anos 2000, permaneciam lá as sedes de grandes estatais, escritórios de empresas nacionais e multinacionais, o Tribunal de Justiça, as maiores firmas de advocacia, os bancos.

Eurico se deu conta de que esse era um grande mercado insuficientemente atendido para almoços que fossem ao mesmo tempo requintados e rápidos. Locais com mesas e poltronas confortáveis em amplos espaços para permitir reuniões e encontros de trabalho durante e após as refeições. Que tivessem boa oferta de vinhos e comida de qualidade, mas leve. Entendia que operações com essas características seriam caras e difíceis de manter com lucratividade. Afinal de contas, só teria cinco dias de faturamento na semana, já que o Centro fica deserto aos sábados e domingos, e apenas no horário do almoço, já que as pessoas voltam para casa antes do jantar. Entretanto, a oportunidade estava lá e Eurico decidiu abrir lugares que pudessem receber com qualidade e conforto um grande volume de público por almoço e que contassem com operações complementares para aumentar o faturamento. Ele inaugurou três restaurantes no Centro com essas características gerais, mas com atributos apropriados ao endereço e público de cada um.

O primeiro foi o Gateway. Instalado no edifício Teleporto, o restaurante conseguiu se tornar o que seu nome traduzia: o "Portão de Entrada" das muitas centenas de funcionários que circulavam pelo prédio nos horários de café da manhã, lanche e almoço. Só no almoço, servia mais de quinhentas pessoas.

Depois veio o Enotria, inaugurado no terraço do prédio RB1, com linda vista para a Baía de Guanabara. Atendia a uma clientela fiel, à qual se somava o "público passante", que começou a procurar o restaurante sobretudo no período em que foi comandado pelo estrelado chef Michelin Joachim Koerper. Também fizeram sucesso no Enotria as happy hours diárias, com piano ao vivo, e os eventos de degustação de vinhos às sextas-feiras. O restaurante dispunha ainda de espaços para eventos exclusivos nos fins de semana.

Em seguida, ao lado de um jardim no subsolo do mesmo RB1, foi aberto o Midori, concebido e administrado por Rodrigo Longhi, filho de Eurico, junto com o chef Rodrigo Schweitzer, que, anos depois, ganharia a terceira temporada do *Hell's Kitchen Brasil*. A proposta apresentada por Rodrigo ao pai seguia os conceitos básicos do "velho" Prima Donna, mas trazia duas inovações: a cozinha *fit*, com uma linha de comida japonesa preparada por vários *sushimen* em um amplo balcão, e a introdução da opção de pagamento por quilo. Foi um duplo acerto. Por um lado, a nova forma de cobrança garantia o aumento da lucratividade da operação. Por outro, o novo desenho de menu permitia a ampliação da tradicional clientela do mercado financeiro, frequentadora do local, atraindo um público mais jovem, sobretudo feminino. Rodrigo Longhi também foi criador e gestor de um point na Barra para o público jovem com proposta pioneira no Rio: o Cone Mix, onde eram servidos cones de massa crocante (no formato de temakis) com inusitados recheios salgados e doces. Outro sucesso.

A ILHA (1995)

Ao longo de sua carreira como *restaurateur*, Eurico recebeu muitos convites irrecusáveis, mas nenhum se compara ao feito por ninguém menos do que Fidel Castro. Aceitar era mais do que seguir um dos critérios da sua estratégia de expansão; era participar de um momento histórico.

Em meados dos anos 1990, Fidel decidiu investir fortemente para promover o turismo em Cuba. A expressiva redução na subvenção soviética, que rendia à ilha cerca de 5 bilhões de dólares ao ano, impulsionou essa decisão. Fidel acreditava que Cuba poderia se tornar o destino turístico preferencial dentre todas as ilhas do Caribe se sua história e identidade cultural fossem amplamente divulgadas mundo afora. Entendia que o turismo, controlado pelo Estado, poderia se tornar uma fonte rápida e relevante dos imprescindíveis dólares.

Quem ficou a cargo da tarefa foi a cubana Grizelda, que trabalhava para o governo em Havana, na área de turismo. Contava com a confiança pessoal do Comandante e tinha livre acesso ao seu gabinete.

Grizelda idealizou um projeto que previa a inauguração, em grandes centros turísticos da América Latina, de espaços que funcionariam como show-rooms da gastronomia e da cultura cubanas. Decidiram começar pelo Rio de Janeiro. Para isso, ela entrou em contato com Julio Alberto, funcionário do governo cubano no Rio. Julio não conhecia Eurico pessoalmente, mas ouvira falar de seus restaurantes e de sua história. Não teve dúvidas. Após combinar com Grizelda, fez a Eurico um convite para inaugurar, na cidade, um restaurante cubano em parceria com o governo da ilha.

Eurico pensou na hipótese de abrir o restaurante no Jardim Botânico, onde tinha disponível o sobrado da rua Frei Leandro, que tinha acabado de ficar desocupado com a mudança do Enotria para o BarraShopping, mas recebera uma excelente proposta para a venda daquele endereço e fechara o negócio sem titubear. Acabou encontrando um ponto para instalar o novo restaurante em outro bairro, o Leblon, também na Zona Sul, como desejavam os cubanos.

A sociedade seria meio a meio, mas a gestão ficaria integralmente com Eurico. O governo cubano garantia trazer o melhor de Cuba para o Brasil: o rum, o fumo, os ingredientes típicos da culinária da ilha e os melhores profissionais de várias áreas da gastronomia e da cultura.

A relação entre Julio, Grizelda e Eurico se estreitou. Grizelda chegou a vir de Cuba e se instalar em São

Paulo, onde cuidava de outros interesses do governo, e passava longos períodos no Rio. A parceria rendeu a Eurico e Marluce um convite do governo para conhecer a ilha, viagem inesquecível que Julio acompanhou. O projeto foi desenvolvido e implantado com grande entusiasmo. O La Isla acabou inaugurado em julho de 1995, na rua Venâncio Flores.

Tudo tinha sido cuidado nos mínimos detalhes. Grizelda havia escolhido, pessoalmente, o trio de violão, maracas e timbales, que interpretava boleros, salsas e chá-chá-chás e parecia ter saído das telas de filmes caribenhos dos anos 1950. O maior destaque do lugar era a cubana Zenaide Besuna, professora da fábrica de charutos Romeu e Julieta. Ela era "torcedora", como se diz em Cuba, ou seja, a profissional que fabrica charutos, também chamada de charuteira. Filha de um charuteiro, ela exercia seu ofício havia mais de vinte anos. Zenaide trabalhava em uma sala envidraçada logo na entrada do restaurante, preparando, na hora, os charutos, de forma artesanal, inclusive enrolando as folhas de tabaco em suas coxas, como praticado na ilha. O ambiente em que ela trabalhava reproduzia o cenário típico, com móveis, folhas penduradas para secar, fumo moído e as caixas originais para embalar os disputados charutos Romeu e Julieta. O cliente podia levar o produto ou degustá-lo em um espaço que foi inaugurado mais tarde.

Evidentemente, a comida e o serviço eram as peças-chave para o sucesso do restaurante. O chef era o cubano Carlos Cristóbal Márquez Valdés, que, anos depois, atenderia o então presidente americano Barack Obama e sua família em seu próprio restaurante em Cuba, o Paladar San Cristóbal. O maître também foi trazido diretamente de Cuba. Servira no Palácio da Revolução, sede da presidência da República, e tinha ótima relação com todos lá. Na inauguração, o convidado de honra era o escritor Fernando Morais, autor do livro *A Ilha* — ou seja, La Isla. Os convidados estavam encantados com o coquetel, a música e o espaço, que parecia ter sido teletransportado de Cuba. Jornalistas prestigiaram o lançamento. O maître circulava com desembaraço pelo salão lotado e tirava os pedidos. Em determinado momento, Eurico, normalmente tranquilo, começou a ficar preocupado com a demora para o início do jantar, que seria servido com os convidados sentados. Não saía um único prato da cozinha. Eurico foi discretamente falar com o maître, que botava todos os pedidos no bolso, mas nada de levá-los para o chef. Levou um susto com o que ouviu: "Eu trabalho da seguinte maneira: as pessoas têm de pedir tudo e só depois que todos tiverem feito seus pedidos é que a gente vai começar a organizar a cozinha para poder atender os clientes". Eurico, ainda de forma discreta, foi à cozinha para saber com o chef o que poderia ser feito. "Com todos os pedidos acumulados, vai demorar algumas horas para eu poder começar a servir", sentenciou.

— Sinceramente, estou acostumado com imprevistos, mas, dessa vez, era demais — lembra Eurico. — O evento estava sendo um sucesso. Não dava para aceitar a hipótese de estragar tudo por causa de um erro trágico, mas pontual, totalmente fora da curva e sem nenhuma relação com todos os fatores de sucesso que já tínhamos garantido. Eu precisava impedir que aquela experiência, que corria tão bem, fosse destruída. Teria de encurtar o evento. Não tinha saída. Fui conversar com os convidados. Expliquei que tivéramos um imprevisto na cozinha e íamos continuar a noite, curtindo o coquetel. Agendaríamos um jantar completo em uma próxima ocasião, na data que fosse conveniente para cada um. Para essa noite, eu tinha outro convite especial. Convidava a todos para seguirmos juntos para um jantar no Le Petit Lieu, no Itanhangá. Sabia que o Petit Lieu encantaria quem aceitasse aquela proposta inusitada e divertida. A maioria aceitou. Avisei à cozinha de lá que se preparasse para nos receber.

Foi uma grande noite. Mesmo quem não esticou o programa parecia sair encantado com o coquetel de inauguração do La Isla. Tinha sido muito prazeroso presenciar a fabricação dos charutos, ouvir a música e degustar bebidas e petiscos como só se podia encontrar na ilha caribenha. Os convidados levaram boas recordações da noite, junto com a caixa de charuto e a garrafa de rum, souvenirs também exclusivos de Cuba.

De fato, o susto inicial não comprometeu a carreira do La Isla. Tanto que, pouco depois, no dia 28 de julho, Ana Cristina Reis saudava a novidade no caderno "Rio Show", de *O Globo*, destacando os pratos e o "espírito pioneiro" do *restaurateur*, que poderia ter ficado "sossegado e atarefado" administrando seus restaurantes, mas que preferira ousar.

No mês seguinte, a 17 de agosto, a colunista Ana Cristina Perrone falava das bebidas, foco da seção "Água na Boca", que ela assinava do caderno "Zona Sul" de *O Globo*: "O bar, no primeiro andar do restaurante, vem se transformando em uma atração à parte. Enquanto o trio La Isla apresenta seu repertório típico, os barmen cubanos Ernesto Reyes e Bernardo Hernandez mostram o que o rum tem de tão especial".

Zenaide e o novo espaço para degustação de charutos em uma área reservada do restaurante também eram celebrados na mídia. Na coluna do Swann, do dia 20 de março de 1996, em *O Globo*, Ricardo Boechat publicava uma foto de três mulheres com a legenda: "Reunidas para saborear charutos cubanos, no espaço de degustação inaugurado pelo La Isla, Andréa Assunção, Karla Taylor e Verônica Vale".

Mas isso estava prestes a mudar.

— Eu custei a entender — e mais ainda a acreditar — quando recebi uma mensagem meio cifrada de

Grizelda, pedindo uma reunião emergencial no meu escritório, em casa — conta Eurico. — Ela estava muito aflita e demonstrava um misto de revolta e temor. Disse que não podia entrar em detalhes, mas falou o que estava acontecendo. Infelizmente, ela já tinha visto ocorrer outras vezes e com pessoas tão ligadas ao Comandante e ao poder central de Cuba quanto ela própria. Eram intrigas diversas que levavam pessoas de confiança do poder a cair em desgraça. Era sempre um processo muito rápido. Sem explicações claras e sem chances de defesa. Não pensava que pudesse acontecer com ela. Não era só uma funcionária prestigiada no governo, realizando um trabalho de sucesso. Considerava-se amiga pessoal de Fidel Castro, mas acabara de acontecer.

Ela tinha recebido comunicação oficial informando que, a partir daquela data, estavam sendo cancelados todos os vistos para os cubanos que trabalhavam no restaurante. Todos — músicos, pessoal de cozinha e salão, charuteira —, todos, inclusive ela, deveriam retornar a Cuba. Também não seriam mais enviados o rum, as folhas de fumo, nenhum produto de lá para o Brasil. O La Isla tinha sido inaugurado havia apenas seis meses e não conseguia dar conta dos pedidos de reserva. E o governo de Cuba tinha decidido acabar com o restaurante.

— Era inadmissível. Fiquei revoltado, mas essa revolta durou pouco. O desespero dela fez minha atenção se voltar para o drama que vivia. Me parecia que corria perigo. Tentei convencê-la a não retornar a seu país. Daríamos continuidade ao projeto de outras formas. Ela demonstrava total desamparo diante da ordem. Sabia que não podia ficar. Tinha filhos que moravam em Cuba. Grizelda voltou para São Paulo de imediato. Desativou tudo o que tinha no Brasil e partiu na semana seguinte de volta. O restaurante não abriu mais as portas. Ainda tentei me comunicar com ela por meio de Julio. Não conseguimos mais fazer contato.

O SUSTO

Tinha sido duro para Eurico perder um restaurante como o La Isla, que criara com tanto entusiasmo e no qual acreditava intensamente. Ainda mais difícil foi não ter conseguido fazer nada para impedir a injustiça de que Grizelda fora vítima. Restava a esperança de que ela tivesse conseguido se entender com Fidel Castro e explicado tudo, como ela tinha lhe dito que tentaria. Mas o jeito de Eurico de enfrentar desafios sempre foi o de seguir em frente, buscando oportunidades. Ele continuava conduzindo sua acelerada estratégia de implantação de restaurantes nos shoppings e no Centro do Rio. Marluce, por sua vez, seguia sua intensa trajetória de trabalho nas Organizações Globo. Eles não tinham tempo a perder. Não queriam saber de viver com tempos mortos. Eram fiéis seguidores da frase de Millôr: "Quem mata o tempo não é um assassino, é um suicida". No entanto, em 2002, foram abruptamente lembrados de que o verdadeiro senhor do tempo é o destino.

— Era início da tarde quando Malu me ligou — lembra Eurico. — Estava saindo mais cedo do trabalho e queria me encontrar em casa. Não quis adiantar o assunto.

Ela voltava de uma reunião com a diretoria do Instituto Nacional do Câncer (Inca), então presidido por Jacob Kligerman. O objetivo era discutir um projeto de apoio da TV Globo às campanhas do hospital sobre diagnóstico e tratamento de câncer. Na reunião, ela comentou, *en passant*, que até ela mesma, que dispunha de assistência de saúde privada, estava havia mais de dois meses repetindo exames sem conseguir o diagnóstico sobre um simples nódulo na mama. Jacob reagiu de imediato. Pediu ao diretor da unidade de câncer de mama, que participava da reunião: "Leva Marluce ali na sala ao lado e resolva isso". Foi um exame rápido. Voltaram para a reunião e ele informou com segurança e tranquilidade: "É um câncer de mama e já tem linfonodo comprometido". Isso foi em agosto de 2002, quando o diagnóstico de câncer ainda era ouvido pela maioria dos pacientes como uma sentença de morte. E ele continuou: "A recomendação é fazer a cirurgia o mais rápido possível". Marluce ainda tentou argumentar: "Mas e os exames complementares que estou aguardando?". Ele respondeu: "O nome já diz. São complementares. Não preciso deles para fazer o diagnóstico". Ela nem sabe como conseguiu concluir a reunião.

— A notícia era horrível — diz Eurico. — Sofremos muito, mas estranhamente sempre tivemos certeza de que tudo ia dar certo. Não sabemos explicar a razão nem a força dessa certeza. Lembro que a primeira mensagem que ela recebeu quando a notícia do câncer foi divulgada veio do amigo Luis Erlanger, então diretor da Central Globo de Comunicação. Dizia somente: "MARLUCE, ESSE CÂNCER TÁ FUDIDO [sic]". Não podíamos ter recebido mensagem melhor. Mas não foi nada fácil, até porque o problema foi mais complexo do que o esperado e ela teve de fazer parte do tratamento em São Paulo e parte nos Estados Unidos. Os riscos eram sérios, mas a nossa confiança era tão grande que, pouco depois da cirurgia, começamos a fazer planos para quando ela superasse a doença. Sabíamos que o tratamento ainda iria demorar, mas decidimos que iríamos começar a desenhar o nosso futuro de imediato. Não importava quanto tempo demorasse; no tempo certo estaríamos prontos para viver a vida ainda mais plena e intensamente.

Em 2003, passada a cirurgia e o período mais intenso de tratamento, os dois resolveram relaxar por uns dias nos românticos bangalôs do hotel Ponta dos Ganchos, em Santa Catarina. Queriam curtir as melhores refeições, os grandes vinhos que sempre levam para as suas viagens e o romantismo da ilha, mas o principal objetivo da estadia era fazer um "seminário de reflexão" sobre o futuro. Queriam repensar a vida e tomar decisões a partir de um roteiro que Eurico montou, que passava pela história dos dois, seus desafios e sonhos, as pessoas queridas — enfim, tudo o que era importante na vida do casal.

Queriam dar uma guinada quando o tratamento fosse concluído com sucesso. Eurico e Marluce sempre tiveram vidas profissionais intensas e tinham muito prazer em suas atividades, apesar da imensa carga de trabalho que os absorvia. Apenas durante o período de consultoria puderam trabalhar juntos. Desde que Marluce assumiu funções executivas, primeiro na Mesbla e depois na Globo, e Eurico ingressou no ramo de restaurantes, eles mal tinham tempo para sequer acompanhar o que acontecia na trajetória profissional um do outro. Mas, de cada lado, havia um elo valioso que os conectava: Eurico era consumidor rotineiro do jornalismo da Globo e da Globonews, e podia falar com Marluce sobre isso, com perfeição. E Marluce, cliente assídua dos restaurantes do marido, era igualmente uma fonte preciosa de feedback para ele.

Mas, depois do tratamento, os dois achavam que seria chegada a hora de usufruir o que tinham conquistado e devolver na forma de projetos sem fins lucrativos o que haviam ganhado da vida. Assim que aquele pesadelo terminasse, começariam a nova vida com uns anos sabáticos no exterior. Sabiam que, no Brasil, não teriam condições de resistir às muitas demandas que poderiam vir por parte da Globo, no caso dela, e dos restaurantes, no dele. Era preciso ser radical.

Ela queria ir para Barcelona ou Nova York, duas cidades que amava. Ele a convenceu de que o melhor destino seria Lisboa. A vida era mais barata, o clima era bom, eles teriam bons restaurantes à disposição, poderiam frequentar concertos e peças de teatro em Portugal e em outros países da Europa. E a facilidade da língua permitiria que levassem uma equipe de apoio. Mas essa é uma mudança que só viria a ocorrer muito tempo depois.

Em termos profissionais, tomaram duas decisões. Não sabiam quando conseguiriam botar em prática, mas queriam ter o plano pronto para essa nova etapa de vida: ela iria trabalhar com artes plásticas, uma antiga paixão. Já ele, quando a ocasião chegasse, desativaria praticamente todos os restaurantes, mantendo apenas os mais queridos, e somente se já estivessem bem consolidados, fossem lucrativos e fáceis de administrar a distância.

Ainda teriam muito trabalho a fazer no Brasil antes dessa mudança. Por seis anos, Eurico continuaria 100% envolvido nos restaurantes, apenas desativando lentamente algumas operações, mas não se furtando a abrir outras, para aproveitar as tais "oportunidades imperdíveis". Marluce também permaneceria envolvida nos cuidados com a saúde e na assessoria à Globo.

FECHOU O TEMPO

Em 2004, Eurico identificou uma nova oportunidade de negócio. Aliás, uma oportunidade bem antiga, que já passara por suas mãos duas vezes. O charmoso sobrado da Frei Leandro 20, o ponto descoberto lá atrás por Claude Troisgros, ficara outra vez disponível. Estava à venda, e Eurico não ia deixar passar essa chance, não antes, é claro, de barganhar intensamente o valor da compra. Eurico, além de ótimos restaurantes, fez excelentes negócios imobiliários nesse endereço: primeiro, ele vendeu o ponto praticamente pelo dobro do valor que comprou. E, depois, o recomprou por praticamente metade do preço que tinha vendido.

Assim, em novembro, ele inaugurou um conceito novo, o primeiro franco-italiano do Rio: o Bistrô Itália. O cardápio francês ficou sob o comando do talentoso chef Antônio Costa, braço direito de Claude por 25 anos, que recebeu as bênçãos do ex-patrão para assumir a tarefa. Antônio tinha o talento discreto de quem não precisa provar mais nada. Era brilhante na cozinha e um grande líder de equipes. Já a cozinha italiana era assinada por Alessandro Segato, ex-chef do restaurante Gero em São Paulo.

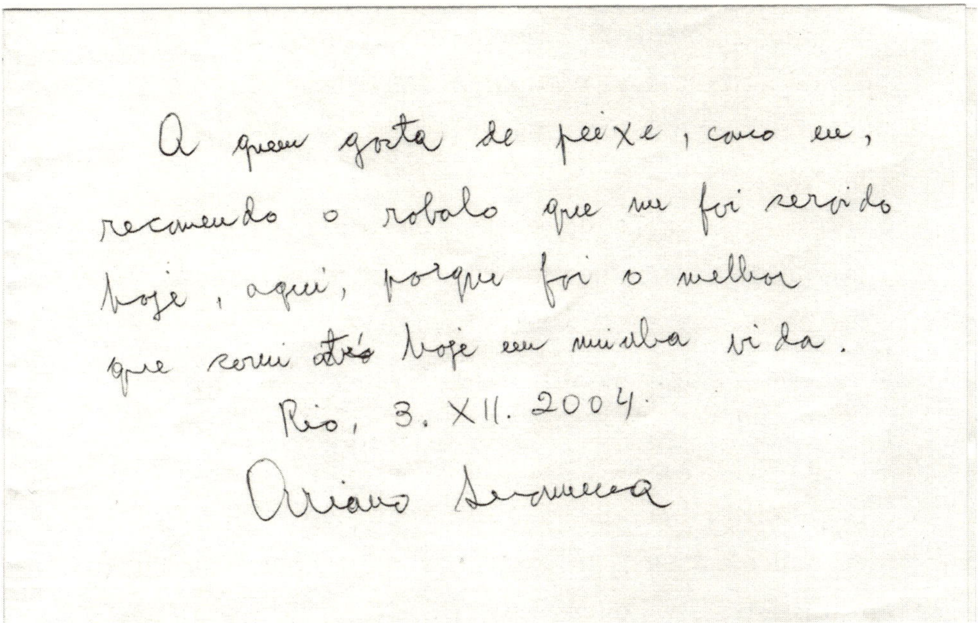
A quem gosta de peixe, como eu, recomendo o robalo que me foi servido hoje, aqui, porque foi o melhor que comi até hoje em minha vida.
Rio, 3. XII. 2004.
Ariano Suassuna

Bilhete de Ariano Suassuna elogiando o peixe do recém-inaugurado restaurante Bistrô Itália.

Porém, os destaques do lugar iam além da gastronomia e do serviço. A decoração e a arquitetura também mereciam elogios. "A arte do cenógrafo da Rede Globo Mário Monteiro fez revelar a beleza escondida de um casarão da década de 1920", dizia uma reportagem de *O Globo*, do dia 3 de abril de 2005. Monteiro havia mandado descascar a pintura das paredes, da escada em cerejeira com lindas curvaturas e dos pisos revestidos, e, de lá, "saltaram lindos portais em peroba do campo e tábuas corridas". Monteiro explicava: "Acho que o conforto visual em um restaurante é muito importante. O cliente se sente prestigiado, vê que tudo foi feito pensando nele". Sua mulher, Kaká, ajudou-o a garimpar peças de época em antiquários que chamavam a atenção na ambientação do restaurante.

Eurico havia planejado mais novidades para o endereço da Frei Leandro. O andar de cima sempre lhe parecera o espaço perfeito para realizar um antigo desejo. No dia 21 de março de 2006, um ano e quatro meses depois da abertura do Bistrô Itália, o sonho foi concretizado com a inauguração do BIS. Era um espaço intimista dedicado a shows ao vivo de jazz, MPB e música clássica. A inauguração para convidados foi feita com show de Ivan Lins. Duas figuras tarimbadas no meio artístico — o maestro, arranjador, instrumentista e produtor cultural Eduardo Morelenbaum, e o jornalista e produtor cultural Marco Aurélio Ramidan — assumiram o comando da programação musical. Eles e Eurico definiam, juntos, os estilos de música a serem apresentados, os nomes a serem convidados e os eventos a serem produzidos. A primeira atração para o público foi Johnny Alf, que fez no BIS a temporada de lançamento de seu CD *Mais um som*. Eles lançaram as "Quartas Clássicas" e também montaram noites temáticas, em que um menu especial se harmonizava com a música que era apresentada[45].

— O BIS era um lugar superaconchegante, com uma comida maravilhosa, uma aparelhagem de luz e de som excelentes, um piano ótimo. E nós botamos lá os melhores músicos eruditos e populares do Brasil — lembra Morelenbaum.

Tocaram no BIS, além de Ivan Lins e Johnny Alf, atrações como Wagner Tiso, Duo Gisbranco, Quarteto Betel, Carol McDavit, Jerzy Milewski, David Chew, Maria Teresa Madeira, Gilson Peranzzetta, Mauro Senise, Leo Gandelman, Carlos Lyra, Wanda Sá, Leny Andrade, Claudete Soares, Pery Ribeiro, Tito Madi, João Donato, Cristina Braga, Paula e Jaques Morelenbaum.

Tudo corria bem, mas havia chegado a hora da mudança de Eurico e Marluce para Portugal, há tanto tempo planejada. Sem a presença de Eurico na gestão direta dos negócios, o Bistrô Itália precisava de chefs que pudessem exercer, também, a gerência operacional em tempo integral, o que não estava nos planos nem de Antônio Costa nem de Alessandro Segato. Eurico trouxe então dois outros chefs para manter a proposta franco-italiana da casa, que foi rebatizada como XX. A cozinha francesa ficou sob o comando de Olivier Cozan e a cozinha italiana a cargo do chef Januário de Andrade, conhecido como Badaró. O sucesso da operação não foi abalado e o novo restaurante funcionava bem, com ótimas cozinhas e a boa clientela herdada do Bistrô Itália. O XX, porém, operou por pouco tempo.

Na ausência de Eurico, Regina Machado, diretora jurídica, era a encarregada de supervisionar todas as operações para garantir a conformidade dos procedimentos adotados em cada restaurante com as normas internas e os preceitos legais. Em uma madrugada, Eurico foi acordado por um telefonema de Regina, que estava possessa e havia se esquecido do fuso horário. Ela e Olivier Cozan tinham batido de frente.

— Ele tinha uma personalidade complexa e pouco apreço por normas e rotinas — diz Eurico. — Eu já havia conversado com ele outras vezes, mas as mudanças necessárias não ocorriam. Não havia outra saída. Tornara-se impossível administrar o XX a distância. Tive de encerrar a relação profissional com Olivier por telefone. Tinham sido quatro meses muito turbulentos. Infelizmente, Badaró não quis prosseguir e decidiu se mudar para São Paulo, talvez em busca de mares mais tranquilos.

Novamente, Eurico se deparava com a frustração de encerrar atividades bem-sucedidas por razões alheias à essência do negócio. E, dessa vez, não seria descontinuada somente uma operação vitoriosa, mas duas. É que, infelizmente, o BIS não havia sido planejado para se viabilizar economicamente como uma operação isolada. Parte de seu custo operacional era coberto pelos resultados do Bistrô Itália e, depois, do XX. O encerramento do XX tornava inviável a existência do BIS.

— Pela primeira vez, vi Malu triste com a diminuição de meus investimentos em restaurantes. Não pelo XX, mas pelo BIS. E também não era pelo negócio, já que os restaurantes, como negócio, não a interessavam, mas pelos momentos preciosos que vivemos e gostaríamos de continuar a viver naquele espaço. O BIS era, sobretudo, um prazer pessoal. O espaço nos permitia repetir, em um contexto maior e bem equipado, um costume que Malu e eu tínhamos começado na sala da nossa casa. Reunir filhos, parentes e amigos para saraus de poesia, boa música e debates literários. Um dia por semana, o BIS estava fechado para o público: eram nossos dias para receber os amigos que faziam a noite acontecer e *nosotros*, que curtíamos a noite com eles. Ainda hoje, Malu e eu somos órfãos dos encontros que eram realizados nos dias em que o BIS virava a casa dos nossos amigos.

ALÉM-MAR

Somente em 2009, Marluce ficou liberada dos tratamentos e dos compromissos profissionais, e o casal seguiu, enfim, para Portugal. Afinal, como dissera Eurico lá atrás, não importava o quanto demorasse: no tempo certo eles estariam prontos para a reviravolta de vida que haviam planejado.

Mesmo morando em Cascais, a menos de 30 quilômetros de Lisboa, Eurico continuava recebendo convites para abrir restaurantes, tanto de investidores que desejavam fazer negócios com ele na Europa como de chefs portugueses bem-sucedidos que gostariam de expandir seus restaurantes para o Rio. Mas ele tentava resistir, pela promessa que havia feito a Marluce — promessa essa que ela tomava o cuidado de não deixá-lo esquecer.

Um dos casos mais emblemáticos dessa resistência foi o convite feito por uma lenda viva da culinária mundial. Eurico foi procurado, em Portugal, por Alain Ducasse, o chef francês mais premiado do mundo, que há mais de três décadas acumulava mais de vinte estrelas Michelin.

Ducasse orientava, na época, um curso de gastronomia na Universidade Estácio de Sá, no Rio, cuja diretora, Cláudia Romano[46], havia trabalhado com Eurico. Ela tinha uma empresa de relações-públicas e marketing, e Eurico foi seu cliente, relacionamento profissional que evoluiu para amizade e admiração recíprocas que permanecem até hoje. O chef estava interessado em abrir um restaurante no Brasil e ouviu de Cláudia que Eurico era uma pessoa "fora de série", ideal para o projeto. Seria a primeira casa com a assinatura de Ducasse na América do Sul.

O convite era para almoçar com Ducasse no Alain Ducasse au Plaza Athénée, a joia da coroa do chef, no palácio em Paris, onde fica o hotel de mesmo nome. Um convite irrecusável até para Marluce. O casal já tinha frequentado o restaurante antes, como cliente, mas nada era comparável àquela oportunidade em que seriam ciceroneados pelo chef. O encontro terminou com a visita à cozinha do palácio e prosseguiu, já sem o chef, em companhia do seu diretor-executivo, o italiano CasaNova, para uma visita à École de Cuisine Alain Ducasse. Um endereço com quatro cozinhas equipadas com tudo o que o casal já tinha visto nos melhores lugares e o que jamais tinha sequer imaginado, além de uma cave ideal para treinamento de serviço de vinho.

Para aflição de Marluce, as conversas entre Eurico e CasaNova evoluíam bem. Ela chegou a acompanhar o marido a Paris outras vezes, mas fazia questão de permanecer muda nas reuniões. Não queria dar nenhuma força para que aquele negócio prosseguisse. Eurico trabalhava com um brilhante assessor e amigo, Marco Mussi[47], na preparação do plano de negócios para abrir o restaurante em São Paulo, como desejava o grupo francês. Felizmente, para ela, numa reunião Eurico levou os estudos recém-concluídos por Mussi sobre o mercado paulista. A apresentação dos resultados criou um abismo entre o que o Eurico demonstrava ser um "negócio viável" e as aspirações de Ducasse para um restaurante com a assinatura dele. O chef tinha a maioria dos seus restaurantes nos hotéis mais icônicos das mais emblemáticas capitais do mundo. Ali, mais do que o lucro da operação, o que se esperava era prestígio. As notícias sobre investimentos milionários em cadeiras e lustres Philippe Starck, por exemplo, eram imprescindíveis para o glamour do negócio. Não havia como as visões convergirem. Eurico declinou da proposta, convencido de que os príncipes dos Emirados Árabes e de Doha-Catar continuariam sendo os parceiros certos para os investimentos by Ducasse.

Em Portugal, Marluce e Eurico moravam em uma construção típica do século XIX, com sótão e porão, pé direito alto e sacadas, que, no passado, fizera parte da Villa Itálica (atual Grande Real Villa Itália Hotel), local em que foi residir o rei Humberto durante o seu exílio em Portugal, quando do plesbicito que extinguiu a monarquia italiana. A casa ficava na orla do mar, na avenida que leva o nome do rei, sem nenhuma construção à frente. Da sacada, caso as janelas à prova de som fossem deixadas abertas, ouviam-se as ondas batendo no rochedo chamado Boca do Inferno, não só pelo formato da perfuração que o mar cavou no penhasco como pelo seu rugido. Nas noites de mar revolto, a espuma formava leques de água que chegavam a banhar a avenida e, às vezes, até os jardins frontais da residência.

Acostumados à insegurança no Rio, Eurico e Marluce demoraram a acreditar que estavam morando em um lugar tranquilo, onde não havia riscos de assalto, e passaram a desfrutar de caminhadas noturnas. Andavam por mais de uma hora, após a meia-noite. No início, ao ouvir quaisquer passos, o coração de Marluce disparava. Até que relaxaram. Bem mais rapidamente se adaptaram ao fuso horário com relação aos compromissos no Brasil, que lhes permitia usufruir de noites mais longas e acordar mais tarde no dia seguinte. Tinham mais tempo para jantar fora, caminhar pela orla ao regressar e ainda terminar a noite lendo juntos.

No novo país, Eurico vinha mantendo a decisão de ir gradativamente reduzindo seus negócios. Mas houve um "desvio de rota" nos planos traçados no "seminário de reflexão" do hotel Ponta dos Ganchos. Tal desvio Marluce reconhece ter sido estimulado por ela.

Tudo teve início no começo de 2008, mais de um ano antes da mudança para Portugal, quando o telefone tocou na sala de Felipe Bronze. Era Marluce. Bronze não a via desde que ela e Eurico tinham frequentado umas poucas vezes o Zuca, restaurante do qual ele era chef executivo, e o ZContemporâneo, restaurante de proposta ambiciosa do qual, além de chef, era sócio.

Naquela época, Marluce havia, finalmente, posto em prática seus velhos planos e tinha iniciado, junto com artistas plásticos, um projeto para identificação, apoio e divulgação de novos talentos. Uma das iniciativas era uma exposição no pilotis do Museu de Arte Moderna (MAM). Ela queria um coquetel igualmente artístico para a inauguração da mostra. Só via um nome capaz de fazer um evento criativo como ela idealizava: Felipe Bronze. E ligou para ele, empolgada como sempre:

— Ninguém é melhor do que você.

O chef também se empolgou. À época, ele vinha de um momento complicado após o fim do ZContemporâneo. Depois que a casa fechou, Bronze trabalhou no Grupo Marina durante cinco anos. Era chef executivo de quatro hotéis, mas fazia um trabalho basicamente de escritório. A partir de um certo ponto, aquilo parou de fazer sentido para ele.

— Artisticamente, era zero — ele se recorda atualmente.

Bronze tomou a decisão de pedir demissão. Iria para Nova York dar "uma espairecida profissional" e se reconectar com a carreira. Já havia morado na cidade e feito escola de cozinha lá. Dessa vez, iria passar um tempo vendo restaurantes de alto nível.

Bronze e Marluce tiveram várias conversas sobre o projeto dela e o coquetel. O chef, que demonstrava paixão quando o assunto era criações gastronômicas, falava com desencanto sobre o mundo da gastronomia profissional. Ela não podia se conformar com aquela contradição. Não entendia como aquele gênio não achava uma cozinha que o fizesse feliz. Ela teve uma certeza: se Eurico e Bronze se encontrassem, iam se dar muito bem trabalhando juntos. Sabia que não era mais o momento de Eurico iniciar qualquer novo projeto, já que a decisão de mudança para Portugal e de desativação dos restaurantes, já tomada, estava próxima de ser implantada. Sabia que, pessoalmente, continuaria sem envolvimento nos negócios do marido, mas não resistiu a aproximá-los. Aproveitou a oportunidade do coquetel e pediu ao chef para fazer uma demonstração para ela e Eurico dos petiscos que seriam servidos no evento. O talento de Bronze e a visão de Eurico como *restaurateur* fizeram daquela noite um grande encontro. Os dois decidiram unir forças e começaram a conceber um novo restaurante.

E foi assim que decidiram abrir o Oro. O local escolhido para a instalação foi o mesmo "ponto imperdível" que abrigara o Bistrô Itália, o BIS e o meteórico XX, na rua Frei Leandro, número 20. O endereço se transformou em referência de qualidade, não só pelo extraordinário cardápio oferecido por Bronze e pelo comando do salão exercido pela premiada somellière Cecilia Aldaz: a fachada e o interior do restaurante ficaram a cargo de dois profissionais consagrados, o arquiteto Miguel Pinto Guimarães e o iluminador Maneco Quinderé. A parceria resultou em um trabalho que surpreendia por, ao mesmo tempo, causar um forte impacto estético e uma sensação de aconchego. O Oro foi inaugurado em outubro de 2010, cerca de um ano após a mudança do casal para Portugal. A afinidade entre Eurico e Bronze se consolidou, e, em 2013, os dois abriram outro restaurante, na rua Dias Ferreira, no Leblon. O Pipo, batizado da forma como Bronze era carinhosamente chamado quando criança, tinha tudo a ver com o astral do apelido de infância.

A parceria chegou ao seu ponto alto quando o Oro ganhou, em 2015, a primeira estrela no Guia Michelin. Uma medalha que ambos mereciam. Era o primeiro ano em que o famoso guia publicava em suas páginas restaurantes do Rio e de São Paulo. Nessa estreia, Bronze e Eurico passaram a fazer parte de um grupo seletíssimo de chefs e *restaurateurs*.

Para Bronze, aquele foi o momento de dar outra virada em sua vida profissional, fechando com chave de ouro a parceria com Eurico. Era tempo de seguir carreira solo. Na ocasião, ele declarou à revista *Veja Rio*: "Tive uma experiência maravilhosa junto ao Eurico, mas chegamos a um ponto em que é natural eu querer fazer algo diferente. Quero me testar à frente do meu próprio negócio". E, referindo-se ao início da história, afirmou: "A Marluce me lembrou quem eu era, do que eu gostava, o que eu queria fazer".

— O que continua fazendo brilhantemente, para a felicidade gastronômica de todos — comemora Eurico.

OS CHEFS, SEMPRE ELES (DESDE 2010)

Em 2012, Eurico convenceu Marluce a voltar para o Brasil. Havia cumprido a promessa de desaceleração, mantendo apenas os restaurantes de que gostava e que eram lucrativos, mas sentia falta de administrá-los de perto. Havia tentado gerenciá-los de longe, por telefone, mas esse processo não o satisfazia. A bem da verdade, vivera aqueles anos sabáticos mais por amor a Marluce do que por um desejo dele mesmo. Como ela diz, ele quis voltar porque nunca foi, de fato, para Portugal.

Já no Rio, Eurico teve a possibilidade de pôr em prática mais uma oportunidade imperdível, que havia surgido tempos antes, em uma noite em Lisboa, quando Marluce e Eurico foram jantar no Eleven, restaurante de Joachim Koerper e da mulher, Cíntia. Os quatro tinham ficado amigos desde a primeira vez que Eurico convidou o chef para fazer jantares no Bistrô Itália. Cíntia, há muito, tinha vontade de abrir no Rio uma filial do Eleven. Eurico se encantou com a ideia e, ali mesmo, começaram a fazer planos. Fazia sentido unir forças a Koerper. Afinal, além do Eleven, o chef já tinha sido laureado com duas estrelas Michelin no seu restaurante Girassol, na Espanha. Eurico falou que não pretendia morar em Portugal para sempre. Disse que ele e Marluce estavam apenas vivendo um período sabático. Poderiam planejar o Eleven Rio de forma mais objetiva após o retorno deles.

Ao voltar, Eurico retomou o contato com Koerper. Enquanto estavam sendo feitos os preparativos necessários para lançarem o Eleven Rio, o chef aceitou o convite para comandar os Enotria na Barra e no Centro do Rio. Foram os melhores anos do Enotria. As cozinhas assinadas por grandes chefs sob a gestão de Eurico tiveram início em 1992 e 1993, com Claude Troisgros e Danio Braga. Felipe Bronze reabrira a lista em 2010. Agora, havia mais um ícone nesse panteão.

— O Brasil é um grande país — diz hoje Koerper. — Encantou-me aceitar a proposta de Eurico.

Cartas do destino lançadas, o Eleven, com a saída do Oro, foi ocupar o "ponto perfeito" da Frei Leandro número 20, sendo inaugurado em julho de 2015. Com uma cozinha de mercado, contemporânea-mediterrânea com pitadas lusas, Koerper apostou em receitas altamente técnicas, mas com igual ousadia criativa, renovadas a cada estação. Cíntia assumiu a carta de doces e consagrou, no Eleven, os melhores macarrons do Rio. Sua pré-sobremesa, a árvore de laranjinhas kinkan, recheadas de chocolate branco, virou um *must* do restaurante.

Segundo *O Globo*, pelas mãos de Koerper os ingredientes viravam pratos-monumento em termos de apresentação e sabor. Entre as receitas, estava o leitão em baixa temperatura, de casquinha estalante e com chutney de tomate e maracujá. "Uma maravilha", como decretava a crítica gastronômica Luciana Fróes.

Os esforços da dupla foram premiados. Em seu primeiro ano de funcionamento, o Eleven atingiu uma façanha raríssima. Conquistou uma estrela no Guia Michelin de 2016, indo se juntar a uma seleta galeria formada por Olympe, Lasai, Mee, Oro e Roberta Sudbrack.

Koerper rememora aquele período:

— Foi muito emocionante. Eurico nos dava todas as possibilidades de fazer um bom trabalho, pelo seu conhecimento gastronômico e empresarial. É a pessoa mais inteligente que conheci na vida. Foi muito bom trabalhar com ele, aprendi muito, agradeço demais ter tido essa oportunidade.

A admiração e o carinho são recíprocos e permanecem até hoje.

— Joachim é extraordinário. Cíntia e ele se complementam em talentos e estilos, e conseguem transformar a ida ao restaurante em uma experiência incomparável. Sempre foi e continua sendo um prazer enorme conviver com os dois — diz Eurico.

A parceria entre eles durou até uma nova guinada na trajetória profissional de Eurico, quando finalmente encerrou suas atividades na área de restaurantes. Koerper ainda tentou manter o Eleven no Brasil, mas, diante da conjuntura que o país enfrentava, decidiu voltar para a Europa e concentrar suas atividades no comando do Eleven Lisboa e nas diversas assessorias que presta a prestigiadas cozinhas do continente. Ficaram boas memórias do período no Brasil.

— Tivemos grandes momentos, grandes vitórias. Ficou uma amizade por ele e por Marluce, cheia de afeto, respeito e, sobretudo, admiração — diz Koerper, que acrescenta, sem falsa modéstia: — Existe um Rio gastronômico antes e um depois do Eleven.

Pelo que se ouvia dos clientes e se lia na mídia, ele não parece estar sozinho com essa opinião.

Eurico vinha cumprindo o plano de desativação dos restaurantes, conservando apenas os que lhe davam prazer. E foi assim que não conseguiu resistir a fazer mais dois novos investimentos, repetindo a tática de aproveitar oportunidades imperdíveis, em especial quando eram a chance de trabalhar com grandes chefs, sua estratégia maior.

Um desses casos aconteceu com Silvana Bianchi, dona do Quadrifoglio, na rua J. J. Seabra, no Jardim Botânico. Eurico e Marluce eram frequentadores assíduos do restaurante. Havia grande afinidade entre os três. Jantavam juntos com frequência e gostavam de conversar sobre vinhos, comidas e viagens.

Em 2008, Silvana havia se afastado do Quadrifoglio, que fora vendido para um grupo de ex-funcionários do Gero. Eurico sabia que ela fazia falta na cena gastronômica do Rio. Já de volta ao Brasil, procurou-a com uma proposta para que ela retornasse aos palcos e assinasse a cozinha do IX, um bistrô chique no Shopping da Gávea, cujo comando ela assumiu em maio de 2013.

— Foi um convite inesperado — ela lembra. — Eu nunca tinha sido funcionária de ninguém. Era um desafio. Mas, como gosto de desafios, aceitei.

Silvana tinha carta branca para cuidar do salão, da cozinha e do cardápio. Parte do menu foi importado do Quadrifoglio, como o famoso ravioli de maçã em leve molho cremoso de queijo e sementes de papoula.

— As pessoas queriam comer a comida que eu fazia. Tinham a lembrança das receitas de lá.

Ela mantinha reuniões constantes com Eurico, em que ele tomava conhecimento de tudo.

— Eu gerenciava como se fosse tudo meu. Trocávamos opiniões, ele provava os pratos novos, eu informava sobre a relação com os funcionários, como as faltas, mas não lidava com fornecedor. Dizia, por exemplo, que o peixe não estava chegando bom, mas a parte administrativa era toda com ele.

As reuniões deixavam Silvana impressionada.

— Ele estava antenado com tudo. Quando ele está quieto, a sensação é de que está atento, absorvendo tudo o que acontece em volta. E é extremamente culto, inteligente e preparado. Tem talento empresarial, é um excelente estrategista. Certamente, informou-se muito do que ia pegar pela frente quando decidiu entrar no ramo gastronômico. Já sabia que seria uma tarefa árdua, que não seriam apenas refeições sofisticadas e noites de festa.

A parceria durou quase dois anos e deixou em Silvana um saldo bastante positivo.

— O projeto era arrojado e inovador. Para mim, foi uma experiência inédita. O restaurante tinha uma decoração moderna, um cardápio sofisticado e uma adega enomatic[48] com oito saídas para vinho, a primeira do Rio. O IX fez bonito.

Eurico concorda:

— Silvana fez bonito. Graças ao talento e ao carisma dela, o IX virou destino no Shopping da Gávea. A repercussão da volta de Silvana à cozinha inverteu a lógica de ida ao shopping. As pessoas não iam ao teatro para depois dar uma passadinha em algum lugar para comer. As pessoas reservavam o restaurante e se organizavam para ir ao teatro antes ou depois do jantar.

Eurico continuava recebendo convites. E não se recusou a abrir mais um restaurante quando foi procurado por Ricardo Lapeyre, ex-chef do Laguiole, filho do lendário chef francês Claude Lapeyre. "Eu mesmo liguei para o professor Eurico, porque ele tem a fórmula do sucesso. Tudo o que administra dá muito dinheiro. Eu sou apenas chef, gestão não é minha praia", explicou Ricardo em entrevista a Daniela Pessoa, da *Veja Rio*, acerca da Brasserie Lapeyre, que tinham acabado de abrir em maio de 2015. Ainda no primeiro ano, o restaurante foi eleito o melhor francês no especial *Veja Rio* "Comer & Beber", vitória aplaudida pela imprensa, como na resenha de Fábio Codeço, publicada na mesma edição: "Apenas quatro meses após a inauguração, a casa, fruto de uma bem-sucedida parceria do chef Ricardo Lapeyre com o *restaurateur* Eurico Cunha, comemora a vitória sobre veteranos como Olympe, Le Pré Catelan e Chez L'ami Martin".

Os empreendimentos de Eurico não cansavam de ser celebrados pela mídia, antes, durante e depois do período em Portugal, como escreve a repórter Bruna Talarico na revista *Veja Rio*, em julho de 2013: "O empresário Eurico Cunha tornou-se quase uma lenda no círculo gastronômico carioca", uma "figura mítica que desperta em seus pares uma mistura de respeito e admiração". Em duas décadas no ramo, ele alcançou o posto de "sumidade" em administração de restaurantes e "já chegou a reunir sob sua caneta", simultaneamente, mais de 20 casas. Ela citava que Eurico estava reduzindo o número de operações (nove naquele momento), mas que suas empreitadas nunca haviam alcançado tanto destaque, enfatizando que ele juntava "prestígio culinário a eficiência administrativa".

MUDANÇA DE VENTOS

A decisão de Eurico de abrir os restaurantes mais premiados do Rio tinha sido ancorada na realidade econômica. Naquele momento, o mercado ainda estava embalado pelo otimismo dos preparativos para a Copa do Mundo de 2014 e para as Olimpíadas de 2016. Segundo o presidente da Associação Brasileira da Indústria de Hotéis (ABIH), Alfredo Lopes, o Rio teria um aumento de 41,3% do número de quartos disponíveis na cidade, de 2009 até os Jogos Olímpicos, passando de 29 mil para mais de 41 mil quartos[49]. E a euforia ultrapassava o setor de hotéis e restaurantes. Além das expectativas positivas geradas por esses dois grandes eventos, a economia também era turbinada por medidas adotadas para tentar garantir a reeleição de Dilma Rousseff. Setores da indústria eram ativados, programas sociais eram expandidos. Foi nesse clima que Eurico botou de pé seu plano de investimento e de captação de recursos para aplicar nos novos negócios. Entretanto, esse clima durou pouco. Logo após as eleições presidenciais de 2014, os problemas começaram a pipocar e explodiram em 2016. O país foi atingido por uma grave crise político-econômica, com o PIB per capita encolhendo mais de 8%, a taxa de desemprego chegando a 12% e os juros reais atingindo patamares recordes. De modo geral, o mercado não foi capaz de antever as mudanças dos ventos e a necessidade de ajustar as velas.

— Tem uma regra básica de administração que eu repeti muitas vezes como consultor — diz Eurico. — O erro na operação de uma empresa que leva ao desequilíbrio entre suas receitas e despesas pode ser grave e precisa ser corrigido rapidamente. O erro no plano de expansão de uma empresa que gera endividamento superior ao retorno previsto e necessário para amortização de empréstimos pode ser fatal e precisa ser estancado de imediato. O último plano que eu fiz para expansão dos restaurantes e captação de recursos foi baseado em um cenário de alto poder de consumo e de juros baixos. Em 2016, ocorria exatamente o contrário. O mercado não parava de cair e os juros não paravam de subir de forma arbitrária. Agora, eu não podia mais adiar os planos de desativação dos restaurantes. Cumprir a velha promessa de encerrar as atividades já seria um desafio muito grande de qualquer maneira. Mas era maior agora, pela urgência decorrente das pressões externas.

Eurico mergulhou de cabeça no duríssimo processo de equacionar o encerramento de todos os restaurantes. Como ele previu, não foi uma missão fácil. Trabalhava mais de dez horas por dia, sem interrupção, inclusive nos fins de semana. Emendava reunião após reunião, muitas delas extremamente tensas.

Foi muito duro, mas se sente privilegiado por ter conseguido finalizar suas atividades antes da explosão da Covid-19[50]. Durante a pandemia, estima-se que o Centro do Rio perdeu 40% dos restaurantes e, em toda a cidade, pelo menos 20% foram fechados em situação calamitosa. E os que sobreviveram cobraram preços muito altos de seus proprietários e de suas equipes. Eurico tinha pulado essa fogueira. Olhando sua trajetória em retrospectiva, sente-se realizado e gratificado pelos 27 anos vividos no ramo de alimentação. Trabalhou exatamente como gostava: intensamente, com muitos desafios e conquistas, e com muito prazer.

Nos dias de hoje, Ana Cristina Reis, jornalista de quem ao longo dessa trajetória Eurico ficou muito amigo e a quem ele muito admira, faz um balanço da carreira dele que reforça a certeza do quanto tudo valeu a pena. Ela observa:

— Eurico era como uma antena. Ele tinha o dom de capturar a tendência do cenário gastronômico e juntá-la com o desejo do público e a expertise dos bons profissionais.

Essa combinação entre perceber o que o público está precisando e escolher as melhores pessoas para trabalhar fazia de Eurico um *restaurateur* nato.

— Foi uma sorte do Rio contar com um empresário como ele — diz ela.

EPÍLOGO

Este livro começou a nascer em junho de 2021, em uma conversa com Marluce e Eurico. Eles perguntaram se eu conhecia alguém que pudesse escrever a biografia do empresário. Em meio ao papo, ela quis saber se eu não toparia ser o autor. Era um projeto arriscado, que descumpria as duas regras básicas do principal biógrafo brasileiro, Ruy Castro: 1. Nunca fazer biografia de pessoas vivas, "já que elas sempre darão um jeito de trair o biógrafo". 2. Nunca fazer biografias por encomenda, "pois um livro em que o biografado paga para o biógrafo falar sobre ele não pode dar certo".

Felizmente desobedeci às recomendações de Ruy. Dias depois, eu e Eurico fizemos a primeira das muitas entrevistas que aconteceriam ao longo dos anos seguintes. De início, as lembranças eram dispersas, contidas. Aos poucos, foram se tornando nítidas, vívidas, detalhadas, a tal ponto que Marluce, brincando, diz que eu devia cobrar também por sessões de terapia, de tanto que as conversas reavivaram a memória de Eurico.

Como costuma acontecer, cheguei cheio de curiosidades e estereótipos. Como é ser cego? Todos os cegos "veem" igual? Durante as pesquisas, eu havia lido o verso em que Shakespeare diz: "Fitando a escuridão, que os cegos miram". Todavia, li também o escritor argentino Jorge Luis Borges, que foi perdendo gradualmente a visão ao longo da vida, desmentir o senso comum do cego "encerrado em um mundo negro". Para ele, a cegueira foi o fim da escuridão. Ele passou a viver em meio a uma neblina esverdeada ou azulada e vagamente luminosa. Eurico me disse de que forma era para ele: "A primeira sensação foi de escuridão. Mas é a sensação do primeiro instante. Com o tempo, a pessoa se habitua tanto à cegueira que deixa de avaliar se aquilo é a escuridão ou a claridade. Eu diria que nem é a escuridão nem a luminosidade permanente de viver debaixo de um poste de luz. É só uma sensação natural".

Eu também me perguntava se o cego tinha os outros sentidos mais desenvolvidos. "Não necessariamente", ele explicou. Há cegos que não se importam com aromas, há os que nunca aprendem braille porque não desenvolveram o tato desde cedo. Mas Eurico contou, com bom humor, de um atributo especial. Certa vez, caminhando pela avenida Presidente Vargas, ele, segurando no braço de Marluce, como de hábito, disse: "Sabia que eu tenho um radar?". É como se ele sentisse o volume dos objetos no corpo, uma impressão física na pele. Ela duvidou. E ele: "Aposto que estamos passando ao lado de uma banca de jornais".

De fato, estavam. "E, aqui ao lado, tem um ônibus ou um caminhão". Havia mesmo um ônibus. Até que pararam na esquina com a avenida Rio Branco, aguardando o sinal abrir. Eurico falou, virando-se para a direita: "Olha, aqui do meu lado tem um poste". Marluce olhou e o que havia era um homem alto e musculoso. Por sorte, o sinal abriu e ela puxou Eurico correndo. É que o desconhecido poderia se irritar com o comentário, já que muita gente não nota que ele é cego, como cansei de escutar durante toda a apuração do livro.

Em uma ocasião, Eurico estava no carro, com um motorista recém-contratado, que fora avisado de que o patrão era cego. Só que, perto de casa, Eurico começou a orientar o homem: "Vire à direita, agora dobre à esquerda, segue em frente". É que ele já conhecia as curvas, sabia a distância, calculara o tempo percorrido. O motorista ficou revoltado e repreendeu o jovem Eurico: "Olha, você está enganando a sua mãe. Eu vou contar para ela que você vê muito bem".

Eu também imaginava como deveria ser doloroso ser cego. Ainda mais depois que li o livro *A vida de quem não vê*, escrito em 1946 pelo professor José Espínola Veiga, o homem que convenceu os pais de Eurico de que ele seria capaz de sair do Instituto Benjamin Constant e estudar em uma escola comum. É uma obra instrutiva, mas penosa. Veiga, que perdeu a vista aos dois anos após contrair varíola, não se vitimiza, não romantiza a cegueira, nem a trata como algo incapacitante. Ele relata, com honestidade e autocrítica, sua situação. Fala sem meias-palavras das conquistas e também de frustrações, restrições, negativas, preconceitos, barreiras, privações, sacrifícios, desejos irrealizados, deficiências reais e imaginárias.

Talvez influenciado pela leitura, quem sabe motivado pelos clichês e por meus próprios preconceitos, imaginei que haveria razões de sobra para que Eurico fosse revoltado com sua condição, mas isso não aparecia nos nossos papos. Pelo contrário. Ele parecia aceitar tamanha provação sem lamentar a sorte, revoltar-se com Deus ou mergulhar na tristeza e na frustração. Esse jeito de encarar a vida surpreende quem não o conhece — e mesmo quem o conhece. Ao longo de toda a feitura desse livro, procurei entender a que mecanismos psicológicos ele recorreu, que estratégias adotou e que preços teve de pagar para isso. Ouvi parentes e amigos, e cansei de perguntar e de insistir com ele mesmo, em busca de pistas que mostrassem se, por trás da aparente pacificação interior, havia um homem desgostoso, atormentado, insatisfeito, consumido pela dor e pelo ressentimento.

No entanto, o que encontrei foi uma pessoa que adotou, nem ele sabe explicar como, uma postura que não lhe permitia ficar na expectativa de voltar a enxergar, queixar-se do destino, temer pelo fracasso ou se paralisar. Com paciência, Eurico me explicava que, diferentemente de Veiga, tivera uma família que apostara em seu sucesso, em especial o seu pai.

Em determinado momento, parecendo cansado de minha insistência para que contasse episódios de sofrimento, trauma e amargura que talvez tivessem sido apagados ou fossem subestimados, ele disse: "Estou francamente com dificuldade de me lembrar de frustrações sérias que eu possa ter tido. Talvez porque, em grande parte, eu tenho procurado basear minha vida na autoconfiança e na vontade de vencer. A deficiência atrapalha, mas é um aspecto complementar da minha vida. Eu posso falar com a maior naturalidade sobre a minha cegueira, mas ela não é o tema principal de minha vida, não é o centro dela".

E, de fato, a cegueira nunca impediu que Eurico viajasse pelo mundo e vivesse plenamente, como quando, em 1990, desfilou pela Estácio de Sá, no Sambódromo. Sambou do início da concentração até o fim, cantando o samba-enredo que falava sobre a história da expedição do cônsul-geral da Rússia, o Barão de Langsdorff, feita no século XIX, de Minas Gerais ao Pará, a mando do czar Alexandre I. Eurico diz que nunca se sentiu tão livre. Ele e Marluce evoluíram com a multidão, fantasiados de vitória-régia, levados pela música, contagiados pela magia do ambiente.

Nessas peregrinações vida afora, Eurico conta com o poder de descrição inigualável de Marluce. Eu mesmo viajei nas descrições bem-humoradas e ricas de detalhes, de cores e de formas que ela me fez das muitas aventuras que os dois viveram juntos, dos muitos pratos que saborearam em restaurantes estrelados ou nem tanto, das muitas paisagens que visitaram.

Certa vez, em um fim de semana em Angra, durante um passeio de barco, Marluce descrevia o cenário para Eurico. Falava do pôr do sol deslumbrante, da luz dourando a água, das ondas batendo na embarcação, do ambiente marinho paradisíaco, da natureza exuberante. Até que a amiga Lucinha Araújo, impressionada com o relato, interrompeu-a e disse: "Eurico, vou fechar os olhos. Está melhor ouvir o que a Marluce está falando do que o que estou vendo aqui agora. Estou curtindo mais com o ouvido do que com a visão".

Só não peça a ela que narre uma partida de futebol, como aconteceu em julho de 1998, quando os dois foram a Marselha assistir à semifinal entre Brasil e Holanda pela Copa do Mundo da França. O lugar que estava reservado no estádio era bem ao lado da cabine de transmissão da Globo. Infelizmente, Eurico se esqueceu de levar um radinho, seu companheiro habitual para acompanhar os lances do jogo. Contava apenas com Marluce, que só tinha ido a um estádio uma vez na vida, em 1969, para ver o jogo em que Pelé fez seu milésimo gol. Em Marselha, o primeiro espanto de Marluce foi com o tamanho do campo: como era grande. E com o tamanho da bola: como era pequena. Sumia de repente, sem que conseguisse perceber para onde ela tinha ido. Quando olhava para um lado, já estava em outro. Não era assim na TV, quando a bola estava sempre em foco. Nervosa, não tinha ideia de nomes e das posições dos jogadores, esquecia-se até qual era o país adversário. Dizia apenas, para simplificar, referindo-se à movimentação da laranja mecânica holandesa: "Os abóboras estão indo para lá. Não, agora já estão vindo para cá. Não estão mais!".

Foi um primeiro tempo aflitivo — para os torcedores brasileiros e especialmente para Eurico —, que terminou em 0 a 0. Após o intervalo, ela demorou a perceber que as equipes haviam mudado de campo e, assim que o jogou recomeçou, falou, alarmada: "Eurico, o time brasileiro está perdido, está indo para o lado errado!". Até que Galvão Bueno veio cumprimentar o casal. Eurico não é de pedir socorro, mas perguntou ao locutor se, por acaso, alguém da equipe teria um rádio portátil transmitindo a partida em francês. Ele encontrou saída melhor: ofereceu um fone que transmitia diretamente a narração que fazia da cabine. Com isso, Eurico pôde escutar como se estivesse em casa, com a vantagem de estar ali, ao vivo. Ouviu Galvão narrar o restante do tempo regulamentar (que terminou em empate de 1 a 1, gols de Ronaldo e Kluivert), a prorrogação e a emocionante cobrança de pênaltis, que decidiu a classificação do Brasil. Porque Marluce, que não suporta acompanhar a disputa de pênaltis, só dizia: "Não vou nem olhar!".

Em uma das últimas entrevistas que fiz com Eurico, pedi a ele um texto que servisse de epílogo e que falasse um pouco sobre sua vida após o fechamento dos restaurantes. Afinal, nas nossas conversas já havíamos avançado até março de 2018, quando ele havia superado o desafio de encerrar as atividades na área gastronômica. A promessa, finalmente cumprida, saíra da lista de planos e compromissos que ele e Marluce compartilham a cada réveillon. Ele estava pronto para retomar o trabalho visando à maior integração do cego na sociedade, como havia feito nos tempos do Centro Operacional Pedro de Alcântara, o Copa.

Mas, antes de iniciar essa nova etapa, ele retornou a antigo hábito de realizar o minucioso check-up anual, que não conseguira fazer durante o turbilhão de fechamento dos restaurantes. Após os exames, planejava descansar e, em seguida, dedicar-se de corpo e alma, com seu ânimo costumeiro, ao projeto por tanto tempo acalentado. Só que nunca um verso de John Lennon lhe pareceu tão verdadeiro: "Vida é o que lhe acontece enquanto você está ocupado fazendo outros planos". A seguir, o relato de Eurico:

Pela primeira vez na vida, fui fazer o check-up com certa apreensão. Estranho, porque estava acostumado a fazer todos os anos e, para mim, nunca passava de uma rotina que invariavelmente terminava com resultados impecáveis, que eram, inclusive, motivo de elogios brincalhões por parte das equipes médicas. Sempre foi assim e o natural seria que assim continuasse.

Saíram os resultados. Fui diagnosticado com câncer. De alguma forma, creio que já havia pressentido que não estava bem. O fato é que foram perdidos dois preciosos anos sem fazer exames e a carga nesse período tinha sido pesada demais. Lembrei-me da frase lida em algum lugar: o câncer é a tristeza das células. Tinham ocorrido dias de muita tristeza nesses dois anos, mas, agora, o necessário era operar com urgência. Que todos os outros planos ficassem para mais tarde! Era preciso definir médico, hospital, data. Fizemos tudo rapidamente. Não sabemos explicar por quê, mas outra vez não sentimos medo. Tínhamos certeza de que tudo terminaria bem. E a cirurgia foi, de fato, um sucesso, mas o processo de recuperação foi mais um inesperado, duro e longo sofrimento.

A vida parecia não desistir de me desafiar. Quem sabe, como no livro do Santiago Posteguillo[51], os deuses do Olimpo têm um jogo interno de mandar desafios para os humanos só para testar até onde eles aguentam. E, como muitos dos humanos desafiados não fogem da luta e parecem ficar mais fortes, acho que, no Olimpo, eles se divertem jogando indefinidamente. Sinto que venci mais essa fase do jogo. Mas não quero nem pensar em dizer que "estou pronto para outra", que sinceramente espero que não venha.

Estou pronto para mais vida, que adoro. Quero, portanto, retribuir as bênçãos que recebi ao longo da minha existência: agradecer a família que tenho, dos meus pais aos meus filhos, Rodrigo e Renata, e meus netos, Julia, Carolina, Gabriel e Luiza; o amor da Malu; os amigos que possuo; a educação e estímulos que me foram proporcionados. Hoje, sei que tudo isso me garantiu a autoconfiança, o desejo e a força para lutar sempre e superar obstáculos. Já falei sobre o poder do sucesso. Cada resultado positivo produziu em mim — e sei que produz em todos nós — mais energia para a conquista de novas vitórias. Assim foi desde os tempos do Benjamin Constant: o sucesso foi meu escudo contra a incerteza e o medo. A cada desafio, eu sempre me disse que a história comprovava que eu seria capaz de vencer. E, como não desistia, essa profecia acabava se autorrealizando; transformando-se em mais energia para novas conquistas. A repetição desse círculo me fazia acreditar que eu tinha uma sorte especial, alguma força, sei lá o quê, que me animava e impedia que eu fosse alcançado pelo pessimismo. Como dizem, é preciso ter cuidado com a tristeza. Ela vicia. Nunca me permiti cultivá-la. Bem ao contrário, creio que a felicidade é um compromisso vitalício do qual jamais podemos abrir mão.

Neste estágio da vida, gostaria de compartilhar essas convicções com mais pessoas, sobretudo com mais pessoas cegas. Quero contribuir, no pouco que puder, para que elas possam se encontrar cercadas por esse ambiente positivo que a vida me proporcionou. Estou convencido de que poucas coisas são tão decisivas para a construção da felicidade quanto viver em um ambiente em que as pessoas acreditam em você e o fazem acreditar em si mesmo. O bem maior não vem do que você faz ou deixa de fazer pelas pessoas, mas de como você faz elas se sentirem.

Por isso, aproveito a luz que esse livro colocou sobre a vida de uma pessoa cega para sugerir a discussão do que podemos fazer para mudar uma realidade desoladora, mas que pode ser transformada. Quero falar da minha "visão" sobre o "mundo da cegueira" e farei isso a seguir. Vale a pena ler. Falarei sobre o que vi e ainda vejo como os maiores desafios do cego. Os externos, referentes a educação, trabalho, autonomia e integração social, tão contaminados por tantos preconceitos. E os desafios internos, muito mais difíceis e mais importantes de superar.

Terminando, quero agradecer.

Agradecer muito a quem leu até aqui.

Agradecer a generosidade e sensibilidade do autor e amigo, Mauro Ventura. E a parceria da Regina, assistente querida, e do Rodrigo e da Julia, filho e neta amados, que me ajudaram a atender às infindáveis demandas que o Mauro me fez ao longo desses mais de três anos de trabalho.

Agradecer aos que me acompanharam ao longo de tanta vida. E as possibilidades que tive de tantas vezes reinventá-la, porque, quem tem vida longa, precisa saber se reinventar ou se conformar com um final de história muito chato.

Agradecer os muitos desejos e realizações que tive ao longo dessa jornada. E desejar que, sob esse aspecto, nada mude.

Agradecer, finalmente, a possibilidade de voltar a lutar pela mudança no mundo da cegueira. E almejar que, cada vez mais, cegos tenham a oportunidade de derrubar as fronteiras entre o mundo de quem vê e de quem não vê. Esperar que os cegos e todos os que os cercam transitem entre esses mundos sem as barreiras do preconceito, sem os obstáculos da falta de oportunidades, sem nem se aperceberem que uns enxergam o claro e o escuro, e outros não, porque estão todos compartilhando o essencial. E não é necessário ver a luz do dia para viver plenamente a cada amanhecer.

Desejar, finalmente, que mais pessoas com deficiências visuais se deparem com situações em que as pessoas à sua volta nem lembrem que são cegos. E que, se ocasionalmente procurarem, distraídas, um interruptor para não deixá-los sozinhos numa sala escura, eles tenham a oportunidade de responder: "Obrigado... **não precisa acender a luz**".

APÊNDICE 1
O MUNDO DA CEGUEIRA

Por Eurico Cunha

Sei que são tantas as pessoas desprotegidas e tantos os direitos desrespeitados que pode parecer pequeno eu focar aqui, especificamente, na questão da pessoa com deficiência visual. Mas eu vivo há quase 80 anos no mundo da cegueira, sentindo as dificuldades inevitáveis de ser cego e sonhando em abolir as dificuldades evitáveis. Percebo quanto progresso foi conquistado (os meus e os da sociedade em geral), mas não me conformo ao ver, exatamente pela minha ausência da visão, o quanto a situação é desoladora e o quanto é preciso e possível fazer.

Não sou especialista em nenhum dos próximos temas que vou abordar: educação; trabalho; e autonomia e integração, mas me reuni com dez cegos, pessoas a quem admiro e que fazem diferença no mundo, exatamente como fizemos na fundação do Centro Operacional Pedro de Alcântara, o Copa. Alguns lá estiveram e aqui permanecem. Outros chegaram depois e foram além.

Veja a seguir quem foram os participantes dessas conversas.

Ana Paula Ruas • Técnica judiciária no Tribunal de Justiça do Rio (TJRJ) e professora de computação para pessoas com deficiência visual.

Ethel Rosenfeld • Professora e consultora em deficiência visual. Primeira cega a ingressar no magistério por meio de concurso público no Estado da Guanabara. Pioneira no uso de cão-guia, ativista pela aprovação da lei federal que autorizou a permanência de cegos acompanhados de cães-guias em ambientes de uso coletivo.

Fernanda Shcolnik • Professora de português e literatura no Instituto de Aplicação da UERJ.

Glauco Cerejo • Saxofonista presente há mais de 30 anos no circuito musical do Brasil e de vários países da América Latina, Europa e Ásia. Funcionário concursado da CEF.

João Eterno • Graduado em História, consultor em acessibilidade e professor de Tecnologia Assistiva para pessoas com deficiências visuais. Especialista e revisor em braille no IBC.

Marcello Matos • Músico e servidor público da União, concursado pelo Tribunal Regional Federal (TRF), exercendo suas funções na Justiça Federal em 1ª instância.

Márcio Aguiar • Servidor no TJRJ, diretor de relações institucionais da Associação dos Deficientes Visuais RJ (Adverj), 2º vice-presidente na Organização Nacional de Cegos do Brasil e conselheiro nacional do direito das pessoas com deficiência.

Marcos Lima • Formado em Jornalismo, palestrante e influencer no projeto Histórias de Cegos, fundador da ONG Urece Esporte e Cultura.

Maria da Glória de Souza Almeida • Doutora em Literatura, mestre em Letras e educadora com especialização na temática da deficiência visual.

Vitor Alberto da Silva Marques • Bacharel e licenciado em História pela UFF, concursado pela Secretaria de Educação do Rio de Janeiro e pelo MEC no IBC, e vinculado à rede de bibliotecas públicas do Rio de Janeiro.

Conversamos sobre o mundo da cegueira, sobre as nossas crenças e pelo que julgamos que vale a pena lutar. Espero que não tenhamos sido quixotescos, mas, se fomos, que sejamos como o Quixote de Chico Buarque e Ruy Guerra: capazes de "sonhar mais um sonho impossível" e "vencer o inimigo invencível".

NOSSAS REFLEXÕES

Sobre educação

Se a educação de qualidade ainda é uma das maiores dívidas sociais no Brasil como um todo, o que dizer da educação da criança, do jovem ou do adulto cego?

Entre as pessoas com deficiência (PcD) no Brasil, a taxa de analfabetismo é cerca de cinco vezes maior do que entre as pessoas sem deficiência. E mais: só uma em cada quatro pessoas com deficiência consegue concluir o ensino básico, enquanto entre as demais é exatamente o oposto — cerca de três em cada quatro conseguem[52].

As leis brasileiras sobre o acesso da pessoa com deficiência à educação estão entre as melhores do mundo. Seria muito bom se fossem cumpridas, mas não são, como acontece com muitas leis nacionais. É indispensável criar condições para que essas leis sejam seguidas à risca e aperfeiçoadas no que for necessário.

Destacamos quatro desafios prioritários na esfera da educação de pessoas com deficiência visual:

• Matrícula não é inclusão

No Brasil, é crime punível com prisão de até quatro anos recusar ou dificultar a matrícula escolar a pessoas com deficiência. A Constituição Federal assegura o direito de todos à educação, sem discriminação e com igualdade de oportunidades. E aí reside o "x" da questão. Estamos muito longe de oferecer igualdade de oportunidades aos estudantes cegos. A assimetria é geral no país, em função de renda, etnia e diferenças municipais. Porém, no caso das PcD, o quadro é muito mais grave: o cego pode ser matriculado na escola, mas, na prática, não tem como aprender a ler e escrever porque faltam equipamentos para escrita e não há suficientes livros didáticos em braille. Não pode entender formas geométricas ou orgânicas porque não há modelos táteis. Não há suporte para locomoção ou integração social. E pior: na maioria das vezes, não há professores preparados, nem didática nem emocionalmente, para recebê-los e incluí-los. Atualmente, quase 40% dos municípios brasileiros não têm políticas ou programas de promoção de direitos das pessoas com deficiência. E ter políticas ou programas formalizados nem sempre é garantia de que sejam colocados em prática de forma minimamente eficiente. Muitos jovens e crianças com deficiência visual nem tentam se matricular ou desistem logo após começar.

• O princípio é o professor

A realidade não vai mudar se o professor não mudar. E o professor não pode mudar se não forem criadas as condições para isso. A importância da formação de professores e da valorização de suas carreiras é uma "unanimidade nacional", que foi obviamente confirmada nas nossas conversas. No nosso caso, destacamos duas vertentes: falamos das carências na formação e na valorização profissional de professores especializados no atendimento educacional a pessoas com deficiência, que conduzem diretamente atividades de AEE[53] nas escolas ou que atuam como multiplicadores, assessorando os demais professores nas aulas regulares. E também falamos dos professores em geral, que atuam em todas as escolas públicas e privadas, e não recebem capacitação, apoio, nem reconhecimento para acolher e promover o desenvolvimento e inclusão das PcD que frequentem suas aulas.

• Ser "letrado" é ser digital

Falamos pouco sobre isso. É o óbvio que dispensa comentários. A educação digital é tão prioritária quanto é o ensino da língua materna e da matemática. O acesso aos recursos e tecnologias digitais é a maior avenida para a autonomia e a inserção social. No caso das pessoas cegas, é o único caminho possível. E, como em todos os demais indicadores de desenvolvimento humano, o acesso digital também é perversamente desigual demográfica e socialmente, e não é surpresa que seja ainda mais grave para as pessoas com deficiência visual.

• É preciso somar

Discutimos a importância da complementaridade de ações entre os órgãos federais, estaduais e municipais no âmbito educacional. E destacamos que a integração da atuação nas três esferas do Executivo, do Legislativo e do Judiciário está longe de ser suficiente para alcançarmos os resultados necessários. Além da falta de coordenação entre essas instâncias, também destacamos que não há articulação satisfatória entre elas e a sociedade. São insuficientes os mecanismos institucionais para garantir a participação da pessoa com deficiência na formulação das políticas e no acompanhamento das ações dos poderes públicos voltadas para a inclusão.

Entretanto, o foco principal da nossa conversa sobre integração de esforços foi quanto à importância de envolver a maior parcela possível da sociedade na discussão da cegueira e ampliar a consciência coletiva sobre esse desafio. Entendemos que nada pode ser mais poderoso para a melhoria das condições de educação e de vida da pessoa com deficiência do que estar inserida em um ambiente social que perceba a sua existência, se importe com ela e deseje transformá-la. Não como uma ação assistencialista para socorrer pessoas com deficiência, mas como ferramenta para preparar melhores cidadãos (PcD ou não) para o país.

Sobre trabalho

Há sucessivas medidas adotadas na esfera pública e privada em benefício da abertura do mercado de trabalho e geração de renda para PcD. Mas estão longe de representar a ação transformadora exigida pela gravidade do quadro vivido pelas pessoas com deficiência, particularmente os cegos.

• Não há ação sem esperança. Nem esperança sem oportunidade.

Este foi o foco da nossa conversa: a situação de emprego e renda para a pessoa com deficiência visual no Brasil ainda passa longe das oportunidades e é cercada de desesperança.

Nacionalmente, a maioria dos cegos não tem emprego nem renda constante proveniente de seu trabalho. Infelizmente, muitos deles sobrevivem à custa de trabalhos precários, como camelôs, ou são dependentes da caridade de terceiros. Parte significativa sobrevive apenas com o BPC (Benefício de Prestação Continuada), que, com frequência, ainda é compartilhado ou "confiscado" por suas famílias.

Ressaltamos que a Lei de Cotas para Pessoas com Deficiência (Lei nº 8.213 de 24 de julho de 1991)[54], que fez 33 anos em 2024, é uma conquista da máxima importância. Precisa ser preservada e ter sua aplicação ampliada, porque sua contribuição para a inclusão das PcD no mercado de trabalho está muito aquém do que poderia. Primeiro, em decorrência do grande número de empresas que simplesmente não cumpre a lei. E várias das que "cumprem" frequentemente o fazem de forma meramente burocrática: há casos de empresas que contratam e automaticamente demitem a pessoa com deficiência ao fim do período de experiência. Ocorrem situações em que é feita a contratação com salário-mínimo, e a pessoa é orientada a não comparecer ao trabalho, "permanecendo em casa, para facilitar".

Segundo o IBGE[55], de cada quatro PcD em idade de trabalho, só uma está ocupada: o percentual de ocupação é de 26,6%, enquanto para pessoas sem deficiência é de 60,7%. E, na nossa conversa, sentimos que a situação específica do cego é ainda pior — somente a pessoa com deficiência intelectual parece ter mais dificuldade de obter emprego. A observação empírica nos leva a crer que as empresas que cumprem a Lei de Cotas tendem a priorizar a contratação de pessoas com "deficiências mais fáceis" de incluir no ambiente trabalho. A cegueira assusta. Parece difícil para os executivos e as áreas de RH enxergar que um cego, com o uso das tecnologias gratuitas de acessibilidade, pode trabalhar normalmente junto com as outras pessoas, fazendo exatamente o mesmo que elas fazem.

Também a remuneração da pessoa com deficiência é precária. Segundo a mesma PNAD 2022, no mercado de trabalho geral a pessoa sem deficiência tem uma remuneração média 45% maior do que a PcD.

Salientamos, porém, que a igualdade de condições oferecida aos cegos nos concursos públicos é uma conquista da máxima importância. Claro que estamos longe da equidade. Muitos ficam pelo caminho, por falta de acesso à educação, à formação especializada, às condições de locomoção e de subsistência. Mas o pleno acesso aos concursos públicos é uma conquista definitiva para a inclusão da pessoa com deficiência visual no mercado de trabalho, para a qual foi decisiva a luta travada pelo Centro Operacional Pedro de Alcântara, o Copa, nos anos 1970.

Outro aspecto gratificante é o número crescente de iniciativas de entidades privadas e públicas que mantêm projetos de formação de pessoas com deficiência visual para atuar como autônomos ou empreendedores. Ou que se mobilizam para facilitar o acesso da pessoa com deficiência a vagas de emprego exclusivas para PcD.

Mas é imprescindível gerar mais oportunidades de trabalho para PcD nas empresas privadas, em todo o Brasil. E para isto é decisiva a fiscalização do cumprimento da Lei de Cotas. Também é importante aumentar a presença de PcD na esfera pública. Para tanto entendemos ser valioso disseminar a oferta de cursos específicos de preparação de pessoas com deficiência para participar dos concursos. E também disseminar a prática de, após a aprovação nos concursos, serem adotadas medidas simples, mas que geram importantes resultados, para ambientação da pessoa com deficiência ao novo trabalho e de preparação do ambiente de trabalho para incluí-la (como já ocorre em vários órgãos do poder judiciário).

Nossa maior ênfase, porém, foi na imperiosa necessidade de mudança na percepção sobre a cegueira. É necessário, primeiramente, que a cegueira seja percebida, em vez de ignorada. E que haja o reconhecimento das competências da pessoa cega, sobretudo por ela própria, porque isso traz a esperança do sucesso, que leva à busca e à conquista do emprego ou do empreendimento. E que mais empresas privadas e públicas reconheçam a importância e os benefícios de integrar pessoas cegas nos seus times, porque só assim serão garantidas as oportunidades: sem fantasias de que cegos possuem "dons especiais", mas também sem preconceitos sobre terem limitações que impedem seu sucesso.

Sobre autonomia e integração

Autonomia e independência são palavras frequentemente usadas como sinônimas, mas foram cuidadosa e intencionalmente diferenciadas na nossa conversa.

Dizemos que *autonomia* é o governo de si mesmo, a capacidade de uma pessoa de tomar decisões próprias sobre o que parece melhor para ela. A *autonomia* pode e deve existir mesmo quando faltar a essa pessoa a *independência* (física, financeira ou de que ordem for) para desenvolver suas atividades cotidianas sem depender da ajuda de terceiros. Ajudar física ou financeiramente alguém não autoriza o "benfeitor" a ignorar os desejos, a inteligência e a capacidade de deliberação da pessoa com deficiência. A *autonomia* é fundamental na vida de todas as pessoas adultas e se constitui na mais difícil e preciosa conquista na vida das pessoas com deficiência. É lamentável, porém, a frequência e a banalização do desrespeito à *autonomia* da PcD, sobretudo porque frequentemente lhe falta *independência* física (ou mesmo financeira). A *independência* é uma ferramenta poderosa para a conquista da *autonomia* e precisamos persegui-la, mas a sua falta não pode ser usada como salvo-conduto que autoriza o desrespeito ao direito da PcD de se autogovernar. A *autonomia*, com todas as suas consequências, deve ser inalienável e é precondição para a cidadania e a integração de todas as pessoas, com ou sem deficiência. É imperioso garanti-la. Por isto julgamos imprescindível identificar as principais barreiras que limitam especificamente a *autonomia* de uma pessoa cega e o que pode ser feito para superá-las.

Além das gravíssimas limitações provocadas pela falta de acesso à educação e ao trabalho já analisadas, entendemos que outras três barreiras restringem a *autonomia* e a plena integração social do cego.

• A falta de acessibilidade física e tecnológica

A existência de barreiras físicas nas ruas, nos transportes e nos espaços públicos e a pouca disponibilidade de recursos de mobilidade (transporte acessível; sinalização sonora; oferta de uma "arquitetura mais inclusiva" nas lojas, bancos e serviços públicos) intimidam e limitam a pessoa com deficiência visual em todas as esferas da vida, dificultando, na prática, seu acesso à educação, ao trabalho e à renda, precondições para a conquista da autonomia e da integração social.

Muito mais grave, porém, do que essas barreiras físicas são a baixa oferta de recursos de tecnologias assistivas (TAs)[56] para a grande maioria da população cega do Brasil.

"Não mudei o meu 'status oftalmológico' desde quando perdi a visão. Sou o mesmo cego de quinze anos atrás, mas hoje, graças a um smartphone, sou um cidadão com muito mais competências, funcionalidade e autonomia". Assim um dos participantes da nossa conversa explicou a importância do uso das tecnologias assistivas na vida das pessoas cegas.

A gradativa democratização das conexões à internet e das tecnologias de voz gratuitas, as incontáveis páginas com acessibilidade e a oferta de equipamentos de informatização com preços em queda e com programas governamentais de financiamento estão abrindo portas extraordinárias para cegos e pessoas com visão limitada. Os que têm pleno acesso a essas tecnologias já não dependem de terceiros para obter quaisquer informações sobre produtos, serviços ou locais que desejem conhecer; podem gerar seus próprios conteúdos profissionais ou pessoais; conseguem emprego ou desenvolvem atividades remuneradas como consultores, influencers e outras profissões liberais. As tecnologias assistivas têm lhes permitido a conquista da autonomia no trabalho, no lazer online e nos relacionamentos sociais. Esses recursos são indiscutivelmente a grande avenida para a integração social do cego. Mas, como dissemos, ainda são raros os que conseguem dispor dessas facilidades. Para a grande maioria, faltam equipamentos, meios de conexão e formação para usufruir desses benefícios. Mas o caminho fundamental para a inclusão está identificado. É preciso lutar para que mais e mais cegos possam percorrê-lo.

• A barreira socioatitudinal

Certamente, esta barreira é muito mais difícil de ser transposta do que as anteriores.

"Eu não sou visto como uma pessoa que tem várias características, entre elas a de ter ficado cego. Sou visto como um cego. E assim as pessoas se dirigem a mim e se relacionam comigo, sobretudo quando me encontram pela primeira vez. Primeiro, elas veem a cegueira. E a cegueira dá pena. Sem nem perguntar, acham que preciso de ajuda, que sou frágil. As pessoas tratam os cegos como se fossem debilitados: 'Senta ele ali', falam para nosso acompanhante. Ou, pior, elas nos pegam pelo braço (se sentem autorizadas a nos tocar) e nos levam para nos sentar numa cadeira. Também é comum nos tratarem como se, além de cegos, fossemos mudos: 'O que ele quer?', perguntam ao nosso acompanhante. Ou como se fossemos surdos: falam alto, com voz bem articulada, como se isso fosse necessário para sermos capazes de entendê-las. Muitas vezes, não consigo resistir, isso me incomoda e eu respondo na mesma moeda. Falo para meu acompanhante: 'Diz para ela que eu quero isso ou aquilo.' Ou falo diretamente para a pessoa, mas também com a voz alta e pausada, como se só assim ela pudesse me ouvir."

Essa fala é de um dos participantes da nossa conversa, mas já aconteceu mil vezes na vida de cada um de nós. É a discriminação do cego em função de sua deficiência. Ele não é percebido nem tratado como uma pessoa igual a todo mundo, que apenas não vê. É automaticamente enquadrado na categoria dos desvalidos, da vítima impotente da maior desgraça, a pior de todas as deficiências físicas. Partem da premissa de que ser cego é ser incapaz. As pessoas simplesmente não conseguem crer que o cego, sobretudo com acesso a tecnologias assistivas, pode fazer tudo, absolutamente tudo o que pode ser feito pelas pessoas que enxergam. É um “capacitismo estrutural e histórico” ao qual todos os cegos ainda estão “vitaliciamente condenados”. É a discriminação contra uma pessoa meramente com base em estereótipos, em puro preconceito. Infelizmente, cada um de nós poderia relatar inúmeros exemplos, vivenciados ao longo de nossas vidas. São tantos que não caberiam neste livro, mas não resisto a citar dois outros, muito emblemáticos, que também surgiram nas nossas conversas:

“Eu sou professora. Recentemente, no meu primeiro dia de aula, um aluno me perguntou desde quando fiquei cega. Contei que já era cega desde jovem, ao que ele respondeu espantado: ‘Ué? Então por que você trabalha? Por que não se aposentou por invalidez?’”

O outro relato foi sobre o telefonema da área de RH de uma grande empresa para um candidato cego que havia enviado o currículo para a vaga anunciada:

“Olha”, disse a encarregada da área de seleção de pessoal, que ligou para ele. “Estou aqui com o seu currículo e tenho uma boa notícia: conseguimos para você uma vaga de atendente de balcão”.

“Você não teve tempo de ler o meu currículo?”, ele perguntou.

“Li, sim”, ela respondeu.

"Então você não viu que sou graduado numa das universidades de maior prestígio do Brasil? Que falo fluentemente quatro idiomas? Que tenho especialização na função técnica que você anunciou?"

Não, ela não viu. Leu apenas que ele era cego e teve provavelmente certeza de que "atendente de balcão em uma grande empresa" era uma ótima oportunidade para um cego. Que não importava se ele se sentiria recompensado profissionalmente na função de atendente, se teria ou não perspectiva de carreira, se poderia contribuir de forma mais efetiva para a empresa na função a que se candidatou. Bem ao contrário; o que talvez ela tenha visto é que aquele cego tinha muita sorte de conseguir um emprego em uma empresa tão boa, quem sabe até numa vaga oferecida apenas pela necessidade da empresa de cumprir a cota legal de contratação de pessoas com deficiência.

A barreira socioatitudinal é demolidora em qualquer caso. E, muitas vezes, ela vai além das atitudes preconceituosas. São inúmeros os registros de comportamentos ilegais, restringindo os direitos do cidadão com deficiência, bem como episódios inadmissíveis de hostilidade, violência psicológica ou física, que devem ser repudiados, punidos e eliminados.

Ainda mais difíceis e muitas vezes intransponíveis, porém, são os casos em que essas barreiras são erguidas (em geral inconscientemente) por parentes e amigos. Elas vêm sob o manto da proteção. São pais que não acreditam que os filhos têm condições de "enfrentar a vida" e, em vez de desafiá-los e apoiá-los, decidem que eles não devem ser expostos a ambientes em que possam sofrer discriminação. Pretendendo afastá-los do sofrimento, os distanciam das oportunidades de realização e felicidade. São familiares ou pessoas próximas que, às vezes até sem perceber, discriminam a pessoa com deficiência por meio de mensagens depreciativas, verbais ou não. São amigos que, querendo poupá-los, dizem, de forma explícita ou indireta, que "é melhor desistir", que "isso não dá para você". São inúmeras formas de "segregar sem nem perceber". É assim que falta investimento na pessoa cega para que se torne autônoma e independente.

• A barreira interior

É a mais demolidora das barreiras. Elas começam a ser erguidas de fora para dentro, pelos mais próximos, como referido anteriormente. São autopercepções que vão sendo construídas a partir de frases, posturas, ações e reações depreciativas ou limitadoras, impostas ou sinalizadas por parentes e amigos. Percepções de menor valia que viram certezas. Sentimentos de exclusão que viram autoisolamento. Mecanismos de defesa que viram autolimitações.

Não somos necessária e exclusivamente o que esperam de nós, mas com certeza as expectativas, os ditos e as atitudes dos "outros significativos" que nos cercam balizam a formação do nosso eu. Condicionam a nossa percepção de nós mesmos e do mundo, delimitam os nossos desejos, fortalecendo ou enfraquecendo a nossa estrutura de personalidade e capacidade de luta. Já falei várias vezes do privilégio que tive de crescer num ambiente em que meus pais esperavam muito de mim, me desafiavam e exigiam o que tantas vezes achei excessivo e injusto. Contudo, ao mesmo tempo, desdobravam-se para me oferecer as melhores oportunidades e condições de desenvolvimento. Apostavam em mim e celebravam os meus sucessos. Hoje, estou convencido de que isso me permitiu viver o tal círculo virtuoso que garante a permanência da vontade além das condições imediatas e a determinação para manter a luta com a convicção da vitória.

A vontade e a determinação são, sim, indispensáveis para a superação das barreiras interiores, mas é impossível ser forte sozinho. As pessoas significativas à nossa volta são decisivas na construção de nossa autoestima, desejos e força. Infelizmente, nem sempre encontraremos pessoas disponíveis ou preparadas para ocupar esse espaço.

A partir dessas reflexões, nos perguntamos o que é possível fazer para, como falei de início, facilitar a vida da pessoa cega apesar das dificuldades inevitáveis da cegueira. E para abolir ou minimizar as muitas dificuldades que são evitáveis. Resumimos em seis sentenças simples um universo de ações que são complexas, mas factíveis, e que tornarão melhor a vida das pessoas com deficiência e da sociedade em geral.

NOSSAS PRIORIDADES

- Aparelhar as escolas públicas e privadas com os recursos pedagógicos e de acessibilidade indispensáveis para que possam efetivamente receber, incluir e educar as pessoas com deficiência, particularmente os cegos;
- Investir no desenvolvimento e na valorização de professores, tanto para formação de especialistas em educação especial como para disseminação entre os professores em geral dos valores, informações e ferramentas mínimas indispensáveis à educação inclusiva. Buscar incluir nas Diretrizes Curriculares do MEC disciplinas obrigatórias com esse escopo, para todos os cursos de pedagogia e licenciatura;
- Ampliar (até a universalização) as conexões de banda larga, a disponibilização de equipamentos com tecnologia de voz e recursos de acessibilidade e a capacitação tecnológica da pessoa cega, indispensáveis à sua inclusão no mundo digital e à sua plena autonomia e inserção social;

- Criar oportunidades de trabalho e de geração de renda para pessoas cegas por meio do aperfeiçoamento da aplicação da Lei de Cotas; do aumento de cursos preparatórios para concursos públicos e de ambientação aos cargos públicos para os quais tenham sido aprovadas; e de estímulo e apoio ao desenvolvimento de projetos autônomos e de empreendedorismo;
- Combater as omissões e as violações ao cumprimento da legislação que assegura os direitos das pessoas com deficiência, integrando nesta luta os poderes executivo, legislativo e judiciário, nas esferas municipal, estadual e federal, e toda a sociedade, especialmente os cegos;
- Desenvolver projeto de comunicação com o propósito de mudar a percepção sobre a cegueira, reduzir o capacitismo e as barreiras socioatitudinais que segregam as pessoas com deficiência visual, gerando não só maior autoconfiança e condições para a autonomia e a integração do cego, mas também o fortalecimento do espírito coletivo de cidadania e justiça social.

Para terminar, gostaria de transcrever mais um trecho que ouvi nas nossas conversas:

"Sou obrigado a fazer uma militância permanente para limitar o preconceito com que me deparo a todo instante. Não gostaria de fazer. É um ônus ensinar as pessoas todos os dias, todas as horas e circunstâncias em que elas me abordam equivocadamente. Mostrar como podemos nos comunicar, produzir e, inclusive, ser ajudados. Como cegos, não podemos desistir de exercer a cidadania 24 horas por dia. Cidadania permanente. Não nos é dado desistir. Temos de nos infiltrar nos lugares onde não nos convidam ou não nos deixam entrar para exercer esse papel; temos de desempenhar esse papel até nos lugares já conquistados, porque sempre alguém novo aparece ou algum 'veterano' se esquece. Temos de conversar para corrigir opiniões equivocadas. Primeiro, eles veem a cegueira. Depois, quando conseguem, veem a pessoa. Temos de inverter esse roteiro. Não podemos abandonar a militância".

Este livro é a minha militância.

É muito difícil ser cego. Não pretendo minimizar isso. É viver em um universo desconhecido, desprotegido, em que não se sabe o que há pela frente; em que se convive com o outro sem vê-lo, sem acessar suas expressões faciais e linguagem corporal que facilitam os contatos iniciais entre pessoas que ainda não se conhecem: para um cego ir desacompanhado a um local desconhecido é, provavelmente, optar por permanecer sozinho durante o evento inteiro. Entretanto, não optar por correr esses riscos é, muito provavelmente, escolher viver sozinho a vida toda. Não é nada fácil, mas talvez a cegueira assuste mais a quem tem visão do que ao próprio cego, que aprende a viver com ela. Para quem vê, é como se ser cego fosse imobilizador, uma barreira intransponível, uma realidade aterradora. No seu livro *Ensaio sobre a cegueira*, José Saramago descreve uma "treva branca" que vai deixando cegos todos os moradores de uma cidade. Com todos cegos, os seres humanos se desumanizam e mergulham em uma luta autofágica pela sobrevivência. Com essa fantasia, ele, provavelmente, tinha o propósito de conduzir o leitor a uma reflexão sobre os valores humanos, mas escolheu exatamente a cegueira como a maior tragédia que poderia se abater sobre as pessoas e retratou uma "sociedade de cegos" como uma impossibilidade, o caos e a desordem, um inferno na terra. É o preconceito intelectualizado. Dou esse exemplo para reforçar o quanto a crença sobre a tragédia da cegueira está enraizada, naturalizada. E como é árdua a tarefa de reverter esse roteiro.

Por isso, escrevo. Para deixar aqui o meu apelo. Apelo para nos juntarmos ao muito que já vem sendo feito e fazermos mais. Porque estou convencido de que juntos temos poder para interferir sobre a realidade e ajudar a construir uma sociedade mais aberta às diferenças, mais atenta à equidade de oportunidades, mais solidária, melhor.

APÊNDICE 2
O IBC

Quando Eurico entrou no Instituto Benjamin Constant, em 1952, a instituição tinha quase cem anos. O IBC havia sido inaugurado, oficialmente, no dia 17 de setembro de 1854, ainda com o nome de Imperial Instituto dos Meninos Cegos. Na origem de sua criação, está um menino que havia nascido cego. José Álvares de Azevedo tinha apenas dez anos quando foi enviado pelos pais à França. Por sugestão de um médico amigo da família, ele foi estudar na única escola especializada que havia no mundo, o Instituto Real dos Jovens Cegos, em Paris, fundado em 1784.

Lá, Azevedo conheceu um sistema de escrita e leitura inventado pelo francês Louis Braille, que estava em fase de experimentação. Seis anos depois, já adolescente, retornou ao Brasil com dois sonhos: disseminar o braille aos outros cegos e criar uma escola semelhante à qual havia frequentado. Uma ousadia, em uma época que a educação era privilégio de poucos, mesmo entre os que enxergavam.

Ele tinha 16 anos quando começou sua militância. Azevedo escreveu artigos em jornais, fez palestras, virou professor de história em um colégio tradicional e começou também a dar aulas particulares a outros cegos. Uma de suas alunas, Adélia Sigaud, era filha do médico da corte imperial, José Francisco Xavier Sigaud. O pai, impressionado com a evolução de Adélia, conseguiu, junto com o Barão do Bom Retiro, que o adolescente fosse recebido por Dom Pedro II para uma audiência. No encontro, o rapaz foi tão persuasivo ao falar sobre o braille e ao defender a criação de uma escola para cegos que o imperador disse: "A cegueira já quase não é uma desgraça".

A partir daí, começava a tomar forma o Imperial Instituto dos Meninos Cegos. Por uma dessas tristes ironias do destino, Azevedo acabaria morrendo aos 19 anos, no dia 17 de março de 1854, exatos seis meses antes da inauguração da instituição que idealizou[57].

Azevedo não viu seu sonho realizado, mas o instituto se transformou em uma referência brasileira no ensino de crianças cegas e de baixa visão, a tal ponto que ele virou o "patrono da educação dos cegos no Brasil". A data de seu nascimento, 8 de abril, foi declarada, oficialmente, o Dia Nacional do Sistema Braille.

No dia de sua inauguração, o instituto contava com apenas onze alunos — nove meninos e duas meninas.

— O instituto foi idealizado para receber meninos. Ele seguia a dinâmica da época. Se as mulheres não estudavam, então por que as meninas cegas estudariam? Mas sobraram duas vagas e aí essas duas meninas acabaram matriculadas — explica Maria da Gloria de Souza Almeida, a Glorinha, que virou assessora da direção-geral até se aposentar, em dezembro de 2022.

Glorinha ressalta o pioneirismo da instituição:

— Em uma época em que a educação era um privilégio de muito pouca gente, em que havia no país discriminações e exclusões de toda natureza, é inimaginável abrir-se uma escola para pessoas cegas. Você começa a educar uma fatia da sociedade que nem excluída era, era invisível mesmo. É um movimento de inclusão, embora ainda não houvesse sequer esse conceito.

Durante muito tempo, ele funcionou em regime de internato, semi-internato e externato, mas quase todos os alunos eram internos. Glorinha discorda que o instituto funcionasse como uma espécie de "gueto".

— O internato era uma necessidade, embora dura, dentro do contexto de então — diz Glorinha, que entrou como aluna do IBC em 1959, dois anos após a saída de Eurico. — Na época em que estudei, ele era assistencialista, e tinha de ser. A imensa maioria das crianças vinha de família desfavorecida, de regiões como Norte, Nordeste, Centro-Oeste e interior de Minas. Ou ficavam à margem, sem estudo e sem oportunidade nenhuma, ou vinham para o Rio e ficavam aqui. Embora psicológica e emocionalmente não substituísse a família, para muitos o IBC serviu como lar.

Naqueles anos 1950, até havia algumas instituições espalhadas pelo país, como o San Rafael, em Belo Horizonte, e o Padre Chico, em São Paulo, além de outros estabelecimentos similares no Nordeste, em estados como Bahia, Paraíba, Ceará e, particularmente, Pernambuco (com o Antonio Queiroz, em Recife, surgido em 1909). Entretanto, nada se comparava em termos de educação e profissionalização ao IBC.

O professor Vitor Alberto concorda que os tempos eram outros. Ele tornou-se aluno em maio de 1960, aos 14 anos, e ficou no IBC até 1968, quando foi fazer o colegial no Mallet Soares.

— Hoje, não sou a favor do internato, mas, naquela época, se não fosse o instituto muita gente não teria estudado. Na década de 1960, 95% dos alunos eram internos, porque vinham de Minas, do Espírito Santo, de estados do Nordeste. Até do exterior: Panamá, Peru, Uruguai. Caso não existisse o IBC, teriam ficado confinados em suas casas ou até ido parar na rua, pedindo esmolas. Havia, inclusive, famílias que escondiam seus cegos por vergonha — diz ele, que mais tarde se formaria em História e em Biblioteconomia na UFF, e daria aulas no Benjamin Constant.

O instituto também trazia um pouco de alívio financeiro a essas famílias, já que fornecia aos alunos, além de estudo, moradia, alimentação, uniformes, calçados e produtos de higiene pessoal.

Hoje o cenário é bem diferente. O internato encontra-se fechado. Das cerca de 250 crianças que têm aulas lá, a maior parte delas são do Estado do Rio.

Nos tempos em que Eurico, Glorinha e Vitor estudaram no Benjamin Constant, o cotidiano dos alunos era mais sofrido. Se quisessem, os pais poderiam buscar os filhos em datas comemorativas, como aniversários, e trazê-los de volta no dia seguinte. Porém, na prática, a maioria não recebia qualquer visita. No período de Natal e réveillon, o instituto fechava. Parte das crianças era levada, gratuitamente, pela Força Aérea Brasileira (FAB) até seus estados, quando tinham família que as acolhesse. Uma inspetora ia junto, levando e buscando os alunos. Nos outros casos, os estudantes eram acolhidos nessas datas por funcionários do IBC, que os levavam para passar as festas em suas casas. Celebrações como Páscoa e aniversários ficavam muito a critério da sensibilidade de quem estava na direção. Glorinha lembra que havia diretores, como Raymundo Fontes Lima e sua mulher, Amelinha, que gostavam de comemorar os aniversariantes do mês. Faziam uma festinha, compravam bolinhos. Infelizmente, eram iniciativas particulares, não institucionalizadas.

O isolamento poderia ser amenizado com telefonemas, mas as ligações interurbanas eram muito raras, de tão caras e difíceis de completar. Quanto à correspondência, igualmente não era comum. Não havia impedimento: os alunos podiam receber cartas, que seriam lidas para eles, mas é bom lembrar que as crianças vinham de famílias pobres, cujos pais eram, em geral, analfabetos.

Glorinha tinha apoio familiar, mas, ainda assim, não foi fácil.

— Eu me via aqui nesse lugar imenso, em que havia uma mistura muito grande de pessoas, com todo tipo de comportamento. Acho que amadureci em dois ou três anos tudo o que poderia ter amadurecido. Passei rapidamente da pré-adolescência para a idade adulta — diz ela, que ficou lá como aluna até 1968.

Mais tarde, ela se tornou professora do instituto. Deu aulas de português, foi alfabetizadora e ensinou nos cursos de formação, capacitação e qualificação de professores na área de alfabetização para crianças cegas. Chegou a ser chefe de gabinete durante três gestões.

Desde a sua criação, o Benjamin Constant passou por várias modificações estruturais e pedagógicas. Em 1937, o então presidente Getúlio Vargas fechou o IBC para a realização da segunda etapa de ocupação do terreno. Só em 1945, com as obras prontas, ele reabriria as portas. Durante esse período, as crianças tiveram de voltar para suas casas.

A construção da nova ala permitiu que o número de alunos aumentasse muito, chegando, em meados

dos anos 1950, a pouco mais de duzentos, quase a totalidade deles internos. Nessa mesma década, foram criados vários cursos profissionalizantes — nos anos 1940, já havia surgido o Jardim de Infância. Nesses tempos, a grande maioria dos professores do Benjamin Constant também tinha deficiência visual. Hoje, os docentes cegos somam menos de 10%. Não havia concurso, o que só ocorreria em 1960, e a maioria tinha sido aluna do próprio instituto. Entravam por amizade, por indicação política ou pelos próprios méritos. Um dos poucos que não tinham passado pelas salas do IBC era Gama Malcher, um químico da Bayer que ficara cego aos 30 anos em um acidente no laboratório que chefiava, e que dava aulas de matemática. No começo dos anos 1950, ele era diretor da sessão de ensino — mais tarde, no dia 1° de julho de 1970, iria se tornar o primeiro diretor cego da história do instituto.

Eurico estudou no IBC seis anos: de 1952 a 1957. Nessa época, além das disciplinas básicas, como ciências, geografia, história, português e matemática, o instituto oferecia muitas atividades complementares ao ensino regular, por exemplo: modelagem em argila, trabalhos manuais como tricô e crochê, afinação de piano, arte e difusão radiofônica, colchoaria e estofaria, datilografia — aula que Eurico frequentou —, economia doméstica, encadernação, massoterapia, radiotelegrafia, tamancaria, transcrição e revisão braille, vassouraria, vimaria[58]. Eram, como lembra Glorinha, atividades relevantes para a época:

— Nós tínhamos, desde o fim do século XIX, o ensino de profissões de meninos e meninas. Isso era separado porque os meninos tinham profissões consideradas mais ligadas à masculinidade, como encadernação, aquela coisa mais forte, mais bruta. E as meninas tinham os trabalhos de agulha, como tricô e crochê. E de cozinha também.

Quando Eurico estava no IBC, meninos e meninas estudavam em turmas separadas no ensino primário, mas não no ginasial. Desde que foi criado, em 1946, o ginásio era misto. Primeiro porque eram muitas disciplinas e não havia professores suficientes para separar as turmas. E também porque era importante preparar os alunos para estudar o colegial em escolas comuns, já que o IBC só ia até o ginasial.

No período de Eurico, igualmente não havia uma divisão entre alunos cegos e de baixa visão. Mas, quando Glorinha entrou no IBC, as turmas do primário já eram separadas — a não ser no ginasial.

Um obstáculo para o aprendizado era a mistura de idades. Assim como Eurico, Glorinha estudava com meninas bem mais velhas. Ela explica a razão do problema:

— Os filhos perdiam a visão e os pais não sabiam o que fazer. Não tinham noção de que eles podiam estudar. Dessa forma, as crianças ficavam em casa, alheias, à parte. E iam tardiamente para a escola.

A própria Glorinha perdeu cinco anos da vida escolar — período de tempo entre ficar cega, aos seis anos, após um tumor cerebral, e entrar no IBC, aos onze.

A heterogeneidade não era somente etária, observa ela.

— Havia também a questão mental, intelectual, cognitiva, social e econômica. Era um desnível muito grande.

A mudança principal, explica Glorinha, veio no início dos anos 1970, quando a professora Luzia Villela Pedras foi fazer mestrado nos Estados Unidos na área de estimulação precoce.

— Quando voltou, ela fez uma grande revolução no instituto na área da educação infantil e da alfabetização. É fundamental para a criança cega que ela faça uma boa estimulação precoce. E, com base em vários teóricos, mostrou-se que o cego aprendia não pelo condicionamento, como sempre se ensinou. Com ela (a professora Luzia), a ênfase deixou de ser o desenvolvimento de habilidades, o treinamento puramente mecânico de tarefas, passando a ser o desenvolvimento de competências.

Além disso, as crianças passaram a entrar muito mais cedo na escola, ainda bebês, acabando com a grande discrepância de idades.

Segundo Glorinha, o instituto sempre se baseou em um tripé: educação, trabalho e cultura. E um dos pontos altos era a parte musical, com aulas de teoria musical, composição, canto solo, canto coral, canto orfeônico, harmonia e contraponto, iniciação musical, instrumentos de cordas (violino, violão, bandolim), instrumentos de sopro, piano, teoria e solfejo.

Desde 1943, funcionava, no terceiro andar do prédio, a sede do Conservatório Nacional de Canto Orfeônico Heitor Villa-Lobos. O espaço havia sido cedido pelo presidente Getúlio Vargas ao maestro, que deu aulas ali por dezesseis anos, até sua morte em 1959. Mesmo depois, o conservatório ainda funcionou por cerca de quatro anos.

Mas, embora tenha sido contemporâneo do conservatório, nem que quisesse Eurico poderia ter frequentado o espaço, pois ele não era aberto aos alunos do instituto. De qualquer forma, Eurico não tinha dom nem interesse em se tornar músico. Não quis aprender nenhum instrumento tampouco cantar nos corais do IBC. A música sempre foi uma de suas maiores paixões, mas apenas como ouvinte — conhecia compositores e períodos musicais, e reconhecia, de ouvido, centenas de títulos, intérpretes e estilos. Também não se interessava pelas atividades manuais — seu forte eram os assuntos da mente.

É nessa década de 1940, ainda, que surge o sistema de som do IBC, mantendo um serviço de alto-falantes com programação semelhante à de uma emissora de rádio, incluindo programas de auditório e radioteatro, que funcionava nos horários em que não havia atividades escolares.

Em 1958, um grupo de alunos organizou, sob a direção do aluno Sidney de Souza, que ficaria conhecido mais tarde como o pianista Sidney Marzullo, o Coral de Prata, que chegou a gravar um LP na fábrica de discos Toda América, por recomendação do compositor Heitor dos Prazeres. Marzullo também dirigiu uma banda de música no instituto.

Também nessa década foi criado, dentro do IBC, um grêmio estudantil, muito atuante. O ex-aluno Jorge Gonçalves lembra com saudades desse tempo[59]. Até 1964, viveu-se um período de muita alegria. O grêmio organizava, por exemplo, festivais musicais e muitos passeios à praia e a cartões-postais como o Pão de Açúcar. "As festas juninas eram bastante interessantes, sempre com dança de quadrilha, fogueira, e o horário de término nunca era antes das dez da noite", ele conta. No auditório, eram realizados programas de calouros, com prêmios aos participantes. Havia um grupo de escoteiros, que chegou a acampar em Raiz da Serra. No entanto, o grêmio ia além das atividades culturais. Como diz Glorinha, ele teve participação importante na "conscientização e na politização" dos alunos:

— O IBC sempre esteve conectado com a sociedade.

Nos anos 1960, logo após a saída de Eurico, o IBC intensificaria a vocação artística e incluiria aulas de teatro com uma professora da escola Martins Pena, Thais Bianchi, que chegava a montar peças clássicas com os alunos. Era o Teatro Experimental do Cego.

— O teatro me levantou a autoestima. Eu falava baixinho, era um cara muito encolhido. Com o teatro, consegui ter consciência do meu corpo e da minha fala. Eu me desenvolvi física e neurologicamente, me afirmei — diz Vitor Alberto.

Em 1961, foi a vez da fonoaudióloga Glorinha Beuttenmüller abrir seu curso "Arte de dizer", em que usava a poesia para trabalhar a dicção e os movimentos gestuais e corporais. Os poemas eram declamados solo e em corais falados: feminino, masculino, misto e de crianças.

— O teatro de Thais e o curso de Glorinha nos desenvolveram demais. Foram um ganho extraordinário, serviram de trampolim para nossas conquistas futuras — diz a professora Glorinha.

Tudo corria bem, até que veio o golpe militar de 1964. "Com o começo da ditadura, a Associação dos Ex-alunos do Instituto Benjamin Constant e o Grêmio Estudantil do Instituto Benjamin Constant, o GEIBC, foram fechados, o que causou grande revolta entre os alunos, culminando com a expulsão de muitos colegas", lembra o ex-aluno Jorge Gonçalves. O grêmio só seria refundado em meados da década de 1980.

Glorinha também não tem boas recordações dos anos 1960 no IBC.

— O instituto sofreu muito. Era um tal de diretor entrar e sair. Era militar daqui, militar de lá. Nós tivemos, em um ano, três ou quatro diretores diferentes. Não havia liberdade. Foi um desastre.

Havia até uma unidade do Departamento de Ordem Política e Social, o Dops, instalado no terceiro andar.

Da década de 1970 em diante, houve uma transformação muito grande no IBC, com novidades como a construção da piscina, as aulas de judô, a implantação do curso de processamento de dados e a reinauguração do teatro, após uma reforma, onde se apresentaram nomes como Dorival Caymmi, Waldick Soriano e Martinha.

E a evolução não parou. Nos anos 1980, quando Glorinha entrou como professora para o instituto, a revolução educacional se ampliou. Ganham ainda mais espaço as artes e os esportes. Afinal, aprende-se não apenas pelo toque das mãos e pela apreensão dos sons por meio da audição. Também nessa década, surgiu uma banda, regida pelo maestro Hélcio Brenha, que contava com cerca de trinta alunos e fazia sucesso com repertório privilegiando a música popular brasileira. O esporte igualmente se tornou um ponto forte. Alunos do instituto participaram das delegações brasileiras nos jogos paralímpicos de Los Angeles, em 1984, e de Seul, em 1988.

Foi também na década de 1980 que tiveram grande impulso dois segmentos para capacitação do cego. O primeiro foi a Atividade de Vida Diária (AVD), que consiste no desenvolvimento das pessoas com deficiência visual para garantir que tenham, o mais cedo possível, independência básica na rotina cotidiana do mundo exterior. Incluía Orientação e Mobilidade (OM), fundamental para a vida lá fora. Glorinha explica:

— Nós vivemos mapeando todos os espaços, a vida inteira. O espaço para nós é o grande desconhecido. Quando você entra em uma sala pela primeira vez, não tem ideia do que vai encontrar pela frente. Da mesma forma, na rua, você não sabe o que vem logo adiante.

Se o cego não for treinado para se orientar e se movimentar no ambiente externo, terá de ficar confinado ou correr grandes riscos ao se locomover.

O segundo setor importante que surgiu no instituto nos anos 1980 foi a reabilitação biopsicossocial, voltada para a reinserção na sociedade de jovens e adultos que perderam a visão em um período mais tardio. Glorinha é uma entusiasta:

— Você vê o ressurgimento, o renascimento de uma pessoa. Porque ela tinha uma realidade, uma forma de ser, uma forma de agir e, de repente, perdeu tudo.

Com a reabilitação, você consegue trabalhar a identidade anterior da pessoa que enxergava, para que ela se reconheça e se aceite como pessoa cega.

— Nós somos meio camaleônicos, somos capazes de nos reinventar, adquirimos muitos aspectos, muitas cores diferentes. Nós somos múltiplos sendo uma única pessoa. A reabilitação é belíssima, pois ela refaz o ser humano, que fica reabilitado para a vida — completa Glorinha.

Elcy Maria Andrade Mendes, que por muitos anos foi professora de OM, é quem lutou pela implantação da reabilitação no IBC, que engloba as áreas médica, oftalmológica, odontológica e nutricional, e que foi inspirada no Centro Municipal de Reabilitação Oscar Clark, órgão vinculado à Secretaria Municipal de Saúde da Prefeitura do Rio. Elcy havia chefiado o setor de reabilitação do Oscar Clark. Ela diz:

— A pessoa fica independente para viver a vida, sem usar a visão, mas usando os outros sentidos.

São muitos os exemplos de pessoas que tiveram suas vidas transformadas pela reabilitação. Certa vez, Elcy recebeu no setor uma jovem de 20 e poucos anos. Analfabeta, cega de nascença, mal arrastava os pés para andar. Os pais eram caseiros em um sítio no Recreio dos Bandeirantes, e a moça passara a vida sem interagir com mais ninguém. Elcy conta:

— Comecei a conversar com ela, que só falava palavras soltas, não tinha capacidade de se expressar. Eu disse para a mãe dela: "Vou ensiná-la a ficar independente, você vai deixar?". A mãe respondeu: "Ah, não sei". Eu disse: "Não tem problema, você vai me acompanhar. Tudo o que eu fizer com ela você vai sair daqui e vai fazer também, porque não posso ficar com ela vinte e quatro horas por dia. Então, vamos começar aqui dentro. Pode me acompanhar, pode ficar olhando de longe, para a senhora depois fazer". Aí, comecei a fazer a orientação e a mobilidade com a jovem. Nem sentar ela sentava direito. Estava igual a um bebê, porque jamais havia recebido estímulos visuais que permitem a evolução do bebê, imitando o que vê. Foi melhorando aos poucos. O atendimento foi muito demorado. O pai dela morreu e ela ficou sozinha com a mãe, no tal sítio. Aprendeu a andar sozinha e aqui dentro já se locomovia com independência. Mais de dois anos depois, começou a namorar, se casou, se separou, viveu como podem viver todas as mulheres. É uma pessoa que a reabilitação tirou de dentro do berço.

Outro exemplo emocionante ocorreu com um rapaz de pouco mais de 30 anos. Chegou ao IBC com um cabo de vassoura na mão, como se fosse uma bengala. Apresentou-se: "Meu nome é Glauco Oliveira, sou aviador, piloto de caça, capitão da Aeronáutica. Agora, estou aposentado, na reserva".

E contou a Elcy o que aconteceu. Estava com um colega em um avião de caça. Decolaram do Campo dos Afonsos. De repente, apareceu um bando de urubus, que colidiram com a aeronave. O cockpit quebrou e os estilhaços atingiram os dois. Ele se feriu nas duas vistas. O colega foi atingido em um olho e conseguiu aterrissar. Glauco ficou meses internado no hospital e saiu de lá cego. Foi reformado e deixado inativo, confinado em casa. Em certo momento, entendeu que não podia desistir da vida. Precisava agir. Sem dizer nada a ninguém, decidiu se preparar para sair de casa e chegar sozinho ao IBC. Tinha ouvido falar do instituto no período da internação. Conseguiu um cabo de vassoura e improvisou uma bengala. Saiu do apartamento na Tijuca, pediu ajuda para chegar ao ponto de ônibus e disse que queria ir até a Urca, onde fica o IBC. Na condução, perguntando a outros passageiros, soube que teria de descer em Copacabana e trocar de ônibus. Era mais complicado do que tinha imaginado. Não sabia se conseguiria chegar. Se as pessoas estariam orientando-o de forma correta. Se seria capaz de seguir corretamente as instruções delas. Se chegaria ao IBC. Se conseguiria retornar para casa.

Elcy ficou perplexa com a ousadia e a garra de Glauco. Decidiu que faria tudo o que estivesse ao seu alcance para ajudá-lo e se recorda do que lhe propôs:

— Falei: "Vamos aprender a andar de bengala com segurança?". Peguei uma bengala que eu tinha e dei para ele. Uma bengala deve ter o tamanho certo para cada pessoa.

É do meio do peito até o chão, porque, se for muito curta, a pessoa vai ficar torta. E não pode ser muito alta, porque perderá a inclinação correta que orienta e protege o cego. Ela tem de ser de uma altura que, esticada à frente, fique a um passo e meio da pessoa para, quando bater em alguma coisa, dar tempo de parar.

— Treinei o uso da bengala com ele. Em seguida, ensinei-o a voltar sozinho para casa. Chequei qual seria a melhor condução para ele. Fomos ao ponto de ônibus e expliquei: "Você vai chegar na primeira pessoa que encostar e vai pedir o ônibus que você quer". E fui embora. Como não havia celular na época, falei que ligaria para a casa dele em cerca de duas horas para saber se havia chegado bem.

Nunca duas horas pareceram tão longas. Quando, enfim, Elcy ligou, Glauco atendeu e tranquilizou-a: "Cheguei. Tá tudo bem. Amanhã, eu vou aí outra vez". No dia seguinte, voltou com uma bengala que ele mesmo havia feito, após passar por uma loja de ferragens. Tem gente que leva meses para aprender a se locomover; ele precisou de somente cinco aulas e ainda entendeu a lógica da bengala e foi capaz de fabricar a própria, com perfeição. E não parou de se desafiar. "Hoje, vou para a Central do Brasil andar de trem". Ele aprendia tudo sozinho. Decidiu mexer com informática e foi bem-sucedido. Separou-se, casou-se outra vez, comprou um apartamento no Recreio dos Bandeirantes.

— Levou uma vida como todo mundo; creio que foi feliz até sua morte.

Em 1985, surge uma relevante mudança no aperfeiçoamento da educação infantil, com a consciência cada vez maior da importância e dos investimentos feitos na estimulação precoce da criança de zero a três anos e onze meses. O trabalho de educação infantil começa com a preparação dos pais. Em seguida, a criança inicia seu processo de pré-escolarização integrando experiências psicomotoras, sensoriais, cognitivas e socioafetivas. Faz toda a diferença. Uma criança que passa por esse processo ganha força vital, alma, condições de vir a ser um adulto mais pleno e socialmente integrado.

Novos avanços vieram na década de 1990, com a criação da Divisão de Reabilitação, culminando um processo que, até então, consistia somente em aulas de reabilitação. Também houve o começo do ensino do Dosvox; o surgimento do atendimento ao surdocego; a realização de mais um concurso público para preencher as vagas dos docentes, em 1993; e a fundação da revista *Benjamin Constant*, em 1995.

As evoluções continuaram nos anos 2000. Merece destaque a implantação do ensino médio em 2019. Mais recentemente, surgiram cursos de especialização para professores nas áreas de geografia e alfabetização. E, em 2021, abriu a primeira turma do curso de mestrado na temática da deficiência visual, voltado para qualquer profissional, cego ou vidente.

Desde que saiu do IBC, em 1957, Eurico só havia voltado lá uma vez, décadas depois, para fazer uma palestra, mas foi direto para o auditório, indo embora logo após sua fala. Até que, em 2022, por conta deste livro, retornou ao instituto, dessa vez com calma, conversando com antigos alunos e funcionários, e revisitando o espaço. Quis ir aos lugares que frequentava.

Subiu a escadaria que levava ao alojamento dos meninos. Deslizou a mão pelo corrimão e se lembrou das tantas vezes que desceu ali, de cabeça para baixo, em uma aventura que o enchia de medo e coragem.

Não foi possível localizar, com exatidão, o alojamento coletivo onde ele passou a primeira noite. Foi melhor assim. Eurico passou pela cozinha e pelo refeitório. Sorriu, alegre, por nunca mais ter precisado comer carne com nervos. Cruzou salas de aula, hoje com cursos profissionalizantes. E agradeceu, do fundo do coração, porque foi ali que se abriram as portas para as tantas profissões que teve ao longo da vida.

Pediu para ir ao pátio. Primeiro, sentou-se sozinho em um banco. Parecia ter voltado ao passado, lembrando-se dos jogos e das brincadeiras que organizou com os colegas. E das meninas com quem ali se sentou. Depois, levantou-se. E andou sozinho, sem bengala, que nunca usou. E caminhou até o final do pátio, em linha reta, como se pudesse ver.

Eu perguntei:

— Eurico, como você consegue? Não tem medo de tropeçar em alguma coisa, medo de se perder?

Ele respondeu:

— Foi nesse pátio que me encontrei aos oito anos. Não iria me perder agora aos 80.

AGRADECIMENTOS

Escrever este livro me deu a chance de conviver mais de perto com Eurico e Marluce. Já nos conhecíamos há tempos, de festas, jantares e encontros os mais diversos. Era sempre um prazer conversar com o casal. Mas mergulhar na trajetória de Eurico, conhecer essa busca constante por uma vida rica e intensa, fez com que essa convivência se estreitasse, para minha sorte. Então, antes de mais nada, é preciso agradecer a Eurico pela disponibilidade com que embarcou no projeto. Ao longo desses anos, ele revisitou seu passado de maneira corajosa e franca, compartilhando generosamente o que havia de mais íntimo e profundo. Ele e Marluce fizeram desse livro uma jornada de muito aprendizado.

Junto com eles, outra companheira inseparável de caminhada foi Regina Reis, assistente de Eurico, incansável, a quem eu recorria cotidianamente, para todo tipo de ajuda, como participar de entrevistas, fazer contatos, transcrever áudios, tirar dúvidas, buscar informações, checar dados, pesquisar reportagens, encontrar fotografias, dividir angústias.

Não foi difícil achar pessoas dispostas a falar. O nome Eurico Cunha abria várias portas. Eduardo, irmão mais velho de Eurico, foi fundamental para me ajudar a reconstituir o período de infância e de adolescência, tanto antes como depois da cegueira. Muitas pessoas deram depoimentos importantes para este livro. Agradeço a todas elas. A maioria foi citada na obra. As que acabaram não entrando, porém, ajudaram-me demais a entender melhor quem é Eurico, em vários aspectos de sua vida. São elas: Ana Paula Ruas, professora de computação para pessoas com deficiências visuais; Edna Cristina e Elaine Monteiro de Carvalho, fisioterapeutas; Gregório Dotorovici, dentista; Marcos Vitor dos Santos, pioneiro no ensino de informática e técnicas de computação para cegos; e Roberto Costa, *private banker.*

De várias maneiras, as seguintes pessoas colaboraram para este livro: Ana Aguiar; Antonio Gois; Clarice Sette; Denise Barros; e Luciana Medeiros. Sou muito grato também ao Instituto Benjamin Constant, instituição de imenso valor neste livro e na vida de tantas pessoas, com ou sem deficiência visual. Meu muito obrigado ao professor Mauro Farias, diretor do IBC, a Carla Maria, chefe de gabinete, e a Débora Paoni, coordenadora da Biblioteca Louis Braille.

Sou grato ainda a meu editor, Sérgio França, pela paciência, pelas sugestões, pelas orientações e pelo incentivo, a Nicole Cardoso, que colaborou para dar a forma final ao texto, e a Manoela Sawitzki, pela leitura atenta e criteriosa, e pelas recomendações que tanto ajudaram a melhorar o livro. Da mesma forma, minha mulher, Ana, leu a primeira versão e fez observações valiosas, que muito contribuíram para o resultado final. Como sempre, meus pais e meus filhos merecem um agradecimento especial, por mais uma vez me darem todo o suporte necessário para que este livro fosse, enfim, publicado.

FONTES DE CONSULTA

Livros, reportagens e artigos:

Livro *A vida de quem não vê*, de José Espínola Veiga.

Livro *A vida por escrito: ciência e arte da biografia*, de Ruy Castro.

Livro *Jaceguai, 27*, do escritor mineiro Jorge Fernando dos Santos e da produtora carioca Leila Affonso.

Livro Instituto Benjamin Constant - 150 anos (2007).

Artigo *Ruy Castro: 'Não podemos confiar em um biografado vivo'*, de Julio Maria, publicado no dia 5 de abril de 2021 no portal Terra.

Artigo *O sonho que atravessou o inverno e se realizou no Brasil*.

Artigo *Louis Braille, o inventor*, adaptação de Marilia Estevão de trechos do livro *Louis Braille: sua vida e seu sistema*, da Fundação para o Livro do Cego no Brasil, São Paulo, de 1978, de autoria de Jurema Lucy Venturini e Teresinha Fleury de Oliveira Rossi.

Artigo da BBC *A incrível história do garoto que inventou o sistema braille*, baseado no vídeo *A incrível história do menino que inventou o braille*.

Série especial *Donizetti: presente de Deus*, do *G1*, com reportagens sobre a história e beatificação do padre Donizetti.

Matéria do site *Memória Globo*. Disponível em: https://memoriaglobo.globo.com/jornalismo/jornalismo-e-telejornais/jornal-nacional/reportagens-e-entrevistas/noticia/eleicoes-1989-e-o-debate-collor-x-lula.ghtml

Outros:

Revista *Benjamin Constant*.

Projeto Memória IBC.

Vídeo:

Episódio "A dream in Brazil", um dos nove da série televisiva documental *Beyond*, de 2010.

NOTAS

Prefácio – Um ser iluminado:

1 O Instituto de Cegos Padre Chico, também conhecido como Instituto Padre Chico e Colégio Vicentino de Cegos Padre Chico, é voltado para o ensino de crianças e adolescentes cegos, com baixa visão, sem deficiências ou ainda com outros comprometimentos de aprendizagem, sendo 100% gratuito. Ele vai desde a Educação Infantil até o Ensino Fundamental II. Fundado em 1928 no bairro do Ipiranga, em São Paulo, é administrado pelas irmãs da Companhia das Filhas da Caridade de São Vicente de Paulo. É o terceiro instituto para cegos mais antigo do Brasil. Antes dele, vieram o Instituto Benjamin Constant, criado no Rio em 1854, e o Instituto de Cegos São Rafael, fundado em Belo Horizonte (MG) em 1926.

Capítulo Tudo ou nada:

2 Somente em 1960 o físico americano Theodore H. Maiman construiria o primeiro laser, que provocou uma revolução na oftalmologia.

3 Para o sobrinho de Nelson, o cirurgião e oftalmologista Octavio Moura Brasil, tudo indica que Eurico tenha nascido com miopia degenerativa. É uma doença congênita e hereditária. Ou seja, ele herdou o problema dos pais, apesar de Cunha ter ótima visão e de Bela usar óculos somente para leitura. É que, explica o especialista, o cruzamento dos genes pode ter originado a patologia e não necessariamente teria de atingir os demais filhos na mesma intensidade.

4 Sistema de escrita e leitura tátil que consiste no arranjo de seis pontos em relevo, dispostos na vertical em duas colunas de três pontos cada. A diferente disposição desses seis pontos permite a formação de 63 combinações ou símbolos para escrever desde letras do alfabeto, números, sinais de pontuação e acentuação até anotações científicas e partituras musicais. Foi criado por Louis Braille, que nasceu em 4 de janeiro de 1809, em Coupvray, comuna a cerca de 45 quilômetros de Paris. Em 1812, ao brincar na oficina do pai, que fabricava arreios para cavalos, feriu com um objeto pontiagudo o olho esquerdo, que infeccionou. Meses depois, a infecção atingiu o outro olho, deixando-o cego, aos cinco anos. Mesmo cego, era um ótimo estudante. Aos dez anos, ganhou uma bolsa para estudar no Instituto Real dos Jovens Cegos de Paris. Na instituição, o aprendizado era predominantemente oral. Os poucos livros que havia eram impressos com letras em relevo para que os cegos pudessem distingui-las pelo tato. O fundador da escola, Valentin Haüy, havia desenvolvido um método com sinais em relevo especificamente para a leitura e a escrita pelos cegos. Mas era muito complexo, e, por isso, pouco funcional. Um dia, Charles Barbier de La Serre, um oficial francês, foi ao instituto apresentar um código que havia desenvolvido e que funcionava: um sistema de sinais em relevo que, quando combinados, transmitiam ordens militares para que os soldados pudessem decifrar as mensagens à noite, sem que as lanternas alertassem os inimigos. Braille tinha 12 anos e se dedicou a estudar e melhorar o método Barbier. Em 1824, apresentou seu sistema, que passou a ser crescentemente utilizado. Louis Braille morreu de tuberculose, em 1852, aos 43 anos, dois anos antes que seu método fosse oficializado.

5 Cunha morreu em 1992, e Bela, em 1998.

6 Hoje se sabe que era praticamente impossível que essa busca pela cura desse certo, segundo Octavio Moura Brasil: "O descolamento da retina é uma urgência médica. Nesses casos, o paciente precisa passar na frente de todo mundo e operar na hora. Até hoje, o tempo é fundamental para que a visão não seja perdida total e definitivamente, o que não aconteceu com Eurico".

7 O beato Donizetti Tavares de Lima nasceu em 1882, em Cássia (MG), e ficou conhecido por sua trajetória cercada de relatos milagrosos. No dia 12 de julho de 1908, foi conferido a ele o título de sacerdote. No mesmo dia, fez voto de pobreza. Em 1909, foi nomeado vigário de Vargem Grande do Sul (MG). Por seu apoio à luta pelos direitos trabalhistas, foi acusado de agitador, comunista e alcoólatra. Por conta das perseguições e ameaças, precisou ser transferido em 1926 para Tambaú (SP). Na década de 1950, romeiros de todo o Brasil e até de outros países passaram a visitar Tambaú para receber a bênção tida como milagrosa. Em apenas um dia, a cidade chegou a receber 200 mil pessoas. As romarias trouxeram problemas de convivência, higiene, alimentação, hospedagem, atendimento médico e trânsito. O padre não podia passar pela multidão porque queriam arrancar ao menos um pedaço da sua batina. Para evitar que o caos aumentasse, o então governador de São Paulo, Jânio Quadros, determinou que o sacerdote desse sua última bênção coletiva, o que ocorreu em 30 de maio de 1955, às 20h. Padre Donizetti morreu no dia 16 de junho de 1961, aos 79 anos, de insuficiência cardíaca. Em 2017, a Congregação para a Causa dos Santos reconheceu as virtudes cristãs do padre Donizetti e concedeu a ele o título de "venerável". Em 2019, o papa Francisco autorizou a promulgação do decreto que reconheceu um milagre atribuído à intercessão do padre Donizetti, e ele foi

beatificado. Uma comissão busca o reconhecimento do Vaticano para um segundo milagre, que concederia a ele o título de santo.

Capítulo O impasse:

8 Antes da reforma de 1971, a educação brasileira dividia-se em Pré-Escola, com duração de três anos; Primário, com duração de quatro anos; Ginásio, com duração de quatro anos; Colegial, com duração de três anos; e Ensino Superior. Após a reforma, mudou para Pré-Escola (três anos); Primeiro Grau (oito anos, reunindo os antigos Primário e Ginásio); Segundo Grau (três anos); e Terceiro Grau ou Ensino Superior. Em 1996, a Lei de Diretrizes e Bases da Educação (LDB) 9.394/96, alterou para Educação Básica, reunindo Educação Infantil (Creche e Pré-Escola, com duração de três anos); Ensino Fundamental, dividido em dois ciclos, Fundamental I (quatro anos) e Fundamental II (cinco anos), totalizando nove anos; Ensino Médio, com duração de três anos; e Ensino Superior. O Fundamental hoje tem nove anos porque uma lei de 2006 fez com que o último ano da Pré-Escola (seis anos de idade) passasse a fazer parte dele.

9 Eurico até viria a ter aulas de piano, mas não duraria muito. Ele não levava jeito e tampouco tinha vontade de aprender o instrumento. O melhor das aulas foi o encantamento mútuo entre ele e a professora.

Embora um pouco mais velha do que o aluno, isso não foi barreira para o namorico entre eles, que durou apenas o tempo das aulas, mas se perenizou na memória de Eurico.

Capítulo Mais de mil e uma noites:

10 A lei que instituiu o divórcio no Brasil só seria aprovada em 1977.

11 Em 1947, havia sido inaugurada, no IBC, uma rádio, com prefixo PPR.7: a Rádio Emissora do Instituto Benjamin Constant.

Capítulo O conselho do mestre:

12 Quando tinha cinco anos, o carioca José Espínola Veiga, nascido em 1906, foi estudar no colégio do professor Mamede Freire, que era cego, mas dirigia uma escola particular no Engenho de Dentro para alunos de visão normal. Lá, aprendeu a ler pelo sistema braille. Quando Veiga tinha oito anos, Mamede convenceu seus pais a matricularem-no no Benjamin Constant, época em que ele já sabia ler e fazer as quatro operações. Ele achava importante que o menino escapasse do excesso de zelo dos pais. Percebia seu potencial e intuía que ele renderia muito mais caso passasse um tempo maior distante de casa. Tanto Mamede insistiu que a mãe de Veiga decidiu matriculá-lo no IBC. Contudo, não funcionou tão bem quanto Mamede esperava. O que mais incomodava Veiga era a falta de preparo para o mundo exterior. Em seu livro *A vida de quem não vê*, publicado quando estava com 37 anos, Veiga escreveu que o instituto "[...] aprimorava-me o espírito, mas subtraía-me muito à realidade da vida". Confinados a maior parte do tempo dentro dos muros da instituição, os cegos cresciam sem "ensinamentos adequados". Com isso, ao sair às ruas ficavam em "desarmonia" com as outras pessoas. Veiga observava: "Ou temos a fisionomia imóvel, ou fazemos caretas. Ou somos parados quando falamos, ou temos gesticulação nervosa. Ou temos cacoetes, ou somos estátuas". A única motivação de Veiga era a volta aos sábados para casa. A experiência pessoal levou-o a se esforçar para mostrar à sociedade que as crianças cegas tinham condições de estudar em escolas comuns, em um caminho inverso ao que ele havia feito. Em sua militância, escrevia artigos em jornais, fazia campanhas e participava de reuniões. Em 1928, Veiga fez algo similar a seu mestre Mamede. Fundaria, no Méier, um curso para alunos com visão normal. O Liceu Popular preparava as pessoas para ingressar no serviço público e em outros empregos em geral. Veiga também lançaria, em 1942, a *Revista Brasileira para Cegos*, primeira do gênero no Brasil.

13 Em março de 1950, iniciou-se, oficialmente no Rio, o ensino integrado, com a matrícula de Edison

Ribeiro Lemos, Ernani Vidon e Marcello de Moura Estevão no Mallet Soares, um colégio particular que abriu as portas, de forma gratuita, a eles, graças à diretora, Estephanea Helmond Mallet Soares. Os três alunos tinham sido os primeiros a concluir o curso ginasial do IBC em 1949. O Benjamin Constant não tinha colegial, atual Ensino Médio. Em 1952, eles terminaram o clássico no Mallet Soares, com grande destaque na turma. Nos anos seguintes, o Conselho Nacional de Educação autorizaria o ingresso de estudantes cegos no nível superior. Os três tiveram também trajetórias acadêmicas e profissionais bem-sucedidas. Marcello se casaria depois com a professora Geralda Amaral, de São Paulo, que trabalhava com a educadora e ativista Dorina Nowill, que ficou cega aos 17 anos e se tornou um dos nomes mais importantes do país na educação e na inclusão de pessoas com deficiência visual. Geralda dava suporte a alunos cegos inseridos em classes comuns. Após se casarem, Marcello voltou para o Rio com Geralda, que passou a fazer no Rio o mesmo trabalho que já realizava em São Paulo, o da introdução de estudantes cegos em escolas regulares.

14 Em 1955, dois anos antes de conversar com os pais de Eurico, José Espínola Veiga já havia lançado uma iniciativa inédita nesse sentido, de levar estudantes do IBC para colégios regulares. Junto com a professora Geralda Amaral, e com a concordância da direção do Benjamin Constant, os dois promoveram a ida de quatro alunos cegos para a escola municipal Minas Gerais, situada também na avenida Pasteur, perto do IBC. Eram duas duplas de irmãos, que ainda estavam cursando o primário: Paulo Romário e Virgínia Menezes, e Carlos Alberto e Antonio Luiz. Desde sempre a mãe de Paulo e de Virgínia dizia: "Ser cego não tem o menor problema. Vocês só não enxergam. Bola pra frente." Ela fazia questão de tratar todos os filhos da mesma forma — Virgínia e Paulo tinham ainda um irmão e duas irmãs, que enxergavam. "Todos nós apanhávamos igualmente", diz Virgínia, que se tornou psicóloga, cantora e consultora de audiodescrição. "Veiga ia muito lá em casa, encantou-se com nossa família, que tinha muito entrosamento, e deve ter sido por isso que chamou Paulo e eu para irmos para a escola regular", conta ela. Paulo tinha dez anos e Virgínia, cinco, quando deixaram o IBC e foram estudar na escola Minas Gerais. Quando a família se mudou do bairro de Fátima para o Flamengo, um ano depois, os dois irmãos saíram do Minas Gerais e foram para o Deodoro, na Glória. Mais tarde, eles se transferiram para o colégio Pedro II. Virgínia diz que conseguiu ter bom desempenho acadêmico mesmo estudando em colégios públicos regulares, com alunos videntes. Ela foi aluna de Geralda no colégio Deodoro. "Em três meses, fui alfabetizada em braille, para admiração de todos na escola. Logo comecei a ler sozinha todos aqueles livros infantis, como Pinóquio. Meu desenvolvimento foi tão bom que, mesmo em uma turma onde só eu não enxergava, consegui me destacar e passar do primeiro para o segundo ano com nota 100", narrou ela no livro *Memorial Geralda Amaral de Moura Estevão – 1920 a 1967*, organizado pela filha de Geralda, Marília. Os outros dois irmãos que fizeram parte do projeto experimental viabilizado por Veiga e por Geralda viraram músicos: Carlos Alberto, pianista, e Antonio Luiz, violinista.

15 Quando o Marista São José não aceitou Eurico, os pais retiraram Eduardo da escola.

16 A reglete é uma prancheta usada para escrever em braille, na qual você prende o papel e "escreve" com uma espécie de estilete, ou punção, que perfura a folha "imprimindo" letra a letra de cada palavra. Para escrever uma só letra você pode necessitar imprimir até seis caracteres. É muito trabalhoso. Tome-se a palavra "som", por exemplo. Enquanto uma pessoa que enxerga precisa de apenas três letras, para escrever em braille o cego tem de imprimir nove caracteres. No caso da palavra "por", são onze caracteres. E não é só para escrever que o uso da reglete exige grande esforço. Também a leitura demanda muita habilidade. Porque você precisa virar a folha e ler da esquerda para a direita, como numa imagem no espelho.

Capítulo Paixões:

17 "A taça do mundo é nossa" foi uma canção composta por Wagner Maugeri, Lauro Müller, Maugeri Sobrinho e Victor Dagô para as comemorações da vitória da seleção na Copa de 1958.

Capítulo Coração de estudante:

18 Mais tarde, viraria Escola Brasileira de Administração Pública e de Empresas, a Ebape.

19 Depois, Ângela se casaria com Gonzaguinha, e Regina, com Marcio Proença. O endereço frequentado pelo jovem Eurico acabaria marcando a história da música brasileira, como se pode ler no livro *Jaceguai, 27*, do escritor mineiro Jorge Fernando dos Santos e da produtora carioca Leila Affonso. Para o jornalista e pesquisador musical Sérgio Cabral, a Jaceguai, 27 foi tão importante para a MPB quanto a casa de Tia Ciata para o samba, e o apartamento de Nara Leão para a Bossa Nova. Os encontros, que reuniam também nomes como César Costa Filho, Sílvio da Silva Júnior, Eduardo Lages, Lucinha Lins, Ruy Maurity, Célia Vaz e Sidney Mattos, dariam origem, depois, aos Festivais Jaceguai no Instituto de Educação. E, em 1970, a casa seria o berço do Movimento Artístico Universitário (MAU).

Capítulo Chegadas e partidas:

20 Ainda aluno, Bianor seria convidado por Eurico para dar aula com ele na Fundação de Serviço Público, a Fesp, onde também lecionava. Mais tarde, após Bianor se formar, em dezembro de 1971, foi chamado por Eurico para trabalhar com ele em consultoria. No entanto, o antigo aluno preferiu fazer concurso e se tornar professor da FGV. Viraram colegas. Depois, Bianor acabaria se tornando diretor da Ebap.

21 Principal instituição no Brasil de administração pública municipal, com convênios de assistência técnica a mais de quatro mil prefeituras e diversos outros órgãos da administração pública estadual e federal.

Capítulo Voz para os cegos:

22 O nome todo do imperador Dom Pedro II era Pedro de Alcântara João Carlos Leopoldo Salvador Bibiano Francisco Xavier de Paula Leocádio Miguel Gabriel Rafael Gonzaga.

23 O Copa também foi pioneiro em dar prioridade à questão tecnológica como ferramenta decisiva de educação e inclusão no mercado de trabalho. O grupo buscava formas de facilitar a compra de equipamentos que ajudassem o dia a dia pessoal e profissional do cego. Era preciso reduzir os custos de importação dos aparelhos, todos caríssimos, tanto para leitura e escrita como para locomoção ou outras atividades que permitissem a autonomia na vida diária. Nos Estados Unidos e na Inglaterra, havia vários exemplos à disposição, como um equipamento que permitia a leitura de jornais e demais impressos por meio da transposição para o braille. Havia, também disponível no exterior, um sonar que possibilitava a detecção de obstáculos a uma distância de seis metros. Ainda hoje, essa questão tecnológica permanece um grande desafio.

Capítulo Conselho bom se vende:

24 *Test of English as a Foreign Language.*

25 Englobava, por exemplo, raciocínio lógico e verbal, e conhecimentos gerais.

26 O programa Fulbright, criado em 1946, chegou ao Brasil em 1956. Ele oferece bolsas de estudos para o intercâmbio de estudantes de pós-graduação, professores e pesquisadores. O programa já concedeu bolsas para mais de 4.900 brasileiros irem estudar nos Estados Unidos, e trouxe quase 3.400 americanos para cá.

Capítulo Encontro definitivo:

27 Em 1982, com a integração das preocupações sociais à política de desenvolvimento, o banco passaria a se chamar Banco Nacional de Desenvolvimento Econômico e Social (BNDES).

28 Marcos Vianna foi o único presidente do BNDE a exercer dois mandatos.

29 Apelido com que Eurico se refere a Marluce.

Capítulo Visão global:

30 Armando Nogueira era diretor-geral de Jornalismo da Globo. Alice-Maria, diretamente subordinada a ele, era diretora de telejornais da emissora. Os dois comandavam a Central Globo de Jornalismo (CGJ) e foram responsáveis pelo *Jornal Nacional* desde sua estreia.

31 A Proposta de Emenda Constitucional (PEC) nº 05/1983, mais conhecida como Emenda Dante de Oliveira, apresentada pelo então deputado federal Dante de Oliveira (PMDB-MT), tinha por objetivo restaurar as eleições diretas para presidente da República. Apesar da pressão popular, a PEC foi rejeitada pela Câmara dos Deputados no dia 25 de abril de 1984. Dessa forma, a eleição de 1985 foi novamente indireta. No Colégio Eleitoral, Tancredo Neves (PMDB-MG), de oposição, venceu Paulo Maluf (PDS-SP) por 480 votos a favor contra 180, dezessete abstenções e nove ausências. A vitória de Tancredo para suceder o general João Baptista de Oliveira Figueiredo marcou o fim da ditadura militar.

32 Dos seminários, José Mauro guardou duas passagens que serviram para orientá-lo e influenciá-lo pelo resto da vida. Em uma ocasião, Eurico disse que por vezes não adianta fazer um esforço além do necessário. José Mauro explica: "A ineficiência pode ser por falta ou por excesso. Uma característica minha é ser muito preciso, detalhista, cuidadoso, muitas vezes excedendo o que é desejado e esperado. Essa tentativa de alcançar um desempenho e uma qualidade acima do que é necessário para aquela determinada situação é uma ineficiência por excesso. Eurico me ensinou isso". Outra dimensão que ele incorporou à vida foi quando Eurico estabeleceu a diferença entre o que é melhor: fazer certo a coisa ou fazer a coisa certa. "Houve uma discussão acalorada. Em um primeiro momento, não se compreendia a diferença, achava-se que eram equivalentes. Até que ficou claro que não adianta fazer perfeita uma coisa que não é mais correta ou indicada para determinada situação. Claro que o ideal é conjugar as duas coisas, ou seja, fazer a coisa certa da melhor maneira. Mas a conclusão do grupo foi que um critério primeiro é identificar qual a coisa certa a fazer. Não adianta se preocupar somente com o lado operacional e pragmático, fazendo certo uma coisa cujo propósito e objetivo não são os mais corretos". José Mauro usa a metáfora do corpo humano para explicar o trabalho de Eurico: "Ele atuava no planejamento, que é o cérebro da empresa, na organização,

que é a musculatura e a estrutura óssea, e no sistema, que são as veias, que fazem o sangue circular e permitem que o corpo funcione bem".

33 Assim como acontecera nas aulas da FGV, também na consultoria havia, aqui e ali, brincadeiras que testavam a paciência de Eurico. Como em um seminário na Globo quando, no intervalo do café, ele saiu da sala e deixou, na mesa, as folhas de braille que usava para orientar os debates. Ítalo, diretor de produção, que gostava de brincar com todo mundo, pegou o estilete que Eurico usava para fazer anotações na folha que ficava na reglete e fez vários furos aleatórios, para confundir o consultor. Ao retornar, Eurico pegou e botou os dedos nas folhas, notando a desordem. Intuiu logo que a molecagem era obra de Ítalo. Como de hábito, não deu importância. Dirigiu-se ao diretor e disse que "podia ver" que ele tinha tentado "ajudar" na organização dos papéis que estavam na mesa, e continuou brincando: "Mas espero que você seja mais competente na organização da produção do que é com folhas em braille". A reação foi de grande aprendizado para o público, como observou Érico Magalhães ao tomar conhecimento da história: "Eurico brincou com a plateia. Se ele fosse uma pessoa insegura e preocupada, poderia ter feito um cavalo de batalha e dito: 'Estou trabalhando e você vem aqui e troca tudo.' E aí o resto da palestra poderia ter desandado, mas ele deu a volta por cima. Foi de uma sabedoria enorme".

34 Vale lembrar que, mais tarde, constariam do processo de impeachment de Collor acusações relativas ao chamado Esquema PC; entre elas, denúncias sobre negociata que teria sido realizada diretamente entre PC Farias e os principais usineiros de Alagoas para liquidação de uma dívida bilionária do setor com o Produban em troca de doação milionária para financiamento da campanha presidencial de Collor.

35 "A Globo foi acusada de selecionar os melhores momentos de Collor e os piores de Lula, favorecendo, assim, o candidato do PRN. Foi acusada também de privilegiar as intervenções de Collor já que ele recebeu um minuto e meio a mais do que Lula. O PT moveu uma ação contra a emissora no Tribunal Superior Eleitoral. O partido queria que novos trechos do debate fossem apresentados no *Jornal Nacional* antes das eleições, como direito de resposta, mas o recurso foi negado. Em frente à sede da Globo, no Rio de Janeiro, atores da própria emissora, junto com um grupo de outros artistas e intelectuais, protestaram contra a edição. A partir deste episódio, a Globo decidiu não editar debates políticos, limitando-se a apresentá-los na íntegra e ao vivo. Concluiu-se que, ao condensar um debate, bons e maus momentos dos candidatos ficarão de fora, segundo a escolha de um editor ou de um grupo de editores, e sempre haverá a possibilidade de um dos candidatos se sentir prejudicado."

36 Estabilidade essa que não viria. Muito pelo contrário, como lembra Eurico: "O governo Collor viveu em permanente crise. Três meses após a posse, já surgiram as primeiras denúncias contra o Esquema PC; mecanismo institucionalizado de corrupção e desvio de recursos públicos e propinas para o exterior, comandado por PC Farias. Para confirmar a famosa tese de James Carville, assessor de Bill Clinton na campanha presidencial americana de 1992 ('É a economia, estúpido!'), o quadro se agravava também na área econômica: a ministra Zélia precisou lançar o Plano Collor II em virtude do fracasso do Plano I. O Plano II também fracassou e a ministra renunciou ao cargo sob fortes críticas alimentadas por uma cultura machista que repudiava seu romance com o ministro da Justiça, Bernardo Cabral. Foi substituída pelo ministro Marcílio Marques Moreira, que lançou o Plano Marcílio apenas três meses após o Collor II, mas que também não obteve êxito econômico. Na esfera política, o quadro continuou a se deteriorar. O Banco do Brasil foi violentamente criticado por pagar ao Midland Bank, de Londres, parte da dívida de quase US$ 90 milhões contraída lá atrás por usineiros alagoanos. Sob acusações de corrupção, a primeira-dama Rosane Collor foi levada a renunciar ao cargo de presidente da Legião Brasileira de Assistência (LBA). Em abril de 1992, a crise maior explodiu. Todos os ministros renunciaram, à exceção dos ministros militares e três civis, entre eles o ministro da Justiça, Célio Borja, que fez questão de declarar em público que não se tratava de apoio a Collor, e sim de responsabilidade pela preservação da estabilidade nacional. Em maio, Pedro Collor, irmão de Fernando Collor, acusa PC Farias de ser o testa de ferro do irmão. Em junho, o Congresso instala uma CPI para apurar os negócios de PC Farias no governo Collor. O depoimento de Pedro (reforçado pelo testemunho do motorista Eriberto França) é a peça fundamental para a abertura do processo de impeachment, que é confirmado em agosto de 1992. Foram dois anos e pouco de governo em permanente turbulência que, além de gerar imensa frustração logo no início da retomada democrática, foi marcado por dramas familiares que tomaram conta do imaginário nacional, como a guerra fraticida entre os irmãos Collor e as mortes de PC Farias e de sua namorada, Suzana Marcolino, das quais o próprio irmão de PC chegou a ser também acusado e indiciado."

Capítulo As cozinhas (desde 1990):

37 Após a ameaça de sequestro ao filho, a ideia de Gian Carlo e Carmen era ir para Espanha ou Portugal, e abrir um restaurante italiano. Mas um dos filhos de

Gian Carlo morava em San Diego. Lá, surgiu a oportunidade de se ter uma fábrica pequena de massas italianas, e o chef acabou montando também um restaurante, igualmente chamado Giancarlo. Poucos anos depois, porém, o casal decidiu voltar para o Brasil. Apesar de ter crescido nos Estados Unidos, Gian Carlo não se adaptou ao antigo país, após tanto tempo no Rio de Janeiro. "Ele tinha se *acariocado* demais", conta Carmen. Ao retornar, o casal inaugurou, inicialmente, o Carmen Café na avenida Sernambetiba, na Barra, que oferecia comidas com baixos teores de gordura. Na época, vigorava uma cláusula do contrato com Eurico em que eles não podiam fazer um restaurante de comida italiana por cinco anos. Em meados dos anos 1990, enfim, o casal abriu, na região da Barra conhecida como Barrinha, outro restaurante italiano familiar de alto nível, o La Botticella. Gian Carlo morreu em 2022 aos 86 anos.

38 Pequeno Lugar, ou "Cantinho", em tradução livre.

39 O restaurante tinha couvert com pães e patês artesanais, *amuse bouche*, entradas e pratos delicados de peixes e carnes, no mais clássico estilo francês: molhos cremosos, escargots, *grenouille* e *foie grais*. Antes da sobremesa, queijos opcionais e sempre os *pré-desserts*. De sobremesa, *éclairs*, *mille-feuilles* e *Soufflé au Grand Marnier*. No fim, *petit fours* para acompanhar o chá e o café. Tudo harmonizado com champanhe, vinhos e licores cuidadosamente escolhidos pelo maître sommelier.

40 O Meridiano 20 E corta vários países, entre eles a Rússia.

Capítulo Um filho chinês:

41 Após a partida de Yang para o Paraguai, ele e Eurico jamais tinham se visto novamente. Em função desse livro, eles marcaram um reencontro, que aconteceu no Rio, em setembro de 2022. Haviam se passado trinta anos. Nessa oportunidade, Yang trouxe para os seus "pais" brasileiros um quadro com fotos que representavam momentos marcantes da vida dos dois e um bordado feito pela filha dele, Eloisa, reproduzindo uma foto de Eurico e Yang. A ideia do bordado era para que Eurico pudesse "ver" com as mãos a imagem dos dois abraçados.

Capítulo Os chefs (desde 1992):

42 Por décadas chamado de "O Rei da Noite Carioca", o empresário Ricardo Amaral foi dono de boates, casas de shows e restaurantes que marcaram época. A primeira foi a casa noturna Boate Sucata, em 1968. Depois, veio o Papagaio Disco Club, em 1977. Em seguida, vieram atrações como Hippopotamus, Alô Alô (no Rio e em Nova York), Mamão com Açúcar, Gattopardo, Sal

& Pimenta, Resumo da Ópera, Metropolitan, Studio 54, Baronetti, P.J. Clarke's, Banana Café.

43 Eurico e Marluce continuaram amigos e clientes de Claude. Tanto que comemoraram, certa vez, o aniversário de casamento no Olympe. Claude preparou um menu especial para o casal ("daqueles que você põe seu coração para fora e bota na comida", como contou em uma entrevista). Durante o jantar, Claude falou de seu sonho de ter um programa culinário de televisão, como estava começando a acontecer nos Estados Unidos. Marluce, à época na Globo, entusiasmou-se pela ideia. Disse a ele: "Você não é somente bom de cozinha. Você tem carisma e é bom de comunicação". Para ela, Claude tinha tudo para se tornar um brilhante comunicador televisivo. "Quando o Claude me falou, achei que seria um produto maravilhoso para a Globosat. Era uma oportunidade incrível", lembra Marluce. Por achar que valia a pena, ela sugeriu a ideia para Alberto Pecegueiro, diretor dos canais da Globosat, que tinha o perfil de lançar programações pioneiras. Pecegueiro gostou da sugestão e encaminhou Claude a Leticia Muhana, diretora do GNT. O resultado todos conhecem: o chef francês virou destaque em uma época que programas gastronômicos ainda não estavam em moda.

Capítulo Administrar é preciso:

44 Itamar foi o responsável por informatizar os sistemas de contabilidade e controle adaptando planilhas Excel, a partir de um software chamado Braille Fácil, da UFRJ O Braille Fácil permite a impressão em braille. Graças ao software, todo tipo de dado era lançado na planilha e depois transformado em leitura em braille.

Capítulo Fechou o tempo:

45 A primeira edição da noite temática foi franco-vienense, juntando o repertório erudito do Trio Bessler (Bernardo Bessler, Christine Springuel e Hugo Pilger), apresentando obras de Mozart, Pleyel e Leclair, e um jantar em que o cliente podia escolher entre filé ou perdiz, oferecidos em uma releitura de clássicas receitas austríaca e francesa. A programação incluiu ainda noites árabe, judaica, cigana, alemã, austríaca, medieval, latina.

Capítulo Além-mar:

46 Atualmente, Cláudia Romano é presidente do Instituto Yduqs (que consolida a área de responsabilidade socioambiental das instituições de ensino do grupo Yduqs) e vice-presidente de todo o grupo educacional Yduqs, que reúne, além da Universidade Estácio de Sá, mais de 15 marcas de ensino, com um total de mais de 1,5 milhão de alunos em todo o Brasil. Além disso, participa da governança e do conselho de entidades de classe, instituições e movimentos, no Brasil e no exterior, em prol da educação, do esporte, das artes e da inclusão.

47 Marco Mussi, hoje proprietário do bistrô e torteria Sept Aujour, no Città Office Mall, na Barra, foi assessor de estratégia do Eurico por 30 anos. Quando Mussi assessorava Eurico nas negociações com Ducasse, estava convencido de que, fosse qual fosse a decisão de Eurico, ela seria acertada. A admiração e o carinho pelo "professor" o levavam a ter uma confiança inabalável nas suas decisões: "Eurico é a pessoa mais preparada que conheci, por conta da habilidade, da disciplina, da inteligência, da inteligência emocional, da cabeça numérica extraordinária. É um caso incomparável. E olha que convivi com muitos empresários bem-sucedidos. Mas, no conjunto da obra, ele estava numa prateleira, enquanto os que vêm em seguida estão três prateleiras abaixo. É um mediador nato. Em situações com posições antagônicas, ele era sempre a baliza. O professor é uma figura marcante na gestão profissional de restaurantes. Influenciou muita gente com suas ideias. Foi um mentor para mim, graças a ele fui apresentado ao que havia de mais contemporâneo em termos de gestão no mundo".

Capítulo Os chefs, sempre eles (desde 2010)

48 Máquina em que várias garrafas de vinho permanecem abertas e armazenadas em condições que preservam a qualidade da bebida e regulam as doses para o serviço automatizado do vinho em taças.

Capítulo Mudança de ventos:

49 Segundo reportagem de *O Globo*, de 13 de maio de 2014.

50 O último restaurante a ser fechado foi o Uva & Vinho, localizado na Barra, em 2017.

Epílogo:

51 Nascido em Valência, em 1967, Santiago Posteguillo Gómez é um escritor espanhol, que alcançou fama graças a duas trilogias de romance histórico ambientadas na Roma Antiga.

Apêndice 1 — O mundo da cegueira:

52 Pesquisa Nacional por Amostra de Domicílios (PNAD): Pessoas com Deficiência 2022.

53 O Atendimento Educacional Especializado (AEE) tem como função identificar, elaborar e organizar recursos pedagógicos e de acessibilidade que eliminem as barreiras para a plena participação dos alunos nas atividades escolares.

54 Lei que obriga as empresas com mais de cem funcionários a reservarem entre 2% e 5% das suas vagas para pessoas com deficiência.

55 PNAD: Pessoas com Deficiência 2022.

56 Conforme a Lei Brasileira de Inclusão, nº 13.146, de 6 julho de 2015, tecnologia assistiva é definida como produtos, equipamentos, dispositivos, recursos, metodologias, estratégias, práticas e serviços que tenham como objetivo promover a funcionalidade, relacionada à atividade e à participação da pessoa com deficiência ou com mobilidade reduzida, visando à sua autonomia, independência, qualidade de vida e inclusão social.

Apêndice 2 — O IBC

57 A morte ora é citada como decorrente de tuberculose, ora como consequência de "um abscesso por congestão, que se abriu na parte superior da coxa esquerda, debaixo do ligamento de Poupart", segundo diagnóstico do médico Sigaud.

58 Hoje, há também outras opções, como o curso técnico em massoterapia, de nível médio, que engloba, por exemplo, drenagem linfática, alongamento, reflexologia e shiatsuterapia.

59 Na edição especial da revista *Benjamin Constant*, de novembro de 2014.

CADERNO DE FOTOS

Arquivo pessoal

Eurico com um ano e meio, antes da perda da visão, brincando no cavalinho.

Eurico aos seis anos em casa, imediatamente após a perda da visão da segunda vista, que resultou na cegueira total.

Arquivo pessoal

Eurico aos quatro anos no parquinho perto de casa, imediatamente após a perda da visão do olho direito.

Arquivo pessoal

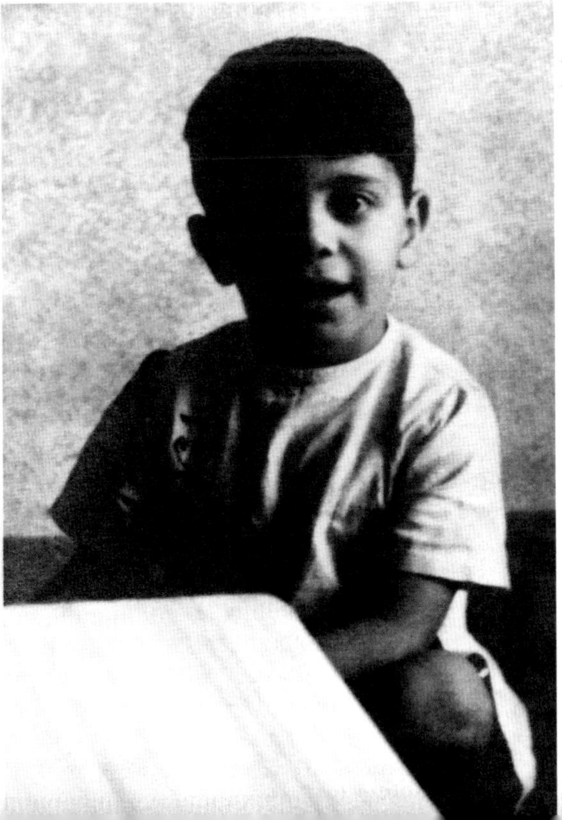

Arquivo pessoal

Eurico e Judy, a primeira paixão, em 1964.

Cunha, Bela e Eurico na inauguração do Cinaudium, curso de inglês criado por Eurico.

Arquivo pessoal

Arquivo pessoal

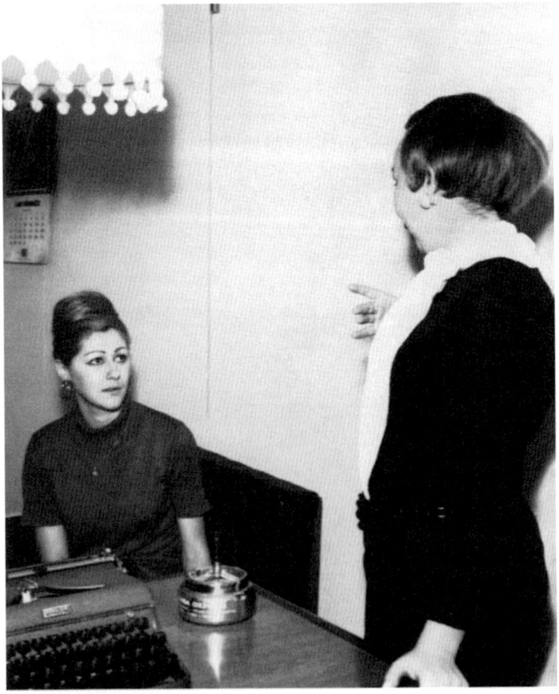

Acima: Eurico dando as primeiras aulas no Cinaudium, com o pai observando.

À esquerda: Clélia, que viria a ser mulher de Eurico, trabalhando no Cinaudium.

À direita: Entrega do diploma do curso de graduação da FGV em 1967.

Arquivo pessoal

Arquivo pessoal

Bela e Eurico na formatura em Administração na FGV em 1967.

Arquivo pessoal

Aniversário da avó Tereza na casa do avô Lucio em 1970. Eurico com a sua futura mulher Clélia, ao lado seu pai, Cunha, sua mãe, Bela, seu avô, Lucio e sua avó Tereza, junto com casal de tios-avós Ana e Armindo.

Arquivo pessoal

Casamento de Clélia e Eurico em 20/12/1970.

Arquivo pessoal

Clélia, Eurico e os filhos Renata e Rodrigo.

Arquivo pessoal

Aniversário de Renata em 22/10/1981, após o casamento de Eurico com Marluce.

Camping em família em 1981.

Arquivo pessoal

Primeiras viagens da família.
Foz de Iguaçu e estação de esqui em Bariloche em 1983.

Arquivo pessoal

Disney e Miami em 1984.

Arquivo pessoal

Arquivo pessoal

Em 2006, Marluce e Eurico formalizam o casamento em evento com filhos e neta, Julia, que aparece na foto.

Arquivo pessoal

Eurico e Marluce conheceram Aldir Blanc em 1996, num jantar, em que também estava presente o produtor Marco Aurélio Ramidan. Uma noite inesquecível, que Aldir imortalizou com a letra da música "Cegos de Luz" (p. 196), que ele compôs na mesma noite, ao chegar do jantar. A foto registra esse primeiro encontro entre eles.

Arquivo pessoal

Semifinal da Copa Do Mundo na França, em 1998, ao lado da cabine de transmissão da Globo. Essa história é contada no Epílogo.

Arquivo pessoal

Eventos ciganos realizados mensalmente no Meridiano 20, após o comando da cozinha ser assumido por Mirian Stanescon (A Rainha dos Ciganos). Essa história é contada no Capítulo "As cozinhas (desde 1990)". Na foto, Eurico e Eva Wilma.

Arquivo pessoal

Eva Wilma e Marco Nanini.

Arquivo pessoal

Eva Wilma e Nívea Maria.

Arquivo pessoal

Yang com Eurico.

Arquivo pessoal

Reencontro de Yang, Zhu, Marluce e Eurico em 2023.

Leo Martins

IBC – Volta de Eurico ao IBC após 70 anos. Visita realizada em 07/10/2022.

Leo Martins

Foto aérea do pátio do IBC, em que Eurico caminha como fazia aos oito anos. Esta história é contada no Epílogo.

Eurico sentado num banco grande de jacarandá, na recepção do IBC, onde todos os sábados esperava o pai chegar.

grupo editorial zit

Primeira edição: março de 2025
Impressão: Zit Gráfica e Editora